JN274754

アメリカ法への招待

An Introduction to the Legal System of the United States, Fourth Edition

E・アラン・ファーンズワース [著]
E. Allan Farnsworth

スティーブ・シェパード [編]
Steve Sheppard

笠井 修　髙山佳奈子 [訳]
Kasai Osamu　Takayama Kanako

勁草書房

An Introduction to the Legal System of the United States, Fourth Edition
by E. Allan Farnsworth and Steve Sheppard

Copyright©2010 by Oxford University Press, Inc

An Introduction to the Legal System of the United States, Fourth Edition was originally published in English in 2010. This translation is published by arrangement with Oxford University Press.

編者はしがき（抄）

アメリカ法を学ぶ

　アメリカ法の世界へようこそ。本書 An Introduction to the Legal System of the United States は、これまで半世紀近くにわたり、アメリカ法の代表的な入門書として、国内の学生だけでなく、世界中の学生や法律家たちに親しまれてきました。本書の以前の版は 20 か国語に翻訳され、世界のあらゆる地域にわたって何百もの大学や学校で教材とされてきました。

　本書が広く使われている理由は、法についての説明が明快で、法を学んだことのない人にもわかりやすいところにあります。しかし、叙述が平易であるということは、内容が単純だという意味ではありません。本書では、アメリカ法が、その歴史と多くのカテゴリーの下で鮮やかに描かれ、また、著者がアメリカ法と世界の他の法制度との違いを説明し、歴史や英知がその起源にあるときはそれを明らかにしようとする視点から語られています。本書が受け入れられているもう一つの理由は、偉大な契約法学者であり理論家であった著者のエドワード・アラン・ファーンズワース（E. Allan Farnsworth）教授が備える、たぐい稀な品格と影響力にもあるでしょう。

アラン・ファーンズワースと法学と本書について

　ファーンズワースは、1928 年にロードアイランド州プロビデンスに生まれました。父親のハリソン・ファーンズワース（Harrison Farnsworth）はブラウン大学の物理学の教授でした。父親は原子表面の研究で特に著名になったため、ファーンズワースも初めはこれを受け継ぎ、応用数学を専攻してミシガン大学を卒業した後、イェール大学で物理学の修士号を取得しました。それから物理学で博士号を取得することを考えていたのですが、法学へと進路を変更しました。後にファーンズワースはこの転換について、若い頃の自分が「生き物以外のものばかり対象にするのではなくて、何か人間的な面のあるものを勉強したい」と言っていた時に、父親が法学を勧めてくれたのがきっかけだったと話しています。

編者はしがき（抄）

　ファーンズワースは、ニューヨークにあるコロンビア・ロースクールに進学することに決めました。ハーバードやイェールでなくコロンビアを選んだ理由は、コロンビアには中間評定の制度があり、自分が法学に向いているかどうかをその時点で判断できると考えたためでした。実際、彼は非常に良い成績を上げたため、ケント・スカラー（Kent Scholar）という称号を与えられ（これは大学の歴史の中でおそらく A^{++} の学生にしか与えられてこなかったと思われます）、さらに、法学全般にわたって顕著な成績を上げた卒業生 1 名だけに大学から授与されるジョン・オードノー賞（John Ordonaux Prize）も受賞しました。1952 年のロースクール卒業後、空軍に入隊した彼は、軍法務総監付部隊の隊長の一人となり、ロングアイランドにあるミッチェル・フィールド空軍基地の法務官に任じられました。この空軍での任務のほか、彼は 6 か月間、中央情報局（CIA: Central Intelligence Agency）にもフルタイムで勤務しました。CIA で彼はたくさんの興味深い友人を得たようです。その後、彼はサンフランシスコの法律事務所で弁護士としての経験を積んだ後、1954 年にコロンビア・ロースクールの教授になりました。その時彼は 26 歳と最年少の教授で、まだその時点では地位も固まっていませんでした。しかし、それから輝かしいキャリアを積み、1970 年には Alfred McCormack Professor of Low に昇進したのです。

　ファーンズワースは、指導教授である契約法の専門家エドウィン・パターソン（Edwin Patterson）教授の下で勤務しながら、商取引法、海法、国際取引法、契約法の授業を担当し、素晴らしい研究業績を上げるだけでなく、魅力的な教材をいくつも開発しました。例えば、『流通証券法』（1959 年）や『契約法』（1965 年）、『商法』（1965 年）のように、現在でもなお版を重ねているケースブックがあります。

　頭脳明晰でユーモアがあり、情熱的な教育者であったファーンズワースは、コロンビアの学生たちに尊敬されていました。教育の熱心さもその理由でしたが、授業は、突き詰めて考えられた内容でありながら、決して威圧的なところはありませんでした。授業の初回には、すでに彼は受講者の名前や出身地を覚えて臨んでいて、学生を驚かせたものです。彼はどの学生にも、顔を見ただけで名前を呼びかけることができたのです。そして、授業の期間を通していつも、学生の出身地と関係のある事件が出てきたときには、その学生を指名して議論

させるようにしていました。ファーンズワースのスライドショーのような展開力、文化的素養、尽きることのないエネルギーは、授業においてもそれ以外でもいかんなく発揮され、学生の研究に対する行き届いた指導や学生の生活に対する支援、学生とのスカッシュの試合は、コロンビア・ロースクールの伝説にもなっています。

　ファーンズワースは海外でも多くの授業を担当することになるのですが、その初めは1960年にイスタンブール大学で行った講義でした。これが基になり、本書の初版が1963年にパーカー外国法・比較法スクール（Parker School of Foreign and Comparative Law）の援助により刊行されました。それから40年を超える間、ファーンズワースは広く海外で講義を担当し、英語でも授業をしましたが、流暢なフランス語で教えることもありました。客員教授や講演者として訪れた国は、アルゼンチン、オーストリア、ベルギー、ブラジル、カナダ、中国、イギリス、フランス、ドイツ、ハンガリー、イタリア、日本、オランダ、ポーランド、ルーマニア、ロシア（当時はまだソビエト連邦でした）、ルワンダ、セネガル、シンガポール、スイス、トルコに及んでいます。

　こうした国際貢献は、彼が国連国際商取引法委員会（UNCITRAL: UN Commission on International Trade Law）にアメリカ代表として1970年から派遣され、また、私法統一国際協会（UNIDROIT: International Institute for the Unification of Private Law）の理事会メンバーとなってからの尽力によって完成をみました。これらの地位において、彼は大きな影響力を発揮し、特に、ユニドロワ国際商事契約原則（UNIDROIT Principles of International Commercial Contracts）のワーキンググループでの活躍は顕著なものでした。

　このように、国際的に重要な活動をしていたにもかかわらず、ファーンズワースの主要業績はやはりアメリカ契約法についてのものであり続けました。彼の体系書はこの分野の標準的な教科書になっています。アメリカ法律協会（American Law Institute）の『第2次契約法リステイトメント』（*Restatement (Second) of Contracts*）のリポーターを務めた10年間の活動は、契約法の諸原則を確立し、それらを合衆国の契約法の主要な源とすることに貢献しました。合衆国内で広く行われた彼の講義と、彼の多くの論文のおかげで、50州の商法は明確化され、その統一性も著しく向上しました。

編者はしがき（抄）

　ファーンズワースは、病を患ってからも講義を続けていましたが、2005年1月にがんのため亡くなりました。彼はアーリントン国営墓地に埋葬されています。彼がもたらした影響は今も衰えることがありません。2008年時点で、彼の契約法に関する著作は2,000件を超える公刊判例、および、2,500点を超えるアメリカの学術論文で引用されていました。現在も、年間に判例と文献でそれぞれ平均100件ほどの引用が続いています。

本書の使い方

　本書は、アメリカ法とアメリカの法制度の要素についての基本的な理解を読者に与えようとするものです。そして、この理解のために知っておくべき歴史的な背景についても特に説明を加えています。ファーンズワース教授は自分の授業で、事実を知ることの大切さを強調していました。本書にもたくさんの事実が書かれています。そのうえで、彼は、知識を基にしてさらにその先の知識を得ること、そして、事実を法の文脈で効果的に使うための技術を身につけることにも重きをおいていました。彼は本書の各節の末尾に書かれている参考文献リストも重視しており、本書の新しい版を出すたびに、注意深く加除修正を行ってリストを最新のものに直していました。これには、本書の読者がこれを手がかりに、彼が説明した多くの論点についてさらに理解を深めほしい、という彼の願いが表れています。

　本書から得た基本的な知識をさらに発展させるには、進んだ学習と実践とが不可欠です。本書の内容と目的は、当初から変わることなく、初めて学ぶ本とするだけでなく、さらなる学習、さらなる理解、そしてアメリカ法へのさらなる関心に導くところにもあります。

　この目的のために、ファーンズワース教授の同僚であるジョージ・P・フレッチャー（George P. Fletcher）教授と私とで、比較法の観点からみたアメリカ法のケースブックを書きました。そこでは、本書の構成に意識的に合わせた部分があります。収録するケースは、本書で取り上げられている分野の学習にとって特に重要なものを選び、ファーンズワース教授が説明した判決の背景、問題点、分析を反映するものにしている場合が多くあります。そこで、本書のいくつかの章では、本書とこのケースブックとの関連がわかるように示してあり

編者はしがき（抄）

ます。しかし、本書の読者がこのケースブックも読むかどうかということは重要ではありません。大切なことは、本書で学ぶことのできる法学の基礎が、これから判例や制定法を通して法を学習していく楽しみへの招待でもあるということです。この楽しみを知ればこそ、アメリカ法の強さを——そして弱さをも——理解することになるでしょう。この醍醐味はぜひ味わってみるべきものです。

謝辞

　今回の版の刊行にあたって、パトリシア・ファーンズワース（Patricia Farnsworth）夫人および娘のカレン・ファーンズワース・アインサイドラー（Karen Farnsworth Einsidler）弁護士からいただいたご協力には、とても感謝し尽くせるものではありません。ファーンズワース教授の遺された資料をご提供いただき、また教授のお話を聞かせていただいたことに、深い謝意を表したいと思います。コロンビア・ロースクールのダイアモンド・ロー・ライブラリー（Diamond Law Library）のケント・マッキーヴァー（Kent McKeever）氏、CIA の情報公開室の匿名職員の方、ネイサン・ベリー（Nathan Berry）氏にも、その他の情報提供の便宜をお図りいただいたおかげで、本版をより良いものにすることができました。

参考文献

　ファーンズワース教授の人と業績について、Jennifer Bayot, Obituary: *Allan Farnsworth, Law Professor, Dies at 76*, New York Times, Feb. 6, 2005, http://www.nytimes.com/2005/02/06/obituaries/06farnsworth.html?_r=0
　Michel Joachim Bonell, *Remembering Allan Farnsworth on the International Scene*, 105 Colum. L. Rev. 1417（2005）. Jean Braucher, *E. Allan Farnsworth and the Restatement (Second) of Contracts*, 105 Colum. L. Rev. 1417（2005）. Rayer M. Hamilton, *Memorial for Professor E. Allan Farnsworth*, 105. Colum. L. Rev. 1427（2005）. Lance Liebmann, *Allan Farnsworth, ALI Reporter*, 105. Colum. L. Rev. 1429（2005）. Carol Sanger, *Remarks for Allan Farnsworth Memorial*, 105. Colum. L. Rev. 1432（2005）. Megan Manni, *The Ace: Remembering the Englewood Resident and Columbia Professor of Law*（201）Magazine 95（2005）. 彼を記念した文献のうちおそらく最も優れたものとして、Karen Einsidler, *Gedenk-*

編者はしがき（抄）

schrift in Honor of E. Allan Farnsworth（1928-2005）, 19 Pace Int'l L. Rev. 1（2007）.

スティーブ・シェパード

アーカンソー州ファイエットヴィルにて

2010 年

第3版へのはしがき

　本書は、私がイスタンブール大学の比較法のクラスで行った、アメリカ法の連続講義を基にしたものですが、アメリカの法制度に関する簡潔な入門書として需要があり、第2版まででですでに12か国語で出版されています。この第3版でも、これまでと同様に、アメリカの読者、外国の読者の両方を念頭に置きました。

　本書では、アメリカ法が発展した政治的・経済的背景を説明したり、外国法と比べたりすることよりも、まずは、アメリカの法制度そのものの基本構造を説明することに力を入れました。これこそが、さらに進んだ研究をするうえでもその基礎として最も重要なもので、また、これまでアメリカ法の教育を受けたことがない読者にとっては、往々にしてなじみがなく、つまずきのもとになりがちなものだからです。

　短い本の中でこの複雑なテーマを扱うために、詳細な説明をする場合とは別の方法をとることにしました。あらかじめ述べておきますと、特殊なことよりも一般的なことを取り上げ、また、網羅的に論じるよりも例示的に説明するという方針をとりました。論争点があれば通説的なまたは伝統的な見解を述べることにしましたので、いちいち反対説を紹介するようなこともやめ、かなりの省略も行いました。それにより読者はしっかりした基礎を得ることができ、さらに必要があれば、各章に示した文献にあたってその先に進むこともできるでしょう。

　著者であれば誰もが述べる謝辞よりもなお、私は、本書の原稿に目を通して批判と示唆と激励を惜しまれなかった同僚諸氏、そして、私の希望に辛抱強く応えてくださったライブラリアンの皆さんに、厚く御礼申し上げたいと思います。**1**の中で、N. Dowling & G. Gunther, *Cases on Constitutional Law* 21-31 (7th ed. 1965) の資料を使うことにつき了解された Foundation Press にも感謝申し上げる次第です。何か不備な点が残っているとすれば、それはひとえに私の責めによるものです。

第3版へのはしがき

E・アラン・ファーンズワース
ニューヨーク
1996年5月

用語法について

　最初に、「法」(law) とか「コモンロー」(common law) という用語に関する少なからぬ曖昧さを取り除いておいた方がよいでしょう。英語の「法」(law) という言葉は、あらゆる法規範（*ius, droit, dirritto, derecho, Recht*）を意味する場合と、立法機関によって定立された明文の規範（*lex, loi, legge, ley, Gesetz*）を意味する場合とがあります。「コモンロー」という用語は、もともとはイングランド法の一部で、主に裁判官によって判断された判例によって理解されていましたが、それが一部の地方ではなく全土にわたって共通となったものを表すようになりました。今日でも、「コモンローにおいて」(at common law) という表現で、ほぼ同じ意味で用いられ、通常イングランド法について、その発展の初期を含む、制定法が拡大する以前の法を指すことがあります。これに対し、アメリカの法律家は、この言葉を少なくとも三つの、これとは異なる意味に用いることがあります。

　第1は、立法府ではなく裁判所によって宣言された法を指す場合です。本書では、「判例法」(case law) という用語は、この目的で使うことにします。「判決による法」(decisional law) は、裁判所のみならず、行政審判所のようなその他の裁判機関で宣言されたものを含んで用いることにします。「制定法」(Statute law) は、立法府によって定立された規範を指すものとして使います。「立法」(legislation) は、最広義には、憲法、条約、行政規則などや制定法のような、広い法形態を含む意味で用います。

　「コモンロー」の第2の用語法は、エクイティや海事審判の特別裁判所とは区別された、コモンロー裁判所で適用される法を指すものです。本書では、この言葉をこのような意味には用いません。

　第3の用語法は、この国を「コモンロー」国とよぶときのものです。これは、イギリス法を基礎とする法をもつ国のことです。これは、ローマ法の伝統に由来する法をもつ「大陸法」国に対立する意味合いがあります。本書では、この言葉をこの意味で用いることにします。

　civil という言葉は、合衆国では、criminal の反対語として使われることもあ

用語法について

ります。本書でこの言葉をこのような意味で使うのは、「民事事件」(civil case) と「民事手続」(civil procedure) という語の場合に限られます。civil law という語を、民事法典の規律内容を指すものとして、例えば、commercial law に対立するものとして用いるのは、合衆国では一般的ではありません。

参考文献

Fletcher & Sheppard, *American Law in a Global Context*, 第3章。大陸法と英米法の関係に関するより詳しい議論として、H. Glenn, *Legal Traditions of the World: Sustainable Diversity in Law*（3d ed. 2007〔第4版2010年〕）参照。

目　次

編者はしがき（抄） ……………………………………………………… i
第3版へのはしがき ……………………………………………………… vii
用語法について …………………………………………………………… ix

I　法源と技術 ……………………………………………………………… 1

1　歴史的背景　3
ユニオンの形成　(3)　アメリカ法の起源　(9)

2　法学教育　(18)
多様性　(18)　学部卒業レベルと専門職教育の目標　(19)
ケース・メソッド　(23)

3　法律家　27
弁護士会　(27)　私的な実務における弁護士　(30)　企業内弁護士　(32)
政府内弁護士　(32)　裁判官　(33)　法学教師　(36)　職業的組織　(36)
リーガルサービスの利用　(38)　継続的な法学教育　(40)

4　司法制度　42
裁判所の二元的システム　(42)　州裁判所　(42)　連邦裁判所　(44)
連邦の裁判権　(46)　連邦裁判所に適用される法　(50)

5　判例法　53
判例の公刊の形態　(53)　判例法の把握　(55)　司法の機能　(58)
先例を利用する技術　(60)　先例の二つの謎　(67)

6　立法制度　71
立法の序列　(71)　合衆国議会　(74)　州の立法府　(77)
立法の特別な源　(78)

7　制定法　84
制定法の形式　(84)　解釈の技術　(86)　従前の解釈の重み　(90)

目　次

　　　　立法に対する司法の態度　(92)
　　8　二次的典拠　95
　　　　二次的典拠の重要性　(95)　二次的典拠の種類　(97)
　　　　法のリステイトメント　(100)

II　法の構成と内容 …………………………………………………… 103
　　9　分類　105
　　　　分類の種類　(105)　コモンローとエクイティ　(106)
　　　　実体法と手続法　(109)　公法と私法　(111)
　　10　手続法　114
　　　　民事手続　(114)　刑事手続　(128)　証拠法　(133)　州法の抵触　(137)
　　11　私法　141
　　　　契約　(141)　不法行為　(146)　財産　(151)　家族法　(158)　商法　(161)
　　　　企業　(166)
　　12　公法　173
　　　　憲法　(173)　行政法　(178)　取引規制　(184)　雇用法と労働法　(189)
　　　　税法　(193)　刑法　(197)　環境法　(200)

訳者あとがき …………………………………………………………… 203

事項索引

【注記】
(1)〔　〕は訳者によって補われた注を表す。
(2) 原著巻末の補遺（参考判例・条文、ファーンズワース教授主要業績）は割愛した。

I 法源と技術

1. 歴史的背景
2. 法学教育
3. 法律家
4. 司法制度
5. 判例法
6. 立法制度
7. 制定法
8. 二次的典拠

1　歴史的背景

> アメリカ法には、二つの独特の要素があります。連邦主義に由来する多様性とコモンローの伝統のことです。連邦主義は、ユニオン〔建国時における植民地の連合体、あるいは当時のアメリカ合衆国〕の成立の過程でどのように姿を現してきたのでしょうか。コモンローは、アメリカ法の形成期においてどのように受け容れられたのでしょうか。[1]

ユニオンの形成

　アメリカの歴史を振り返りますと、急激な変革は決して稀な出来事ではありませんでした。ふつう植民地時代とは、1607年にバージニアのジェームスタウンにイギリス人が初めて入植した時からを指しますが、そのはじまりから今日までを数えても、まだ4世紀も経っていないのです。1776年に独立を宣言してからおよそ240年ばかりのうちに、かつてアトランティック・シーボードの近くで互いに寄り添っていた人口300万人にも満たない13の植民地は、今日では、3億人を超える人口を抱え二つの大洋に及ぶ50の州へと変貌したのです。

　変革とともに、多様性も初めから現れていました——つまり、宗教、国籍、そして経済単位の多様性です。植民地には、聖公会信徒、バプテスト派信徒、ユグノー教徒、ユダヤ教徒、長老派、清教徒、クエーカー教徒、そしてローマカトリック教徒、さらには固有の宗教をもつアメリカ原住民が集まってきました。多数を占めたのはイギリスからの入植者でしたが、そのほかに、アフリカ人、オランダ人、フランス人、ドイツ人、アイルランド人、スコットランド人、スペイン人、スウェーデン人、そしてスイス人の集団がみられました。そうした人々は、商人、職人、プランテーションの経営者や労働者、小規模農場主、

---

[1]　ファーンズワース教授がこの章を発展させたものとして、*The Evolution of the Common Law in the United States of America, in Evolution des systemes juridiques, bijuridisme et commerce international/The Evolution of Legal System: Bijuralism and International Trade* 81-93 (L. Perret, A.F.Bisson & N.Mariani eds., Motreal 2002) 参照。

I　法源と技術

そして開拓民となりました。しかし、特に重要なことは、各植民地の政治組織に多様性があったということです。それらは、イギリス国王もとにある別個独立の組織でした。国王によって任命された総督（royal governor）が直接統治する王領植民地（royal province）がいくつかありました。他方、領主が国王から与えられた政治的支配権をもつ荘園（proprietary province）も存在しました。さらに、国王の支配からより大きな自由が認められた、国王憲章（royal charter）の下にある団体植民地（corporate colony）もみられました。各植民地は、当初は、それぞれ個別の発展をめざすものでしたが、そのほとんど分離された状態は、独立革命へと発展した出来事が起きた頃には、その自己完結にも終わりを迎えていたのです。アメリカの司法制度をよく理解するためには、これらの個々の植民地が、合衆国憲法の下で、一つの国家として融合した過程を知る必要があります。この憲法は、1789年から今日まで、比較的小さな修正を受けながらも、多様性のもたらす緊張関係と変革の試練を乗り越えてきたのです。

　アメリカ独立革命がどのような出来事によって引き起こされたのかをみると、そのほとんどが、18世紀中葉においてイギリスが自国の大きな三つの問題を解決するべくとった対応をきっかけとしたものでした。すなわち、第1は、イギリス財務省が新たな財源を必要としていたということでした。その中のいくらかは、植民地が負担するべきであるとされたのです。第2は、イギリスの商人が、植民地の市場と資源を維持するために商業の規制を求めてきたことでした。そして、第3は、行政、土地制度、そしてアメリカ原住民に対する防御を含めて、新しい支配圏を治めることがイギリスにとって容易ではなくなったということです。これらの問題に対する対応は、植民地の側からみると自らの自由に対する抑圧と映るようになり、1774年には、フィラデルフィアで第1回の大陸会議（Continental Congress）が開かれることになりました。ほぼすべての植民地から55名ほどの代表が集いましたが、これは、植民地側のユニオンとイギリスとの戦争の前触れだったのです。植民地は、1689年の権利章典（Bill of Rights）によって保障されたものと信じていたにもかかわらず剥奪されたと感じていた権利、さらには、1215年のマグナ・カルタ（Magna Carta）にさかのぼる偉大な立法を、確実に享受することを強く望みました。1774年のこの会議は、国王によって正統と認められたものではありませんでしたが、植

4

民地が統一的な行動へと大きく踏み出したことを表すものでした。この時から、植民地のまとまった行動に向けた公の団体が生まれたのです。この第1回会議で発せられた力強い宣言と決議は、植民地間での議論をよび起こし、イギリス議会に対して、課税と内政に対する干渉の停止を求めることになりました。これに対し、イギリス議会は、植民地のユニオンが提案した計画を拒絶したのです。

　第2回大陸会議は1775年に召集されましたが、その時すでに、植民地とイギリス本国との戦いははじまっていました。この会議は、その地位に明確ではないところもありましたが、植民地全体が戦争の遂行に向けて準備を進めるにあたり、各植民地に対し権威ある組織として対応していました。イギリスと断交することには、敵意を抱きつつもなおためらいが残っていましたが、長い逡巡の末ついにすべての植民地が一致して、1776年7月の独立宣言へと至ったのです。独立宣言は、植民地の不満を明らかにしつつ多くの独立論をまとめ上げたものでした。独立宣言は、少なくともその前文では、「自然法と自然の神が、植民地の民に付与する地位」と「すべての人間が、創造主から与えられている、……侵すべからざる権利」の両方に注意を促すもので、自然法理論の影響を映し出し、それによって独立革命を正当化したのです。しかし、その文言は、ユニオンではなく「自由かつ独立した諸州」のものでした。それは、植民地を団結させるものというよりも、もっぱらイギリスとの結びつきを断ち切るものだったのです。

　1777年までに、植民地におけるユニオンの問題に取り組んでいた第2回大陸会議の委員会は、連合規約（Articles of Confederation）〔独立してはじめてアメリカ合衆国を形成した13州の基本を定めた文書。その最初の憲法〕を起草しましたが、1781年になってようやく批准を得ることができました。これは、連邦ユニオンにおける初めての重要な試みでした。しかし、各州は、この新たな枠組みに対して警戒心を抱き、自己の固有の利益を意識して、独自の改革にもなお希望を抱いていたのです。この連合規約の下で開かれた大陸会議は、州にとっては外交の場のようなもので、ここでは各州は平等な投票権を行使しました。他方、独立した国としての行政組織や司法組織に関する規定はおかれていませんでした。植民地連合が最終的に失敗した理由として最もはっきりしているの

I　法源と技術

は、大陸会議に権限が与えられていなかったということでした。大陸会議は、税の徴収、各州間のまたは外国との取引の規律、州の条約遵守の保障につき、何の権限もなかったのです。アメリカの多くの叡智が、1787年5月にフィラデルフィアの憲法制定会議に集まり、なおユニオンを残そうと試みたのは、このような背景に対処しようとしたものでした。

　彼らは、自らの使命に、当時の統治理論のみならず驚くべきリアリズムをもって取り組みました。すでに1776年以来、厳しい政治的対立の中で各州の憲法が採択されていました。それらの起草には多数の代議員が参加しましたが、彼らは、大陸会議の議員でもありました。そしてそれは、彼らが頼りにするべき経験を残すものとなりました。――植民地ルールの下での、州憲法の下での、そして連合規約の規定の下での経験のことです。つまり、彼らが直面した主たる問題は、構成要素としての州を消滅させることなく強力な連合国家を形成することだったのです。――州は種々の観点においてこのシステムの自治的な構成要素でした。植民地時代に得られた経験は州を通して保持されなければならないと考えられたのです。また、意見の大きな相違があるときは、代議員の間で巧みに調整されました。そして、その必然的な結論は妥協でした。会議が進行するにつれ、この動きは、植民地連合のような独立した州のゆるやかな連盟から離れ、その姿をより明確なものにしていきました。古い連盟をまとめ上げるための強制的な権力をさらに追加するという考え方をとることなく、代議員たちは大陸会議の最も重要な結論に達しました。それは、中央政府を樹立し、これに、州よりもむしろ個人に対して効力をもつものとして設計された権力を与えることでした。

　1787年の9月に、合衆国憲法に署名がなされ、3分の2の州の賛成によって発効するべく会議へと送られました。これは1788年の7月に実現し、次の年の4月には、ジョージ・ワシントン（George Washington）が合衆国の初代大統領に就任しました。憲法の最終文面は、歴史の流れの中で発展してきた諸原理の影響を示すものでした。人民に主権があり、その政府は社会契約に基づいているという考え方は、前文の中、完成した憲法を承認するための州議会の規定の中、そして、権力というものは中央政府に対して「与えられた」ものであるという理念の中に、見出すことができます。連邦政府は限られた権力の一つで

あるという理論は、例えば、課税権、戦争遂行権、内国・外国の商取引の規制権、そして条約締結権が列挙されていることの中に現れています。各州は、自己に留保された権力として立法権を有するのです。また、連邦の立法権、行政権、司法権を分離するという考え方は、これらを三つの規定に分けて規律する憲法の形式の中に含意されていました。つまり、それぞれの規定がこれらの三つの主要な、かつ独立してみえる権力の一つひとつを描き出しているのです。そして、憲法上の権利は明文のかたちで具現化されなければならないという信念は、この文書そのものから明らかなのです。もっとも、合衆国憲法はそれが承認されたときには、基本的人権の保障を含んでいませんでした。しかし、1789年には、第1回合衆国議会がさっそく最初の憲法修正提案を10件提出しました。それらが、広く権利章典（Bill of Rights）として知られているのは、その多くが連邦政府に対する個人の権利に関わるものだったからです。そして、それらは、1791年に批准されました。[2]

憲法起草者の信条の一つは、憲法上の権利の解釈は専門家に委ねるべきであるというものでした。司法権に関する条項は、立法権や行政権と同様に、司法権についても州または個人に対するその独立した行使を規定し、この権力を最高裁判所と、合衆国議会が「時に応じ設置を命じることができる」下級審裁判所に与えています。その司法権が、合衆国憲法の下で生じてくる事件に及ぶことは明らかです。そして、その最高規範性につき、「憲法、およびその下で作られる合衆国の法律、そして、合衆国の権威の下に、結ばれたまたは結ばれるべきすべての条約は、国の最高法規である」という宣言がなされました〔合衆国憲法第6章第2項〕。しかし、連邦の裁判所に対し、連邦または州の立法について司法審査[3]を行う権力を付与する旨の特別の規定はおかれませんでした。ただ、多くの代議員は、連邦の裁判所にはそのような権力があると考えていたことでしょう。

1789年に、議会は裁判所法（Judiciary Act）を通過させましたが、これは、

2）権利章典は、当初12の修正がつき、そのうち10は1791年までに各州により批准された。同じく最初の議案として提案された別の修正案は、合衆国議会の議員の報酬変更を以後の下院選挙が施行されるまで制限するものであったが、1992年になって修正第27条としてようやく批准された。
3）司法審査は、アメリカ憲法で用いられている言葉としては、立法の合憲性について判断を下し、それが憲法上の根拠に照らして違憲と判断される場合には、その立法を無効とする権限を指す。

明らかに一定の事件の場合に州裁判所の判断に対して連邦が司法審査をすることを是認するものでした。この法律は、下級審裁判所を作りその司法権を最高裁判所のそれに即して定義することにより、憲法の司法権規定を実現したものでした。州の裁判所は、各州の憲法に基づいて州の立法に対してすでに司法審査を行っており、それを継続していました。そのうえ、新設された下級審裁判所は、州の立法を連邦憲法自体に違反するものとして否定することもあったのです。司法審査が当然であるとされたのは、一つには立法に対する審査についてすでに植民地時代に経験を積んでいたためでしたが、もう一つには、連邦の憲法および州の憲法が、政府の権力を制限するという考え方を具体化したものであったことにもよります。つまり、連邦政府は、限定された権力のみをもつ政府であり、その権力は憲法によって連邦政府に与えられたものであるという考え方に立つと、連邦の司法機関は、議会についても、それが自らの権力を超えてしまったのかを判断するべきである、と考えることができたのです。

　このような考え方は、1803年に下された画期的判決である Marbury v. Madison 判決[4]における、首席裁判官のジョン・マーシャル（John Marshall）[5]の意見に表れています。この事件では、合衆国最高裁判所は、連邦のある法律のある条項についてその効力を認めることを拒みました。というのは、議会はその法律を立法するにつき憲法から与えられた権力を超えてしまったからだというのです。合衆国最高裁判所は、これによって、連邦の立法権は連邦の司法機関における司法審査に服するということを明確に確立したのです[6]。この何年か後には、最高裁判所は、州の法律の有効性について判断する連邦憲法上の自己の権限を肯定しました[7]。そして、この権限は、合衆国を統一していくうえで大きな力の一つとなったのです。合衆国最高裁判所のオリバー・ウェンデル・ホー

---

4) 5 U.S. (1 Cranch) 137 (1803).
5) ジョン・マーシャル（1755-1835）は、1801年から1835年まで第4代合衆国最高裁判所首席裁判官を努めた。それ以前は、国務省などの政府機関に勤務していた。彼の公式の学歴は、ウィリアム＆メアリー・カレッジで2か月間法の講義を聴講したことにとどまる。重要な時期において最も優れた法廷意見を数多く著し、最も偉大な首席裁判官とされている。
6) ある executive act を違憲とした最初の判決は、Little v. Barreme, 6 U.S. (2 Cranch) 170 (1804) である。Flying Fish 事件ともいう。
7) Fletcher v. Peck, 10 U.S. (6 Cranch) 87 (1810). この権限は、Martin v. Hunter's Lessee, 14 U.S. (Wheat.) 304 (1816) で形作られた。

ムズ（Oliver Wendell Holmes, Jr.）裁判官[8]は、「もしわれわれが、合衆国議会の法律が無効であると宣言する権力を失ったなら合衆国が終わってしまうとは、私は思わない。しかし、もしわれわれが、いくつかの州の法律についてそのような宣言を行うことができなければユニオンが危機にさらされるだろうということには、確信がある。」[9]と述べました。州の裁判所もまた、州の法律または連邦の法律について、それが連邦憲法に違反するという理由でその強制を拒むことができます。しかし、その判決も、合衆国最高裁判所の判断には服するのです[10]。

　司法審査の対象については、後の章でもう少し詳しく述べることにします。それは、新たに形成されたユニオンのさまざまな法源の中における、憲法、条約、法律、規則、そして判決のような典拠の序列づけのことです。本章の目的のためには、各州がユニオンを作るに際し自己の主権の一部を譲渡したにもかかわらず、各州は固有の法律を作る権利を残しており、合衆国憲法の制約に服しているにすぎないということを指摘しておけば十分でしょう。

アメリカ法の起源

　植民地においては、政治組織の統一的な進展というものがなかったように、植民地法についても、統一的な発展はみられませんでした。これと同様の多様性は、国王の支配の範囲、入植の時期、発展の環境についてもみられましたが、この多様性が、さまざまな歴史的背景とともに、13のそれぞれの異なる法制度をもたらしたのです。さらに、合衆国の国境線が広がるにつれ、それまで相当の期間スペイン、メキシコ、フランス、あるいはロシアの主権に属していた

8）オリバー・ウェンデル・ホームズ, Jr.（1841-1935）は、ハーバード・カレッジ、ハーバード・ロースクールを卒業後、ボストンで実務に就き、短期間ハーバードの法学教授職にもあった。その後、20年間にわたりマサチューセッツの州最高裁判所において裁判官、首席裁判官を務めた。1902年には、合衆国最高裁判所の陪席裁判官に任じられ、そこで示した優れた反対意見により、「偉大な反論者」（Great Dissenter）とよばれた。1932年に健康上の理由でこの職を辞した。最も著名な著書は、自身の連続講義を基にした *The Common Law*（1881）である。

9）OLIVER WENDELL HOLMES, COLLECTED LEGAL PAPERS 295-96（1920）. The Constitution of the United States of America: Analysis and Interpretation（Senate Doc. 99-16 1987）によれば、最高裁判所は、始めから1986年までの間に、合衆国議会の法律を全体または部分的に違憲としたのは、124件にとどまる。これに対し、州の法律については、およそ1,000件である。

10）4 参照。

I 法源と技術

広大な領域が編入されました。ルイジアナを顕著な例として、多くの州は、なおその由来の名残をとどめています。大陸法の夫婦共同財産制（community property）のしくみは今日でも8州で見出され、そのほかの州でも家族法に対する影響が残っています。それにもかかわらず、州法の間にはこのような相違を上回る類似性があります。特に、イギリス法に対しては、全体的に明らかな家族的な類似性があるのです。イギリスの影響が続いてきたということは、ほとんどの植民地の言語や元の国籍をみれば、驚くには当たらないでしょう。この影響は、後に抵抗にあうことになるのですが、このことについてはもう少し説明が要るでしょう。

　植民地時代の初期には、イギリス法をすぐに導入することについて、少なくとも三つの障害がありました。その第1のものは、多くの入植者の中に、イギリスの司法に何らかの不満があったことです。その人々は、自らが母国において耐え難い状況とみていたものから逃れようとして新世界に移住してきたのでした。これは、特に、宗教的、政治的、あるいは経済的自由を求めて渡ってきた人々には切実な思いでした。第2のより重要な障害は、訓練された法律家がいなかったということです。これは、17世紀を通じてアメリカ法の発展を遅らせることになりました。植民地の厳しい暮らしはイギリスの法律家にとってあまり魅力のあるものではなかったのです。そのため初期の開拓移民には法的な訓練を受けた者はほとんどいませんでした。第3の障害は、二つの国の間には状況に大きな違いがあったことです。特に、初期には植民地の生活はかなり質素なものでした。そして、しばしばなじみのイギリスの制度の模倣がなされましたが、それはよくても大雑把な模倣でしかなかったのです。初期の入植者たちは、渡って来たときにイギリス法を全体として持ち込んだのではありませんでした。そして、これらの障害の中でそれを取り込んでいったプロセスは、単純なものではありませんでした。

　植民地の初期の歴史において、制定法とは別に、イギリスの判例法が、理論または実務においてどのような範囲で効力をもつかは、論争を免れませんでした。イギリス議会が植民地に対して有していた立法権は、完全には行使されませんでした。また、植民地への最初の入植よりも前に成立していた法律は、一般にイギリスのみならず植民地でも効力をもつものとされていましたが、最初

1 歴史的背景

の入植よりも後で成立した法律は、明文の定めがない限り植民地には及びませんでした。立法権は、植民地自体に与えられ、各植民地は、自前の立法府を備えており、その少なくとも一院は選挙によって構成され、内部問題に対する相応の支配権を有していました。いくつかの植民地における初期の段階では、成文の法典が一般的でしたが、これは、イギリスの法律文献が不足していたこと、訓練された法律家がいなかったこと、さらに、法改革に対する植民地的考え方によるものでした。植民地による立法は、母国の行政当局による審査を受け、イギリスの法または商業政策に「反する」または「矛盾する」ものは排除されました。植民地の立法は、植民地の裁判所の判決についてイギリスに上訴がなされた場合には、司法審査の対象となり無効とされることもありえました。もっとも、17世紀の終わりまでは制度的な制御が実際に行われることはありませんでした。

　1600年代を通じ、植民地の司法には、しばしばイギリスのような法的専門性が欠けており、聖書や法の本質から導かれた権利の一般的な観念に基づくこともありました。司法手続は、少なくとも上級裁判所の他は、アメリカの必要性に応えるように作られており、それは、手続が略式で弁論が単純であり、さらに法の訓練を受けていない者が裁判官を務めていたということが特徴的でした。モデルとなったのは多くの植民地によく知られていたイギリスの地方裁判所だったと思われます。実体法や手続法も植民地の事情に応えようとしていました。イギリスでは、財産保全に資する封建的な政策が、長子相続権（primogeniture）の準則をもたらしました。これは、父親の土地の相続につき長男が優先的な権利をもつとするものでした[11]。しかし、アメリカでは、この準則は排除され、生存する配偶者の権利を優先しつつ、父親の子供たち全員への平等な分配を行うことにしました。このような実務は、北部の植民地ではじまり、そこで制定法によって確認され、南へと広がり、18世紀末までにはすべての州において立法がなされました。

　18世紀初頭には、植民地法がかなり精密化してきましたが、同時にイギリスの判例法の影響も拡大しました。そして、植民地の立法に対する司法審査は

11）長子相続制のルールは、イギリスでは、1926年の遺産管理法（Administration of Estates Act）まで修正されなかった。

Ⅰ　法源と技術

さらに徹底されるようになりました。取引の拡大と人口の増加——1700年にはおよそ30万——に伴い、訓練された法律家の団体も規模が大きくなり司法審査の法廷にも法律専門家が配置されたのです。その中には、移民してきたイギリスの法律家もいましたが、アメリカ人でロンドンで学んできた者や植民地の法律事務所で見習いをした者もいました。イギリスの法律書、特に、エドワード・クック卿[12](Sir Edward Coke)の著書も、徐々に手に入るようになっていました。ウィリアム・ブラックストン（William Blackstone）[13]の広く読まれた『注釈イギリス法』（*Commentaries on the Law of England*）は、初版が出たのは1765年から1769年にかけてでしたが、独立革命の頃までには、イギリスとほぼ同じ部数がアメリカでも売れていたのです。イギリス法への関心が高まったのは、イギリスの商人と商取引を行ううえで必要であったことや、国王に対する植民地の不満に法的な裏付けを与えるにはイギリス法の原則によることが望ましいということによるものでした。独立革命の時までにはイギリス法は一般に十分に尊重され、各植民地では、訓練された有能で敬意の払われる専門家からなる弁護士会が生まれ、弁護士は洗練された専門的な制度の下で働くことが可能になっていました。植民地の法律家は、特に都市では社会的地位と経済的成功の両方を勝ち得ていたのです。法律家は、政治的にも活動的でした。独立宣言の署名者56名中25名は、法律家だったのです。

　このようなわけで、最初の13の州のほとんどが、植民地時代に作った自前の法律とともに、イギリス法のある部分を正式に「継受した」——つまり、憲法、司法規則、あるいは法律によって受容した——ということは、驚くには当たりません。その形式はさまざまですが、イギリス法を継受する条項としては、1607年あるいは1776年のような特定の日付よりも前のイギリス法で、「同時に当該植民地の法となる」部分については、それを州法に取り込むという趣旨

---

12) エドワード・クック卿（1552-1634）は、イギリスの弁護士、裁判官。アメリカで植民地経営にも携わる。その意見集および著書、特に *Reports and Institutes* は、植民地法の重要文献として、アメリカ独立後も長く影響力を保った。
13) ウィリアム・ブラックストン（1723-1780）は、イギリスの弁護士。1753年にイギリスにおける最初のコモンローの講義をオックスフォードで開始した。1758年には、同大学における最初のイギリス法の教授となった。主にその著書 *Commentaries* で著名であり、生涯のうちに8版までが出版された。

1 歴史的背景

のものが典型的でした。また、西部の領土によって新しい州が得られると、そこでも法の継受について同様の手続がとられました。イギリス法の継受は、州ごとにその詳細が異なり、州によっては、継受の日以降のイギリス法については、その変化と発展がまったく拘束力をもたないとされることもありました。

　独立革命は、新しく生まれたいくつかの州ではイギリス法の影響の後退という結果をもたらしました。反イギリス的な感情により、独立後に下されたイギリスの判決の引用を禁じる旨の法律が作られた州もありました[14]。また、同時に、実務法曹の質は全体として低下しました。それまでイギリス支持派だった法律家たちは、戦争の終結前に国を離れました。また、指導者となる機会をつかんで、新しい政府の下で政治的あるいは司法的なポストについた者もいました。他方で、残りの法律家の水準と評判は、多くのコミュニティーで低下したのです。素人裁判官の時代は、完全には終わっていませんでした。19世紀初期のロードアイランド州では、農夫が首席裁判官を、鍛冶屋が最上級裁判所の構成員を務めていたのです。能力と意欲を備えた裁判官が用いるべき判例法は、アメリカではその十分な実体さえもありませんでした。18世末には、判例集の出版もはじまっていましたが、その数はわずかなものでした。アメリカ法の基礎を拡大するべき余地は大きかったのです。フランス法やローマ法に目を向ける傾向もあり、特に、商法、国際私法のような、イギリスの論文が不十分だった分野では、ヨーロッパの文献が引用されました。しかし、近代的な外国語に精通していた裁判官はほとんどいませんでした。イギリスの専門書や判例集は手に入りましたが、ナポレオン法典（Code Napoleon）が目にされるようになったのは、19世紀初頭をすぎてからのことでした。ブラックストンの『注釈』（Commentaries）は、19世紀を通して数多くのアメリカ版が出ましたが、それは、継受したイギリス法を表現することのみならず、アメリカの著者、裁判所、そして立法府が、それからの広がりや離脱を記述するときにも、特に影響力をもったのです。

---

14) ニュージャージーとケンタッキーは、コモンローの著作の引用を禁じる法律を作った。当時の乾杯の音頭の一つは、「イギリスのコモンロー：アメリカに対するこの抑圧の道具がまもなく健全な法律によって根絶やしにされますように。」というものであった。E. Haynes, The Selection and Tenure of Judges 96 (1994) 参照、Stein, *The Attraction of the Civil Law in Post-Revolutionary America*, 52 Va. L. Rev. 403 (1966) も参照。

Ⅰ 法源と技術

　19世紀の初頭の、国の活力が西部開拓とヨーロッパ市場向けの主要産品の生産へ向かっていた頃には、農業と通商が経済を支配していました。裁判官らはイギリスの法的素材を自己の管轄内の事情に適合するように作り変えようとしていました。彼らは、独立革命の前のイギリス法を吟味し、アメリカの事情の下でのその適用可能性を判断して、契約、不法行為、動産売買、不動産売買、そして国際私法のような領域に基礎を与えようとしました。手続法、刑事法、婚姻と離婚、相続と遺産分割、遺言、および財産管理のような領域では、常に立法による影響がありました。また、法が地域的な慣習や必要性の中から発展することもありました。いくつかの西部の州では、西部の農民と金鉱掘りの慣習が、水利鉱業法（water and mining law）の基礎となりました。大平原の州では、家畜の飼育が生計の手段でしたが、柵用の木材が不足していました。そこで、家畜の所有者は、家畜が隣地の作物に損害を及ぼした場合には過失がなくても責任を負うというイギリス法のルールは修正されることになったのです。他方、この頃は、1826年から1830年にかけて出版されたジェームズ・ケント（James Kent）15)の『注釈アメリカ法』（*Commentaries on American Law*）や、1832年から1845年にかけて出版されたジョセフ・ストーリ16)（Joseph Story）の9巻の大著のような、偉大な「国家的」専門書が現れた時代でもありました。これらの専門書は、多くの改訂を経ながら、多様性に向かおうとする動きに対して反論の手助けをし、統一性を促進するうえで重要な役割を果たしたのです。

　19世紀前半を通じて、制度と手続が登場しそれは今もなお生き残っています。しかし、それが現在果たしている機能と現在扱っている問題は、その初期の形成段階の時代とはしばしば異なるものになっています。1861年から1865年にわたる南北戦争の時期は、この段階と後の時期のアメリカ法の発展についての、

---

15) ジェームズ・ケント（1763-1847）は、1793年に、コロンビア・カレッジの最初の法学教授となった。1798年にこの職を辞して、ニューヨーク最高裁判所の裁判官に任じられ、1814年には同州のchancellorとなった。1823年にこれを辞すると、コロンビアに復帰し *Commentaries on American Law* を著した。これは、同時代のほとんどすべての法分野に関する自身の講義を基にしたものであり、アメリカにおける国際法の初めての研究書でもある。
16) ジョセフ・ストーリ（1779-1845）は、1811年に32歳で合衆国最高裁判所裁判官に任じられた。1829年に、裁判官の職を辞し、ハーバード・ロースクールの教授となり、カリキュラムの再編とスクールの自由化を行った。その9巻の注釈書は、憲法から国際私法に及ぶ講義を基にしたものである。ストーリ裁判官については、さらに 2 を参照。

1 歴史的背景

大雑把ではありますが便利な区別とみることができます。この戦争の後には、人口の急速な増加と、その都市部への集中が起こりました。人々は、巨大なスケールの産業、交通、そして通信の成長と、それに伴う組織の団体としての形態の複雑化を目にすることになったのです。例えば、1850年から1860年の間に、ミネソタ州の人口は6,000人から17万2,000人へと増加しました。1790年には、合衆国の人々のわずか3％が、8,000人以上の居住者をもつ六つの都市に住んでいましたが、1890年までには、アメリカ人のおよそ3人に1人が4,000人以上の都市に住むようになりました。1869年から1900年までに、鉄道の路線は、3万マイルから16万6,000マイルにまで延び、大西洋から太平洋までをつないだのです。1876年には、最初の電話によるメッセージが送信され、1882年には、エジソンの発電所がニューヨーク市で稼働をはじめました。

この急速に拡大する産業社会では、安定した法制度がますます重要となりました。発展は、会社、公共サービス会社、鉄道、そして保険のような分野で続いていたのです。しかし、この19世紀最後の4半世紀には、形成期の法の多くがより洗練され、裁判官の役割は、創造的というよりも組織的なものになっていきました。判例集が1巻増えるたびに、初期には避け難かった不確実性が問題となり、予見可能性を高める努力が傾けられました。裁判所の一番の業績は制度の整備と詳細な論理的発展にありました。この時期の法律専門書が同世紀の前半と比べより専門化したことは明らかです。いくつかの創造的活動は、むしろ立法府の中に窺うことができます。立法府は、南北戦争までは、司法府よりも改革に積極的でした。他方で、裁判所に対する一般の敬意も高まり、意欲的な裁判官は、制定法を憲法の基準で解釈することにより、司法の権威を行使したのです。

しかし、世紀の変わり目の頃には、判例によるルールの拡大は、徐々に、国民に対するアピールを失いはじめていました。裁判所のモットーは、依然として安定性でしたが、裁判所は、急速に変化する政治的および経済的情勢の要請に歩調を合わせることができなくなっていたのです。最初の全国的労働組合の、アメリカ労働総同盟（American Federation of Labor）という1886年の組織、最初の全国的な規制機関の、州際通商委員会（Interstate Commerce Commission）という1887年の創設団体、そして、連邦の最初の反トラスト立法であるシャ

Ⅰ　法源と技術

ーマン法という 1890 年の法律は、やがて来るべきものを予告していました。そして、法における変革と創造の新しい時代へと向かう 20 世紀を特徴付けるのは、立法、特に社会関係の立法の急速な増加、さらに裁判所ではなく行政機関への信頼の高まりでした。1900 年代の最初の 20 年間には、州の労働者補償法のほとんどが成立しましたが、同時に、近代的な行政権が、国においても州においても、今日の姿を現しはじめたのです。これらのより新しい発展については、後に扱うことにしましょう。

　同時代のイギリス法がアメリカに及ぼした直接的な影響は、南北戦争の時代までに薄れてゆき、今日ではわずかなものとなっています。この頃以降のイギリスの判例が今日のアメリカの判決意見の中に引用されるのは、稀な場合に限られますが、イギリス法の継受に由来するような問題が生じることは、さらに稀なことです。ただ、コモンローの根本的なアプローチ、用語の大部分、そして原理の多くは、イギリスと同様に合衆国でもなじみのものなのです。イギリス判例は、数は少ないのですが、今日でもアメリカのロースクールでは「教えられる伝統」の一部をなしています。アメリカの弁護士も裁判官も一般にイギリスの権威を無視しているようですが、それでも、彼らは、2 世紀前にアメリカ法に輸入されたイギリスの考え方に支配されているのです。それらの中の主なものは、まず第 1 に、法の支配の考え方で、この国では州さえも憲法の基準に基づいた司法審査に服するという明確な原理にその一例をみることができます。第 2 に、先例の伝統で、判決はそれ以前の判例を基礎とするというものです。そして第 3 に、争訟的な手続としての審理の考え方です。これは一種の論争で、しばしば陪審の前で行われますが、そこでは、対立する当事者同士がイニシアチブをとり、裁判官の役割は、調査官というよりも審判者となります。これらのことについては、後の章で立ち入ることにしましょう。

参考文献

　L. Friedman, *A History of American Law*（3d ed. 2005）および K. Hail & P. Karsten, *The Magic Mirror: Law in American History*（2d ed. 2008）は、植民地時代からの包括的な通史の解説である。多くの問題提起を含む研究として、M. Horwitz, *The Transformation of American Law, 1780-1860*（1977）および M. Horwitz, *The Transformation of American*

Law, 1870-1960: The Crisis of Legal Orthodoxy（1992）がある。講演として、G. Gilmore, *The Ages of American Law*（1977）も参照。

イギリスからの入植者が植民地に与えた影響について、D. Fisher, *Albion's Seed: Four British Folkways in America*（1989）参照。植民地時代の法の発展については、より広い背景事情と文献の調査により研究が進んでいる。W. Nelson, *The Common Law of Colonial America*（2008）; M. Bilder, The *Transatlantic Constitution: Colonial Legal Culture and the Empire*（2008）; D. Hulsebosch, *Constituting Empire: New York and the Transformation of Constitutionalism in the Atlantic World, 1664-1830*（2005）を参照。非専門家による植民地法を再検討するものとして、M. Norton, *In the Devil's Snare: The Salem Witchcraft Crisis of 1692*（2003）参照。独立後の変革期の歴史については、G. Wood, *Empire of Liberty: A History of the Early Republic*（2009）がある。

ウィリアム・ブラックストンについては、W. Prest, *William Blackstone: Law and Letters in the Eighteenth Century*（2008）参照。エドワード・クックについては、*The Selected Writings of Sir Edward Coke*（S. Sheppard ed., 2005）参照。ジョン・マーシャルについては、R. Newmyer, *John Marshall and the Heroic Age of the Supreme Court*（2007）がある。オリバー・ウェンデル・ホームズ・Jr. については、G. White, *Oliver Wendell Holmes, Jr.*（2006）参照。

本章のトピックの事例と注釈として、G. Fletcher & S. Sheppard, *American Law in a Global Context: The Basics* の第5-8章、第15章も参照。

I 法源と技術

2 法学教育

> アメリカにはさまざまなロースクールがありますが、学部を卒業したレベルであること、専門職の養成が目的とされていること、そして教育においてケース・メソッドが使われていること、という共通の特色もみられます。法学教育は、どうしてこのようなかたちをとるようになったのでしょうか。ケース・メソッドはどのような役割を果たしているのでしょうか。

多様性

アメリカの司法制度の発展は、法律家が受けた教育の性質によって影響されています。また逆に、法学教育の方も、司法制度の多様性を反映しているのです。今日では、アメリカ法曹協会（American Bar Association）が認証した200以上のロースクールで、1万5,000人以上の法学生が勉強しています[1]。現在合衆国において法実務の資格を認められている法律家のほとんどすべては、どこかのロースクールから学位を得たのです。しかし、ロースクールは規模の大きいものが多く、また、その教育については連邦の監督が及ばないため、法学部の数が少ない国々、あるいは、国の政府から何らかの規制がある国々と比べると、これらのスクールの間にははるかに大きな多様性がみられます。また、ほとんどのロースクールは大学の一部になっています。大学には、州との関係がない私立のものとして、例えば、シカゴ、コロンビア、ハーバード、そしてイェールなどがあり、50州のいずれかから支援されているものとして、例えば、カリフォルニア、ミシガン、そしてバージニアなどがあります。ロースクールには、一方で「州の」ロースクールとみられているものがあります。これは、学生がそのロースクールがおかれている州内から集まっておりその州で実務を行うつもりであり、そのカリキュラムもその州の法に重点をおいたものとなっているという意味です。他方、「全国的な」ロースクールとみられているもの

---

[1] ロースクールの大部分は、アメリカロースクール協会（Association of American Law schools）の厳しい会員基準にも適合している。アメリカ法曹協会が認証したロースクールのリストは、http://www.abanet.org/legaled/ で確認することができる。

もあります。上にあげたようなスクールがこれに当たり、そこでは、どの州というのではなくより一般的な実務ができる法律家を養成しようとしています。これらは、3年間のフルタイムの学習プログラムを備えているのが一般的ですが、中には、パートタイムのプログラムを、ふつうは夜間に行い、標準コースを終えるのにより長い年限を必要とするものもあります[2]。1,500名を超す学生を擁するロースクールもいくつかありますが、400名に満たないところも少数ですが存在します[3]。このようにアメリカのロースクールは実にさまざまですが、共通する特色もいくつか見受けられます。世界の類似の機関と比べた場合の、アメリカのロースクールの特徴がそこに窺えるのです。そのもっとも目立つ点は、アメリカのロースクールは学部卒業のレベルであること、職業教育としての目的をもっていること、そして、教育においてケース・メソッドが使われていることです。これらはみな、19世紀の法学教育の発展にその起源があるのです。

学部卒業レベルと専門職教育の目標

　法実務のための大学教育に関しては伝統が確立されてからわずか1世紀の歴史しかないこの国において、法学教育が大学卒業レベルで行われるものと考えられているのは、驚くべきことかもしれません。独立革命の後、法学教育の質は弁護士会の質とともに低下しました[4]。19世紀中葉が過ぎる頃まで、イギリスのインズオブコート〔法廷弁護士の自治組織で、法廷弁護士を養成し、資格を与え、懲戒をも行うために設置されたもの〕のように、法学教育は、原則として実務家の手の中にありました。試験の準備のしかたとしてイギリスから受け継いだのは、「法を読むこと」でした。これは、期間はともかく臨時の見習いと

---

2) ロースクールの学生の5分の1以下が、パートタイムで学んでいる。
3) 上記に名前をあげたロースクールの中でも、J.D. コースの在籍者数はさまざまである。2010年についてみると、ハーバードでは2,000名近く、コロンビア、ミシガン、バージニアでは1,200名から1,500名の間、カリフォルニア（バークレー）ではおよそ1,000名、シカゴ、スタンフォード、イェールではおよそ600名である。授業料や諸費用は、年額およそ1万ドル（州のロースクールのいくつかにおけるその州の居住者の場合）から4万ドルまでさまざまであるが、必要に応じて、奨学金や貸与金の支援がある。ロースクールの学生の多くが、授業料、書籍、その他の支出のために借金をしている。
4) [1] 参照。

して、実務法曹の事務所での日常的な仕事をこなしながら、判例や制定法、事務所にある法律書、当初は、クックの『提要』(*Institute*)、ブラックストンの『注釈』(*Commentaries*) のアメリカ版、そして後にはケントの『注釈』(*Commentaries*) やストーリの体系書、そして19世紀末までにより専門化された、法実務の狭い分野の法律書を読むことでした[5]。

いくつかの例外もありました。1753年にはオックスフォード大学で、ウィリアム・ブラックストンが、イギリスにおける初めてのコモンローの講義を大学ではじめました。そして、19世紀を迎える前に、少数ながらアメリカの大学もこの例に続いたのです。1779年にはウィリアム＆メアリー・カレッジに、法学の教授職が設けられました。ジェームズ・ケントがコロンビア・カレッジの法学教授になったのは、1793年のことでした。そして同様の例がいくつか現れたのです。加えて、独立した法学校も、弁護士が法律事務所に受け入れることができるよりもたくさんの学生に対して指導を行っていましたが、そのような法学校が、大学の外において、見習いシステムの支流として発展したのです。その最も注目するべき例はリッチフィールド・ロースクールで、それは1784年から1833年まで続きました。

しかし、今日のようなアメリカのロースクールがその姿をみせはじめたのは、ジョセフ・ストーリ裁判官が1829年にハーバード・ロースクールの再編成を行ってからなのです。創立から12年後のことでした。ストーリは、アメリカのロースクールに強い職業教育的な志向を与えました。初期の段階で大学の法学教授の職を占めた者は、ブラックストンのように、法をリベラルアーツの一部と考えていました。しかし、ストーリの下で、法学教育とリベラルアーツは分離され、学生は法律の勉強をはじめる前にリベラルアーツの十分なバックグラウンドを得たという前提の下で、法学教育を受けることになったのです。この考え方は定着し、1年か2年のコースをもつ大学のロースクールの数は、1870年までに31に増えました。しかし、これらのスクールは、入学に学問的な要件がなく、卒業要件も緩やかでした。そのうえ、ストーリが想定していた、学生がリベラル教育のバックグラウンドをもっているということについては、

---

[5] エイブラハム・リンカーン（Abraham Lincoln）大統領を含む多くの法律家が、そのような本で自習をして司法試験に備えた。

それを確かめる努力も行われませんでした。ほとんどのスクールが、1名ないし3名の教授陣だったのです。19世紀の前半は、激しいジャクスニアン・デモクラシーの時代でした[6]。それは、市民の高揚によって特色付けられ、誰もが法実務に携わることができる、ほとんど固有の権利を有しているという考えがもたれた時代でした[7]。合衆国の法律専門職は、決して選ばれたエリートの集うところではないとされ、平等主義の感情が、この時代に特に高まっていったのです。弁護士登録のための準備の勉強や見習いという一般的な要件は、1800年代の初期には存在しましたが、その要件さえも廃止されました。新しいロースクールは、大学との結びつきを得ましたが、それもあくまで職業のためのもので、質の保証を欠いていました。

南北戦争の後、およそ1870年頃からの、社会の拡大と産業化は、この時代のより複雑化した法に取り組まなければならない法律家の養成に新しい活力を与えることになりました。アメリカ法曹協会が1878年に組織されましたが、そこに法学教育の部門が設けられたことは、弁護士の組織がこの分野に関心をもっていたことを明確に示すものです。このグループが母体となって、1900年には、法学教育の振興のためにアメリカ・ロースクール協会が設立されました。1905年までに、協会は、その加盟校に対し今日の3年間の法学修学年限を求めたのです。1952年までには、3年間の大学教育を終えていることが、ロースクールへの入学条件として定着しました。そして、今日では、ほとんどの学生が4年間の大学の課程を終えてすでに学士の学位を得ています[8]。

---

6) 「ジャクスニアン・デモクラシー」の名前はアンドリュー・ジャクスン（Andrew Jackson）に由来する。ジャクスンは、1828年から1836年まで大統領の地位にあったが、国民からの負託こそがあらゆる政府活動の基盤であるという考えに立っていた。
7) 1851年から1933年までの間、インディアナ州憲法は、「何人も、善良なる倫理と人格を備える者は、有権者として、すべての裁判所において法実務を行う権利を有する」とする規定を置いていた。
8) アメリカでは、授業料がかからない公立学校制度の終了点は高校であるが、これを卒業するのは通常17歳か18歳である。その後は、州立または私立のカレッジか大学に入り、一般的な大学教育を受け、4年後には学士の称号を得る。21歳か22歳の時点である。教育機関は多くの課程を有しており、例えば、学部、大学院、専門職課程を有しているものは、ふつう「大学」とよばれる。学部のみを有するものは「カレッジ」である。学士の学位は、4年間のコースで医学を勉強するうえでも必要とされる。

Ⅰ　法源と技術

したがって、アメリカの法学生は、通常4年間の大学を終えて、21歳かそれ以上の年齢になってから初めてロースクールに入るということになります。多くのスクールでは、入学定員の数倍の志願者が応募し、選抜は、志願者の大学での成績や、法学の学習に対する適性をテストする全国規模の終日にわたる試験の結果に基づいて行われます。ロースクール入学者選抜が慎重に行われる場合には、学業不振によって退学する者は100人のうち1人以下ですが、それが慎重に行われない場合には、この割合はもっと高くなるでしょう。典型的なロースクールの学生は、ひと昔前は白人の男性でしたが、この数十年には多くのロースクールで女性と多様な人種の学生が劇的に増加しました。女性は、今日ロースクールの学生のほとんど半数を数え、アメリカ法曹協会が調査対象にした人種や国籍による六つのグループ出身の学生は、ロースクールの学生のおよそ4人に1人を占めます。

アメリカのロースクールの学生は、一般に公法または私法の実務に関心をもちます[9]。ロースクールの3年間は、契約法、不法行為法、不動産・動産、信託法、証拠法、手続法、刑法、商法、会社法、租税、取引規制、憲法、行政法、労働法、家族法、そして国際私法[10]のような専門的科目のほか、法理学、比較法、法と経済学、そして法制史のようなより広いテーマに費やされます。学生は、ロースクールに入る前に、歴史、文学、美術・音楽、経済学、社会学、政治学、統治のような科目を学んでいるということが前提となっているのです。ロースクールの最初の年は、カリキュラムが全部または大部分必修となっていますが、次年度からは、ほとんどが選択科目となっています。法律の勉強の前提条件として大学教育を求めていることは、事務所での研修要件の撤廃もあいまって、ほとんどのロースクールで法律のトレーニングの職業教育的傾向を強めることになりました。3年間にわたる集中的な職業訓練の期間中、学生は、ケース・メソッドとして知られるアメリカの教育方法で訓練されるのです。

---

9) ロースクールの学生の中には、法と経営管理や法と行政といったジョイント・ディグリーをとろうとする者もいるが、年限が1年よけいに必要となる。
10) これらの分野については、本書 **2** を参照。

ケース・メソッド

　ケース・メソッドがアメリカのロースクールに大規模に導入されたのは、クリストファー・コロンブス・ラングデル（Christopher Columbus Langdell）教授[11]が、1870年にハーバード・ロースクールのDane Professorに迎えられ、同年ディーン（dean）〔ロースクールの長〕に就任したことによります。ラングデルは、自分の契約法のクラスを、体系書ではなくケースブックで教えました。これは、上訴裁判所の意見である判例を集めたもので、彼は、それを自分の学生たちのために編集し出版したのです。法が基礎としていると考えられるいくつかの基本的原理を習得する最短かつ最良の方法は、それが具体的に表れている判決中の意見（opinion）を学ぶことであるというのが、彼の信条でした。ラングデルは、授業というものは、学生が、「それに出席することにより自習に時間を使うよりも多くのものを得ることができる」という性質のものでなければならないと考えました。法学教授が判例を集めたものを学生の手に渡しはじめると、次のステップは、伝統的なレクチャー・メソッドを捨て、問題を投げかけ、学生とともに彼らが事前に読んできた判例について議論することであるとされました。いわゆる、ソクラティック・メソッドです。収録判例は、多くの法域からとられていますから、常に一貫しているというわけではありません。また、このメソッドでは、実際の状況ごとのルールの衝突について評価することを学生に求めるという、比較の視点がとられました。20世紀の最初の10年が終わるころには、この教育技術は、国中のロースクールで広く受け入れられたのです。

　しかし、もしラングデルが、すべての法を判例によって学ぶことができると考えたのであれば、それは大きな誤りでした。アメリカ法の多くは、判例以外の場所に存在し、カリキュラムにおける、制定法、規則、学説の役割は増加しつつあります。さらに、ケース・メソッドは、それによって法のすべての部分あるいは実質的な部分を学ぼうとすると、時間がかかりすぎます。最近では、ケース・メソッドは、具体的な事実を述べ、分析し、評価し、そして比較する

---

11) クリストファー・コロンブス・ラングデル（1826-1896）は、ニューヨークの弁護士であったが、1870年にハーバード・ロースクールの教授となった。教授また後のディーンとしての主たる業績は、教育にケース・メソッドを導入したことである。

Ⅰ　法源と技術

こと、法源を弁護士や裁判官が用いるように用いること、そして、基本的な主張を組み立てることを学生に求めることにより、これが、専門家としてのスキルと技術を高め、分析、推論、そして表現の力を強化する助けになるという理由で、正当化されてきました。このような目標は、法規範に関する博学な知識よりも高い価値をもつのです[12]。ケース・メソッドは、合衆国における法学教育の職業志向的な性格には適合したものですが、それは、法を学問分野の中から孤立させてしまうことにもなりました。このような難点、上訴裁判所の意見の限界、そして学生の興味の低下が明らかになるにしたがい、判例を強調することはやや下火になり、今日では、純粋なケース・メソッドはロースクールの第1年次を過ぎたクラスでは、稀になっています。ケースブックも、当初は判例だけを収録していましたが、今日では、解説、制定法、法書式、そして、経済学、哲学、社会学、歴史のような、法以外の分野の素材も取り入れるようになりました。ケースの補足として、しばしば、指導や起案が必要となる設問や、学生に職業倫理や人的倫理を考えさせるような問題も入っています。政策の分析や解決の能力を高めるとともに、さらに法律家の伝統的な技能を伝えようとするコースもあります。しかし、主眼は、授業の前の予習と自分自身の判断を求めることにより、学生の批判的な能力を向上させること、そして、これらの能力を、教室での教授との対話を通して、大勢の前で使う力の養成におかれています。

　このように、アメリカの法学生は、なおケース・メソッドを、特に1年次におけるほとんどの大きなクラスでの基本的なパターンであるとみています。教室には100名を超える学生がいますので[13]、どこかの時間に発言を求められた学生は、教授との会話に加わり、ほかの学生は、それを聴くことと教授の質問に対する自分自身の解答を考えることによって学習するのです。学生は、1

[12) ロースクールの一般的な試験問題も、ケース・メソッドの影響を受けている。それは、ふつう学生にはなじみのない設例で、法が明確な結論を示していないボーダーライン上のケースであることも多い。問題は、そのケースについて判断しその根拠を述べること、あるいは、一方当事者のために主張を展開すること、さらには、依頼人の状況を仮定してアドバイスを述べることを、学生に求めるものである。「正しい」結論よりも、分析と推論が重視される。ロースクールの試験は筆記試験である。
13) 多くのロースクールでは、受講生が100名を超えないようにクラス分けして授業が行われる。

2　法学教育

時間の授業の準備として、2時間ケースブック、論文、その他の文献を読むことが求められています。そして、通常1週間に12ないし15時間の授業があります。今日では、ロースクールの教授法には、特に小規模のクラスや上級学年のクラスでは、広いバラエティがあることは確かですが、そうはいってもケース・メソッドは、なお合衆国の法学教育の品質証明なのです。

その他のたくさんの活動が、この教育経験を豊かにするために用意されています。小さなコースやセミナーでは、議論はもっと協働的でくだけたものになります。法実務を強調するコースでは、調査と執筆の実務を習い[14]、そして弁論、相談、交渉、あるいは起案も行うことが多いでしょう。クリニックのプログラムでは、参加者は、実際の事例について指導を受けながら仕事をすることにより、実務経験を積むことができますが、これは、しばしば、リーガルサービスを必要とする人々にそれを提供する組織と共同で行われます[15]。模擬法廷では、学生は弁護士として参加し、通常は仮定のケースでの上訴事件で、教授会、弁護士会、裁判所、そして学生団体から選ばれた裁判官の前で、主張を展開します。このコンペで幸運にも成功をおさめた学生は、少なくとも1年次の成績をも評価されたうえで、200近いロースクールが刊行しているロー・レビューの執筆や編集を補助するよう誘いを受けるのです。この中には、アメリカで最も権威ある法律雑誌が含まれますが、それらは伝統的に学生によって運営されています[16]。3年間のこのような訓練の後に[17]、法学生は、法務博士（*juris doctor*, J.D.）の学位を得て、弁護士会への登録の候補者となるのです[18]。

---

14) ロースクールの学生は、調査のために図書館を使いこなさなければならない。大きな図書館は、研究を支援し進んだ調査のための資料を有している。ハーバードは法学図書館に200万冊（マイクロフィルムを含む）を蔵している。コロンビアやイェールは100万冊以上、その他のロースクールの図書館も10万冊をゆうに超える蔵書を備えている。

15) 事実上すべてのロースクールが、クリニック式の法学教育を行っている。実際の問題を使うこともあるが、事実審の実務の教育に使うケースのように、仮定的な問題によることもある。このような実務的な科目の他に、ほとんどの学生が、夏期の臨時雇用やパートタイムの雇用において法実務を経験する。

16) ロー・レビューについては、8で述べる。

17) アメリカのロースクールでは、カリキュラムの定期的な再検討を行っている。1920年代にコロンビア・ロースクールが実施したランドマーク的な検討は、リアリズムの考え方の影響を受けたものである。これについては、Currie, *The Materials of law Study* (pt. 2), 8 J. LEGAL EDUC. 1 (1955) 参照。

I 法源と技術

参考文献

ロースクールに関する古典的解説として、K. Llewellyn, *The Bramble Bush: The Classic Lectures on the Law and Law School* (S. Sheppard ed., 2008) がある。ロースクールの歴史に関する包括的な研究として、S. Sheppard, *The History of Legal Education in the United States: Commentaries and Primary Sources* (2007) 参照。ケース・メソッドの発展については、W. LaPiana, *Logic and Experience: The Origin of Modern American Legal Education* (1994) もある。法学教育に関する最新の研究として、Journal of Legal Education に掲載される論文を参照。これは、アメリカ・ロースクール協会が刊行する季刊誌である。

アメリカのロースクールの新しい科目展開に関するアイディアについては、A. Polinsky, *An Introduction to Law and Economics* (4th ed. 2011); L. Friedman, S. MacAulay & J. Stookey, *The Law and Society Reader* (1995) からうかがうことができる。また、1970年代、1980年代の批判的運動に由来する、法と法学教育への現代的批判学派を参照。法思想におけるフェミニスト運動のリーディングスとして、N. Levit, R. Verchick & M. Minow, *Feminist Legal Theory: A Primer* (2006) がある。批判的人種理論（Critical Race Theory）を論じるものとして K. Crenshaw, *Critical Race Theory: The Key Writings that Formed the Movement* (1996) 参照。批判的法学研究（critical legal studies）の動向およびそれが指摘する伝統的法思想の内部矛盾については、M. Kelman, *A Guide to Critical Legal Studies* (1987) および D. Kennedy, *Legal Education and the Reproduction of Hierarchy: A Polemic Against the System* (2007) がある。

G. Fletcher & S. Sheppard, *American Law in a Global Context: The Basics* の序章および第1-4章も参照。

---

18) 法学教育は、学部卒業以上のレベルとされているが、ほとんどのロースクールは、法務博士（J.D.）の学位を出している。かつては、法学士（LL.B.）を与えていた。学部卒業後の3年間の教育に対して法学士を出しているロースクールもまだある。さらに研究を進めることによって、法学修士（LL.M.）や法学博士（J.S.D. あるいは S.J.D.）が得られるロースクールもあるが、これらの学位は実務のための訓練によって得られるものではない。法学博士をとろうとする者は、法学教師をめざしているのがふつうである（法学博士の学位は、doctor of laws（LL.D.）とは別のものである。後者は名誉のために与えられるものである）。

3 法律家

> アメリカの法律家は、幸いにも広い範囲の仕事に恵まれており、また、法律家としてある職種から別の職種に移動するについての制約もありません。アメリカの法律家とはどのような人たちなのでしょうか。どのような役割を果たしているのでしょうか。どのような組織に属しているのでしょうか。そして、専門家としてどのような成果をあげてきたのでしょうか。

弁護士会

　法律専門家の規律は、主に州の管轄すべきことがらとされており、各州は、法実務を許可するについてそれぞれ独自の要件をおいていますが、一般的には、3年間大学で教育を受けることと法律学の学位を取得することが求められます。各州はそれぞれ、弁護士会への登録候補者に対する筆記試験を管理しており、また、候補者の属性に関する調査を行うこともあります。しかし、ほとんどすべての州で、各州共通の司法試験問題が使用されています。これは多肢選択試験と論述試験ですが、これに加え各州の論述試験もあります。また、自州の法に重点をおいたそのほかの試験もあります。試験に3日間をかける州もいくつかあります。受験者の相当割合が最初の受験で合格し、不合格であった者の多くも次の回の受験では合格します[1]。合計すると、毎年5万人がそれぞれの州の弁護士会（bar）[2]に登録されます。登録の前にも後にも見習いが求められることはありません。連邦裁判所での実務への登録ルールは、裁判所によってさまざまですが、一般に、州の最高裁判所での実務について資格を得ている者は、若干の形式的要件を満たせば、連邦の裁判所でも資格が認められます。

　弁護士の実務は、通常は単一の地域内に制限されています。弁護士は代理すべき依頼人に応じて移動することはありますが、自分が登録した州においての

---

1) 州の司法試験の合格率はおよそ75％であるが、各州ごとにかなりの差がある。2008年の例でいうと、モンタナでは91％の合格率であったが、カリフォルニアでは54％であった。全国司法試験会議による集計については、http://www.ncbex.org を参照。

2) もともとbarという言葉は、法廷で、一般の人々を、裁判官、弁護士、その他の訴訟参加者などから分けるための間仕切りを指す言葉であった。今日では、ふつう法律実務家を指している。

I 法源と技術

み実務を行うことができるのです3)。他の法域〔jurisdiction この言葉は、一つの法体系の支配する地域を意味し「法域」と訳すことが正確であるが、以下において、特に誤解を招かない場合には「州」の訳語をあてることもある。50州のほかコロンビア特別区、自治領もそれぞれ法域である〕の事案のためには現地の弁護士を確保しておくのが通常です。しかし、他の州に移動する者が「1回限り」(*pro hoc vice*) として許されて法廷での活動を認められ、一つの事案に限って仕事をするのもよくあることです。あるいは、例えば5年間というような、かなりの期間ある州に登録して実務をしたことがある弁護士は、通常試験なしで当然に再登録することが認められます。

弁護士は、法実務を行うことができるだけではなく、他の市民が行うような活動に従事することも認められています。弁護士が、法人の取締役会で働くこと、ビジネスを行うこと、公的な仕事に参加することも珍しいことではありません。弁護士は、裁判官になっても、政府や私的なビジネスで働いても、あるいは、法学教師になっても、弁護士会の会員であり続けます。弁護士が、これらの活動から私的な法実務に戻ることもよくあることです。もっとも、商業や工業における責任ある経営者の地位に就くと実務を行わなくなる弁護士も少数ですがみられます。専門家職における移動性と公的責任の考え方は、ハーラン・フィスク・ストーン (Harlan Fiske Stone)4)の経歴によく表れています。彼は、ニューヨークの弁護士として成功し、コロンビア・ロースクールの教授、ディーンとなり、そして合衆国司法長官、さらに合衆国最高裁判所長官になりました。

弁護士の間には、その役割に応じた公的な区別があるわけではありません5)。

---

3) もっとも、弁護士は複数の州で登録することもでき、また、特に許可が得られれば、登録していない州の裁判所で活動することもできる。一つの法律事務所が複数の州にオフィスを開くことも認められる。

4) ハーラン・フィスク・ストーン (1872-1946) は、アムハースト・カレッジ、コロンビア・ロースクールを卒業後、教師と実務の職に就いた。1910年から1923年にはコロンビア・ロースクールのディーンを務めた。1924年には、司法長官に指名され、1925年には、最高裁判所裁判官に任じられ、1941年には、チャールズ・エバンズ・ヒューズの後任として最高裁判所長官となった。

5) lawyer, attorney, attorney-at-law, counselor, counselor-at-law などという言葉があるが、これらはエレガントに響くように使われるだけで、意味に違いがあるわけではない。エクイティの法廷とコモンローの法廷が分けられている州では、counselor in equity という言葉は、エクイティの実

3 法律家

　イギリスのようなバリスターとソリシターという区別は、合衆国では定着しませんでした。法廷に立つための特別な排他的な権利をもつ専門家という職域も、法的手段を準備することに特化した職域もありません[6]。アメリカの弁護士の領分は、弁護だけではなく法律相談や文書作成にも及びます。さらに、「法実務」と広く定義される領域でも、その職域は排他的で一般には開放されていません。法廷弁護の分野では、そのルールはかなり明瞭です。つまり、誰でも裁判所で自己の主張をすることはできますが、若干の下級審裁判所の例外を除けば、他人の代理をすることができるのは弁護士に限られるというものです。しかし、弁護士でない者も、いくつかの行政機関においては、司法的な性質をもつ公的な手続につき他人を代理する権限が認められます。法律相談や法律文書の作成の分野では、境界線はさらに明確ではなくなります。例えば、連邦の所得税の領域で、法律の実務と会計の実務の間に境界線をみつけることは時として困難です。他方、アメリカのほとんどの裁判所の厳格なアプローチは、ニューヨーク州の最高裁判所のある判決[7]に従ったものなのです。その判決は、ニューヨークではなく外国での実務の資格をもつ弁護士がニューヨークの依頼人に法的なアドバイスを行うことは、たとえ、そのアドバイスが外国の法律に関するものであったとしても許されないというものでした。しかし、外国の弁護士は、どこかの州の弁護士会に登録することができ[8]、さらに、登録していなくても、外国法のコンサルタントとしてアメリカの弁護士にアドバイスすることはできるのです。

　合衆国では弁護士に広い活動の領域が開かれていますので、弁護士として登

　　務についてのみ資格がある弁護士を指す。**9** 参照。
6）合衆国では、公証人（notary, notary public）の事務所は、どの州でも小規模のものである。その職能は、書類の認証と宣誓の手配のような日常的な仕事である。法的な訓練を必要とせず、仕事が事務官や秘書に回されることもあり、他の法制度のもとでの類似の名前をもつ専門職に比すべきものはない。
7）ニューヨーク郡弁護士連合会の事件。In re Roel, 144 N.E.2d 24 (N.Y. 1957)、上告棄却、355 U.S. 604 (1958)（メキシコの離婚法に関する法律相談）。
8）In re Griffiths, 413 U.S. 717 (1973)において、合衆国最高裁判所は、弁護士登録できるのは合衆国の市民に限られるとする州の要件は違憲であると判示した。しかし、ほとんどの州では、そこに居住していない弁護士は、仮に登録が認められても、そこに事務所を構えていない限り実務を行うことはできない。

I　法源と技術

録している人々の数は多く、現在では100万人を超え、国民300人あたり1人の弁護士がいることになります。弁護士は、恵まれた収入を得ていますが、金持ちということはあまりありませんし、その平均的な収入は医師のそれには及びません。それでも、ロースクールを出たばかりで、法律事務所や会社に入った者は、まもなく家族を養うに十分な収入を得るのがふつうです。弁護士は、大都市圏に集中しており、全体のおよそ4分の1はカリフォルニアかニューヨークにいます。おおよそ4分の3の弁護士は、法律事務所での私的な実務に携わっていますが、残りのほとんどは、民間のビジネスか、政府のサービスで雇われ、さらに少数ですが司法機関に入ったり教授になる者もいます。

私的な実務における弁護士

　私的な実務に携わる弁護士の中の、およそ半分は単独で活動する実務家です。私的な実務に携わる弁護士のほとんどは法律事務所に属していますが、その規模は、一つのオフィスで2人のパートナーがいるものもあれば、世界中に事務所をもち、何百人もの弁護士を抱え、その弁護士が専門のグループに分かれて活動し、それぞれが特定の分野に専念しているものもあります。法律事務所に所属する弁護士のおよそ3分の1は、100名以上が働く法律事務所にいます。法律事務所は一般に弁護士の共同経営として組織されており、経営権をもつ弁護士はパートナーであり、その他の弁護士はアソシエイトとして、事務所から給与をもらっています[9]。グループを作って実務を行う傾向は、比較的最近始まったものです。かつて19世紀には、法実務は専門化されたものではなく、一般的なもので、その主な内容は、法律相談や起案よりもむしろ弁論でした。そして、アメリカの弁護士の原型は個人の実務家だったのです。目立った専門化は、20世紀の後半に大都市の金融街の近くではじまりました。ビジネス、政府、そして労働力の巨大化とともに、弁護士の仕事は、紛争の解決はもとよりその予防のための専門的な法律相談や文書起案という依頼人の希望に応えるものとなっていきました。有能な弁護士は、このような仕事に魅力を感じるようになり、また弁護士会内部のリーダーシップも、法廷にはめったに現れず、

9）この数十年、弁護士は、professional service corporation という新しい形態の組織に入る者が増えている。

助言者、企画者、そして交渉者として期待されるような人々に移っていきました。今日、弁護士は、依頼人のビジネス上の問題を常に把握して、依頼人の方針の形成に全過程を通じて参画するのを、あるべき健全な実務と考えているのです。大きなビジネス上の取引は、法律顧問の助言なしに引き受けられることは稀となっています。

今日の弁護士に求められる見識の広さは、あるアメリカの裁判官によって次のように表現されています。「現代の弁護士は、きまって自己の顧客に対し何が許容されるかのみならず、何が望ましいかを助言する。……彼が顧客に対するのと同様、社会に対しても負っている義務は、重要な社会的、経済的、そして哲学的考慮を多く含んでいるのである」[10]。このような要請を満たすことは、一人の人間の力ではなかなか可能となるものではありません。アメリカ法の複雑さとアメリカのビジネス組織の柔軟性や順応性は、よい図書館と同じくらい多くの分野の専門化された知見をますます必要としているのです。

この要請に対応しようとして、巨大法律事務所は発展しました。一般に各顧客は特定の一人のパートナー弁護士に相談しますが、そこには、租税、商取引、会社法、独禁法、破産法、不動産取引、遺言・遺産、そして訴訟のような分野を専門とする者が控えています[11]。巨大法律事務所は、産業や商業の巨大企業のビジネスにおいてかなりのシェアをもっており、そこには専門家の相互協力を必要とするような問題もありますので、毎年、上位のロースクールのトップクラスの卒業生を数多く採用しています。それらの若者は、骨の折れる法情報調査を行い[12]、いつかパートナーになる日を望みながらも、他方で、いずれ5、6年もそのような事務所のアソシエイトとして経験を積めば、もっと魅力的な別のチャンスが訪れることも知っているのです。そのような比較的少数の巨大事務所の外でさえ、専門化は進んでおり、例えば、ほとんど、身体侵害事件、刑事事件、租税事案、あるいは労働事件の実務のみを行う弁護士もいま

---

10) United States v. United States Shoe Machinery Corp., 89 F. Supp. 357, 359 (D Mass. 1950)におけるWyzanski裁判官の言葉。
11) 特に専門として手掛ける実務分野について規制はないが、弁護士を特定分野の「専門家」と紹介することについて規制を行うようになった州もある。
12) 日常的事務にすぎない仕事については、いわゆる「パラリーガル」が行うこともある。パラリーガルは、弁護士のような法的訓練を受けたことがなく弁護士登録もされていない。

す。また、このような需要は、他方で企業内弁護士の増加というかたちでも現れているのです。

企業内弁護士

　私的な実務を行わない弁護士の中の多くは、メーカー、保険会社、そして銀行のような私企業に雇われ、通常はその法務部門の企業内弁護士（house counsel）として働いています[13]。会社の成長、ビジネスの複雑さ、そして政府の規制によって課された問題の多さを考えると、そのような会社は、法律の訓練を受けたことがあり、同時にその会社の固有の問題や状況についてよく知っている者を雇おうとします。巨大な企業は、法務部門に100名以上を抱えるようになりました。そのような部門を率いている法務部長の弁護士は、通常その会社の取締役でもあり、重要な方針立案の委員会に関与し、多くは経営会議にも参画しているのです。企業内弁護士は、弁護士会の会員のままであり法廷に出る資格をもっていますが、さらに外部の弁護士が訴訟のために雇われることもしばしばあります。しかし、企業内弁護士が価値ある戦力と認められるのは、訴訟代理を行う者としてよりも助言者としての技量が評価される場合なのです。企業内弁護士は常に会社の問題に関わっていますので、予防的な法実務を行うのに理想的な位置におり、会社からは、その公共的義務や国に対する義務についてアドバイスするよう求められるのです。

政府内弁護士

　企業内弁護士と似た発展は、政府内においても生じるようになりました。民間の実務を行わない弁護士が、連邦、州、郡、そして自治体において、もっぱら司法部門に雇用されています。公共サービスに入っていくのは、最近ロースクールを出た者が多く、その段階の自己のキャリアからみれば政府のサラリーも十分に魅力的であると感じ、また、そのような勤務から得られる経験を、民間での実務の前段階として期待しているのです。しかし、最高給与額には制限

---

13) 弁護士であって会社の取締役や雇用関係がある者について、house counsel、in-house-counsel、orporate counsel、general counsel、vice president for legal affairs などの言葉が使われることがあるが、これらの言葉に大きな意味の違いはない。

があり、これが政府で働き続けることをためらわせます。もっとも、弁護士としてもうかる仕事がなくなって公共サービスに入る弁護士もいないわけではありません。政府内の弁護士は、ほとんどが任命されて、連邦や州の機関、地方自治体の法律部門で勤務しています。合衆国司法省だけでも1万人以上の弁護士が雇用されていますし[14]、ニューヨーク市の司法部門には600人ほどの弁護士が働いています。その他に、地区検察官として勤務する者もいます。連邦検察官、最高検察官と、そのアシスタントは大統領により任命され、合衆国司法長官のもとに配属されます。州の検察官は、よく地区検察官とよばれることもありますが、通常は各郡によって選出され、そのアシスタントも含め州の司法長官の指揮下に入ることはありません。一般に、政府内の弁護士は、すぐに法律に関わる仕事に取り組みます。というのは、一般的な政府のサービスの準備として求められるような法的な訓練というものはほとんどないからです。しかし、このルールには若干の重要な例外もあります。行政上の管理職を命じられた者や政治的な職務に選出された者の場合です。弁護士が政府に参加することは、やや減少傾向にはありますが、それでも2世紀の間、弁護士は合衆国議会や州知事のおよそ半分を占めてきました[15]。このような数字は、ハーラン・ストーン裁判長の次のようなコメントを裏付けています。「公共の仕事におけるリーダーシップほど弁護士に重視されてきたものは、わが国の専門職の伝統の中には見当たらない。」

裁判官

　法律の実務資格を認められた者の中には、連邦、州、郡、あるいは自治体の法廷で裁判官としての任に就く者も少数ではありますがみられます。いくつかの州下級裁判所を除けば、裁判官は、一般に法律の実務資格を要求されますが、裁判官の職にある間は弁護士実務を行うことはありません。それぞれの裁判官職にはあまり共通性がみつからず、せいぜい三つの目立った特色を指摘すること以上の一般化は難しいのですが、裁判官が選ばれる階層、その選出のしくみ、そして在任期間を特色としてあげることができます。

---

[14] その半分以上は、合衆国連邦検事局に所属し、司法省の連邦区に勤めている。
[15] 現在、合衆国議会の議員の半数弱は、法学の学位を有している。

Ⅰ　法源と技術

　裁判官は、弁護士会から選ばれ、政府の仕事をする者や教育職から選ばれることはあまりありません。また、合衆国には、多くの外国においてみられるようなキャリアの裁判官はいません。若いロースクール卒業生が裁判官を志しても、何か決まった進路があるというわけではないのです。見習いを行ったりサービスに参加する必要もありません。優秀な若いロースクール卒業生は、連邦裁判所や州裁判所の裁判官のもとでロークラークとして1、2年活動することがありますが、その報酬は、実務に活かすべき経験のみであり、裁判官としての将来が約束されるというものではないのです。上級裁判所に空席ができたときに下級裁判所の裁判官によってそれを埋めるということも稀ではありませんが、これがルールということではありません。法律家は、キャリア裁判官制度の利点をまったく知らないというわけではありませんが、それよりも、アメリカの弁護士が自己の経験と独立性を法廷に導入することの方がもっと大切なことであると考えているのです。国の最上級裁判所の優れた裁判官の多くは、それに先立って何か司法上の経験があったというわけではありません。批判的な意見があるとすれば、むしろ裁判官の選定の方法に向けられたものでした。

　州裁判所の裁判官は選挙で選ばれるのがふつうです。一般には市民の投票によりますが、州議会によって選出されることもあります[16]。市民による選出は、しばしば否定的な評価を受けることもありました。例えば、アメリカ法曹協会からの批判は、一般市民は、司法官職への候補者について関心も情報もないため、政党の指導者または司法選挙運動に資金を出した利害ある訴訟当事者によって、その結論が操られることがあまりに多いという理由によるものでした。

　多数の州では、最上級裁判所の裁判官は、今日知事によって任命されます。これらの州のほとんどで、その裁判官は、自己の記録を開示して定期的に市民により対立候補のない再選挙を受けることになります[17]。これに対し、州によっては、最上級裁判所の裁判官が選挙によって選ばれるところも少なくありませんが、その選挙はふつう党派性のないものです。

---

[16] これまでも常にそうであったというわけではない。初期の州憲法は、裁判官は、立法府または知事、あるいはその両者によって選出され、任期は終身的なものと規定するのが一般的であった。このしくみは、19世紀中葉のジャクスニアン・デモクラシーの波の中で押し流され、裁判官の権限または選出された官僚の権限を制限するために、一般市民の投票による、短い任期のものに改められた。

[17] このしくみは、それを初めて採用した州の名にちなみ「ミズーリ・プラン」とよばれることがある。

3 法律家

連邦の裁判官は、合衆国大統領によって任命され、さらに上院の承認を受ける必要があります[18]。任命制の下でも、裁判官の選出は政治的影響を免れるわけではありません。任命を受ける者は大統領や知事と同じ党に属しているのがふつうです。通常、連邦の裁判所への候補者名は、アメリカ法曹協会の委員会に提出され、その委員会がその候補者を適任であると認めたうえで初めて任命がなされます。裁判長または首席裁判官の職も、他の司法官職と同様に決められるのが一般的ですが、いくつかの州では、その職は裁判官のローテーション、在職年数、あるいは裁判官の選挙によって決められます。合衆国最高裁判所の長官は、大統領によって任命され、上院の承認を得ることになります。

第3の特徴としてあげられるのは、州の裁判官は数年単位で任に就くのがふつうであり、生涯その地位にあるのではないということです。一般管轄裁判所（court of general jurisdiction）の場合には、4年、6年あるいは8年の任期が、上訴裁判所（appellate court）の場合には、6年、8年あるいは10年の任期が、それぞれ典型的です。市民による選挙で選出される場合には、勤務状況に問題のない裁判官はその職を継続できるのが通常です。ただ若干の州の裁判所および連邦の裁判所では、裁判官（治安判事は別にして）は、生涯その職にあります。裁判官の職にあるのが数年単位とされている場合であろうと生涯にわたるとされている場合であろうと、裁判官がその任を解かれるのは、大きな誤りがあってかつ正式の手続による場合に限られます。これまで罷免手続が行われたのはごく稀で、数名の連邦裁判官が正式の手続で解任されたことがあるにすぎません[19]。司法の独立性というものは、裁判官はその司法上の行為について、たとえそれが詐欺や腐敗について有責であっても、何の民事責任も負うことはないというルールによっても支えられています。アメリカ法曹協会の裁判官行動準則規程（Code of Judicial Conduct）は、裁判官が守るべき基準として広く用いられてきました。上級司法官職の給与は、成功した民間の実務家の収入と比

---

[18] 最高裁判所より下位の連邦裁判所の裁判官の指名は、「上院への礼儀」（senatorial courtesy）というルールによって行われ、大統領と同じ党派の上院議員がその地元の州での指名を承認する。これが拒まれることはまずないが、上院での政党間の近時の議論はこの手続を変え、時間がかかるものにした。

[19] 連邦の裁判官は、上院での弾劾手続によって解任されることもある。そのような場合に、裁判官が弾劾の前に辞任する例もみられた。

Ⅰ　法源と技術

べるとかなり低いのですが、一般の目から見れば十分な額といえます。このような官職の名声は高く、裁判官の職は国内の最も有能な法律家の多くにとって魅力的なものとなってきました。アメリカ法の大家は、その大部分が偉大な裁判官だったのです。

法学教師

　アメリカの法学教師は、アメリカの裁判官と同様に、任命される前に何か形式的な見習いを行うわけではなく、やはり裁判官と同様に、しばしば実務法曹の中から採用されます。最も一般的な肩書は、助教授、准教授、そして教授です。教師の地位を志願してそれを得た候補者の多くは、法学修士か、法律またはその他の分野で博士の学位を得ることをめざして学部卒業後に法律の研究を行ってきた者、あるいは一定期間の教育助手の職にあった者ですが、そのいずれも条件とされているわけではありません[20]。多くの法学教師は実務の経験も持ち合わせているのですが、代表的なロースクールは、多少の例外はあるものの、教授陣に対して、すべての時間を教育と研究に投入して通常の法実務は行わないことを求めています。アメリカの法学教授は自己研鑽を求められているのです。そして、彼らが教育のプロセスに向ける熱意は、おそらく他のどの国にも負けないものでしょう。また、アメリカの法学の教授陣の際立った特徴は、その最年少のメンバーに対してさえ認められる独立性にあります。一人が一つのコースを担当し、準備をして、自分の試験の採点をします。教授会の委員会あるいは教授会の助言者が、若い教授のガイドをするように任命されることがありますが、教授会のメンバーの誰も他のメンバーの指示に服するということはありません[21]。各自の学問的自由は、注意深く守られているのです。

職業的組織

　法曹協会は、植民地時代と19世紀の初めの2、30年は続きましたが、19世

---

20) しかし、法学博士の学位が7年間の大学教育の証であることは銘記されるべきである。
21) アメリカの多くのロースクールには「教授の職位」（chair）がおかれ、卓越した教授がそれに就いている。その教授は、これにより名誉と俸給を得るが、同僚などの学者に助言を与える義務を負うものではない。

紀中葉よりも前に廃止されました。そこで、合衆国における法律家の職業的組織の歴史は、1870年になってからということができます。この年に、ニューヨーク市の法曹協会が、地方政府の腐敗と戦うという眼前の目的のために組織されたのです。そしてそれは、以後50年間にわたって、そのような組織の原型を示すものとなりました。すなわち、それは、公的なものではなく、自主的で、会員資格に制限があり、ニューヨーク市の同業者のメンバーの少数の者のみが加入しました。それは、今日では最も影響力があり活動的なものの一つになっています。

1923年までに、すべての州と準州に法律家の組織ができました。そして1930年までには、市と郡における組織は、1,000を超える数にのぼるといわれました。その目的とされたところは、法の改革と統一、司法行政の改善、法学教育の支援、専門職としての水準の維持、メンバーに対する法の継続教育の提供、リーガルサービスの利用機会の向上、そして図書館の充実にありました。1878年には、国レベルの最初の最も重要な協会である、アメリカ法曹協会が、ニューヨーク市の法曹協会にならって設立されました。その目的の一つは、組織された弁護士会全体の活動をまとめ連携させることにありましたが、それは、州や地方の組織の真の連合体というよりも、独立した団体でした。その会員資格は、最初はきわめて厳しいものでしたが、その基盤を拡大する努力が行われ、今日ではこの国での法実務の資格を認められた者のおよそ半数がこれに属しています。

1921年になって初めて、アメリカ法曹協会とアメリカ司法協会（American Judicature Society）が推奨するモデル法をもとにして、州内で実務を行う弁護士はすべて、州の法曹協会の会費を支払っている会員でなければならないとする州法が制定されました。そのような、入会が強制される弁護士会は、「強制加入」のものといわれました。今日は、半数をはるかに超える州で、強制加入の弁護士会が存在し、法律専門家に自己の意見を団体として表明する機会を与えています。強制加入の目的の一つは、顧客との関係における弁護士の規律を向上させることにありますが、これは、伝統的には州の上級裁判所によって担われてきたことがらです。規律を維持する手段としては、法廷の侮辱に対する罰金や懲役、譴責、資格停止、そして弁護士資格剥奪がありますが、100万人

I 法源と技術

の弁護士会会員がいる中で、公的な懲戒命令が出されるのは毎年わずか数千件にとどまります。強制加入をとっている州のほとんどすべてにおいて、弁護士会は懲戒手続における調査権限を有しており、いくつかの州では審判機能もあります。その場合には、裁判所は司法判断の権限のみをもちます。ただ、強制加入制をとっていない州では、任意加入の弁護士会が懲戒事案について何か役割を与えられることは稀でした。なお、どの州も弁護士に対し、自己の職場で信義に従って働くこと、アメリカ法曹協会が発表したものにならった専門家行動準則を守ることにつき、宣誓書に署名することを求めています[22]。

　法律家の全体的な組織とは別に、特定の任務を担う種々のグループがあります。その最も重要な例が、アメリカ法律協会（American Law Institute）です。これは、アメリカ法の不確定さと複雑さを克服しようと1923年に組織されたもので、選出された弁護士、裁判官、法学教授の3,000名に満たないグループですが、法のリステイトメント〔本書 8 参照〕、統一法やモデル法、そして後に述べるような教育プログラムなどのプロジェクトに取り組んでいます。

リーガルサービスの利用

　多くの弁護士会は、リーガルサービスの利用を、それを利用する経済的余裕のない社会階層に広げることを一つの目的としています。支払能力のある人々への法的支援は、弁護士紹介サービスによって扱われ、これを使うと有料の法律相談に応じる弁護士の紹介を受けることもできます[23]。弁護士の報酬は、弁護士と依頼人との間で調整されます。成功報酬[24]をとることも、それが過

---

[22] 1969年、アメリカ法曹協会は、弁護士責任模範法典（Model Code of Professional Responsibility）を採択し、すべての州の規範はこれに基づいていた。1983年には、同協会は、弁護士行動準則模範規程（Model Rules of Professional Conduct）を採択し、前者と置き換えようとした。今日多くの州は模範規程を採択しているが、模範法典を維持している州も残っている。

[23] 近年は、弁護士も自己の業務について宣伝を行う者が出てきた。今日でも多くの弁護士は宣伝を控えているが、合衆国最高裁判所が弁護士による宣伝は憲法上認められた商的言明に当たると判断して以来、弁護士の宣伝に対する伝統的な禁止は緩和されてきた。Bates v. State Bar of Arizona, 433 U.S. 350 (1977) およびこれに従った諸判決参照。

[24] 成功報酬は、依頼人が訴訟の相手方から得た賠償額に対する一定割合として取り決められている。賠償を取れなかった場合には、弁護士は報酬を得ることができない。もっとも、依頼人は支出についてはなお責任を負う。

大なものでなければ一般に認められます。身体侵害事件では、原告が弁護人を得るためにこれがしばしば助けとなるのです。一定の人々、特に労働組合のメンバーは、団体のリーガルサービス支援会に加入しています。組合員は定期的に積立てをして、将来リーガルサービスが必要になった時にそれを利用する権利を得るのです。さらに、多くの都市には少額裁判所があり、これはおよそ5,000ドルまでの民事事件について裁判権をもち、そこでは最少の費用ですむ非公式の手続がとられており、弁護士が必要とされていません。

20世紀の中葉には、刑事と民事の両方で貧しい人々がリーガルサービスを利用する機会について、大きな進歩がみられました。伝統的には、私的な自発的な努力が大きな頼みとされてきました。それらの一部は、個人レベルの弁護士によるもので、彼らは空いた時間に *pro bono publico*（公共のため）の仕事に取り組んでいます。例えば、刑事事件で裁判所から選任された弁護人として報酬なしで奉仕する場合や、市民権（civil right）の事件で準備書面の作成に参加する場合があります。多くの法律事務所が、このような仕事を奨励しており、中にはその支援プログラムを用意しているものもあります。民事事件における貧しい人々への援助は、法律扶助協会（legal aid society）によって提供されていますが、これは伝統的にはほとんど、この仕事を支援する個人の貢献に頼ってきました。アメリカ自由人権協会（American Civil Liberties Union）や法律弁護・教育基金（Legal Defense and Education Fund）のような個人によって支えられている組織も、公的問題を含む事例で弁護を引き受けてきました[25]。このような活動は、今日では、貧しい人々へのリーガルサービスの提供に政府が乗り出したことにより、補完されています。

1963年の歴史的事件の判決[26]をきっかけに、合衆国最高裁判所は、微罪は別にして、起訴された貧しい被告はみな、州裁判所でも連邦裁判所でも弁護士を付けてもらう憲法上の権利をもつのみならず、政府がそのような補助を手配する義務を負うことを判示しました。ほとんどの事件、特に大都市部の事件では、公選弁護人制度（public defender system）が利用されています。そこでは、弁護士が標準的な報酬で、契約によって、または公務員として任にあた

---

25)「公益法」（public interest law）の実務のために設けられた事務所もある。
26) Gideon v. Wainwright, 372 U.S. 335 (1963).

るのです。しかし、時にはそれが伝統的な方法で行われることもあります。つまり、ケース・バイ・ケースの報酬ベースで弁護士を割り当てるという制度によって、裁判所によって認められた有償または無報酬の弁護士があてられることもあります。

　民事事件の場合には、そのような弁護人が手配されなければならないと憲法上求められているわけではありません。しかし、1965年には連邦経済支援局（federal Office of Economic Opportunity）が、貧困者のためのリーガルサービスのプログラムを開始しました。これは、伝統的な自助努力では、彼らの法的需要にすべて応えることはできないと考えてのことでした。1974年に、議会はこのプログラムをやめて、独立性をもちつつも連邦の財政的支援を受ける法律扶助提供機構（Legal Services Corporation）を設立し、貧困者のための法律扶助をはじめました。州や地方のリーガルサービスの組織による支援を得て、この機構は、貧困者に対し、消費者としての苦情、離婚、そして占有剥奪のような日常的問題について援助を提供したのです。それは、ときにはクラス・アクションによって、政府の機関に対する権利や個人的利益の主張を支援することもありました。その活動の最盛期には、1,000以上のオフィスをもつ数百のリーガルサービスの組織に資金を提供しました。そこでは、600人以上の弁護士が1年に150万以上の事件を扱っていたのです。しかし、機構の活動のこのような側面は、政治的には議論をよび、機構の活動の制限へと至ることになったのです。

継続的な法学教育

　その他の比較的最近の現象としては、法律専門職に対する継続的な法学教育の発展があげられます。この分野のパイオニアは、法律実務協会（Practicing Law Institute）という非営利的な教育組織です[27]。1947年以来、アメリカ法律協会とアメリカ法曹協会は、共同委員会を作って協力し合ってきました。これは、弁護士登録後の法学教育プログラムを全国的に監督するものです[28]。

---

27) *Continuing Legal Education, Treaties, Books and Webcasts for Lawyers and Legal Professionals — Practicing Law Institute*, http://www.pli.edu/.

この組織は、広い分野にわたって、講義プログラムの提供と教材の出版を行っています。ロースクールも、講義や専門的トピックに関する講習会を開き、各州の弁護士会も、継続的な法学教育プログラムをもっています。多くの大規模法律事務所は、新人採用と依頼人との関係改善の方法について、無料のプログラムを提供しています。また、ほとんどの州は、今日、弁護士に対し、実務の質を維持するために、定期的に継続的な法学教育を一定時間受けることを求めています。継続的な法学研修の広がりは、インターネットで提供されているそのようなコースの利用を促してこれからも続いていくでしょう。

参考文献

　R. Abel, *American Lawyers*（1991）は、若干古くなったが、それでもアメリカの法実務に関する最も有用な研究の一つである。同じ素材を比較的な観点から検討するものとして、*Lawyers in Society: An Overview*（R. Abel & P. Lewis, eds., 1995）参照。法律事務所の変遷を分析するものとして、M. Galanter & T. Palay, *Tournament of Lawyers: The Transformation of the Bi Law Firm*（1994）があり、また、別の観点から公益弁護士を描くものとして、*Cause Lawyers and Social Movements*（A. Sarat & S. Scheingold eds., 2006）がある。法律専門職に対する評価と批判として、D. Rhode, *In the Interests of Justice: Reforming the Legal Profession*（2000）参照。法実務について、*Restatement（Third）of the Law Governing Lawyers*（1988-）およびG. Hazard, *The Law of Lawyering*（2001）を参照。

---

28) ALI — ABA for CLE — *Continuing Leadership in Professional Education*, http://www.ali-aba.org/.

I 法源と技術

4 司法制度

> アメリカの司法制度の顕著な特色は、それが州裁判所と連邦裁判所の二つのシステムに分かれていることにあります。これらのシステムはどのように組織されているのでしょうか。それぞれの裁判権はどのように決められているのでしょうか。

裁判所の二元的システム

合衆国の法はほとんどの分野で、判例法か制定法かという、その源に従って分類されてきました[1]。判例法は、権威の序列においては制定法の下にあり、制定法の改正に服するものですが、法の源泉を探求するときには司法制度がその最も適切な出発点となります。アメリカでは、他の判例法国と同様に、司法機関が伝統的な法の源泉となってきたからです。合衆国で発展してきた連邦主義という独特の形式がもたらす一つの帰結は、司法の仕組みに現れています。そこでは、全国的な連邦裁判所のシステムが、州裁判所と並んで機能しているのです。

州裁判所

訴訟の大部分は、州裁判所に提起されます。各州はそれぞれ、憲法や法律に基づいて固有の司法制度を作りあげてきました。各州の間では統一性が欠けていますので、司法制度についてすべての州にあてはまるような詳細な説明を行うことは容易ではありません。州裁判所は、それが生まれた時代による制約とその考え方によって規定されるところがきわめて大きかったのです。しかし、それらは今日では、時代遅れのものとなっています。18世紀後半には最初の裁判所制度が確立されましたが、この頃は旅行も容易ではなく、情報のやり取

---

1) 慣習という第3の可能性もあるが、合衆国における法源としてはそれほど重要なものとは考えられていない。それが利用されるのは、例えば、契約の解釈や規定された行為水準が満たされていたかの判断においてであるが、慣習から新しい法規範が生まれてくることは稀である。もっとも、水利鉱業法の法源として慣習が用いられるというような例もある。1 参照。

4 司法制度

りもゆっくりしたものでした。そこで、一般管轄裁判所（court of general jurisdiction）を多数設けて、地元で裁判を受けることができるようにする対応がとられました。人々は、すぐに、自分の地方にある州裁判所を固有の所有物のように考えるようになりました。このような、裁判所の増設と司法制度の地方分散の政策は、現代に至るまで続いてきましたが、近年は、州の司法制度の単純化と司法行政の発展において、顕著な改革も実行されました。その最も良い例として、裁判所の電子的記録の整備により、訴訟当事者、弁護士などが裁判所に出向かなくても州裁判所の活動を知ることができるようになったことがあげられるでしょう。

どの州にも、一般管轄権をもつ事実審裁判所（trial court）がありますが、それらは、上級裁判所（superior court）、巡回裁判所（circuit court）、あるいは一般訴訟裁判所（court of common pleas）といった名前でよばれています[2]。陪審（jury）がおかれていてもいなくても、一人の裁判官が訴訟を指揮し、民事・刑事のすべての事件につき、それが特別の裁判所または部門に属するものでない限り、審理する権限をもつのがふつうです。特別の裁判所または部門としては、限定された管轄をもつものがあり、例えば、刑事裁判所、家庭裁判所、青少年裁判所、そして遺言検認裁判所をあげることができます。さらに、軽微な事件を扱う下級管轄権をもった裁判所もあります。これらは、伝統的には単独治安判事裁判所（justice of the peace court）といい、今日ではしばしば治安裁判所（justice court）とよばれますが、多くは州裁判所、都市裁判所、少額請求裁判所、警察裁判所、そして交通裁判所に置き換えられてきました。州のレベルでも連邦のレベルでも、他の国にみられるような特別の商事裁判所（commercial court）はおかれていません。

州の司法制度の頂点には、その州の最上位の上訴裁判所があります。ほとんどの州では、最高裁判所（supreme court）とよばれていますが、いくつかの州では別の名前になっています。例えば、ニューヨーク上訴裁判所（New York Court of Appeals）とか、マサチューセッツ最高司法裁判所（Massachusetts

---

2）巡回裁判所という名前は、かつて裁判官が「巡回して」移動しながら法廷を開いたことに由来する。なお、ニューヨーク州では、第一審の一般管轄裁判所を高位裁判所（Supreme Court）とよんでいる。

I　法源と技術

Supreme Judicial Court）といった名前です。裁判官は5名から9名に及びますが、一般的には7名で、これには裁判長と陪席裁判官を含みます。また、ほとんどの州で、中間上訴裁判所（intermediate appellate court）がおかれ、ふつうは控訴裁判所（court of appeal）とか上訴裁判所（appellate court）とよばれていますが[3]、これは、一般管轄裁判所と最上級裁判所の間に位置し、特別の裁判所に分割されていることもあります。例えば、特に刑事の上訴を審理する裁判所がおかれるような場合です。

連邦裁判所

　憲法起草者が合衆国議会に対し、もし議会がそれを選択するなら、下位の連邦裁判所を創設する権限を与えるという判断をしたことは、連邦の司法制度の中において改革を行う柔軟性と機会を与えるものでした。この制度には、三つの原則的なレベルがあります。地方裁判所（district court）、控訴裁判所（court of appeals）、最高裁判所（Supreme Court）です。また、合衆国連邦請求裁判所（U.S. Court of Federal Claims）、合衆国国際通商裁判所（U.S. Court of International Trade）、そして合衆国租税裁判所（U.S. Tax Court）のような、限定的な管轄をもつ特別な裁判所があります[4]。行政裁判所については、特別な制度があるわけではありませんが、多くの連邦行政仲裁機関があり、それらは、さまざまな部門や行政庁において審判機能をもってはいますが、本来の裁判所ではありません[5]。

　合衆国地方裁判所（United States District Court）は、海事を含む民事・刑事の両方にわたる一般的な司法機関ですが、いくつかの連邦行政機関に対し、その判断を審査する権限もあります。50の州、コロンビア特別区、そしていくつかの準州にわたり、94の地方裁判所があります。州のなかには、それが一つの司法管轄区になっているものもありますが、四つまでの管轄区に分かれて

3）ニューヨーク州では、上訴裁判所（Court of Appeals）が最上級の裁判所であり、中間上訴裁判所は、高位裁判所の上訴部（Appellate Division）とよばれている。
4）連邦請求裁判所は、合衆国に対する一定の訴えを審理する。連邦請求裁判所と国際通商裁判所からの上訴は、特別の上訴裁判所である連邦巡回区控訴裁判所（Court of Appeals for the Federal Circuit）に送られる。
5）行政行為に対する司法的統制については、12 参照。

4 司法制度

いる州が多いでしょう。一つの司法管轄区には、事件の数に即して相応の数の裁判官がいますが、どのような事件でも、陪審が加わるか否かにかかわらず、一人の裁判官が担当するのがふつうです。地方裁判所の裁判官の仕事は、治安判事（magistrate judge）と破産裁判官（bankruptcy judge）によって軽減されています。

地方裁判所からの上訴は、通常、それが属する巡回区（circuit）の合衆国控訴裁判所（United States Court of Appeals）によって審理されます[6]。ごく稀な例ですが、地方裁判所から最高裁判所に直接上訴が認められることもあります。巡回区は13ありますが、そのうち11は州の地理的な区分で構成されており、多くの地区（district）を含みます。その12番目はコロンビア特別区で、13番目は特別な連邦裁判所からの事件を審査するものです。これらは、連邦制における中間上訴裁判所ということになりますが、最高裁判所の審査権の制限により、特定の問題については、これらが多くの連邦の事件の最終審となるのです。また、これらは、地方裁判所からの上訴を受理するのに加え、全国労働関係委員会（National Labor Relations Board）のような、一定の連邦行政機関の判断も審査します。各巡回区の裁判官の数はさまざまですが、通常は、3名の裁判官による合議体で上訴を審理します。若干の稀なケースでは、この合議体が到達した結論を、裁判官全員が、大法廷で（*en banc*）の手続において再審査することもあります。

合衆国控訴裁判所の判決に対する上級審による再審査は、合衆国最高裁判所の仕事です。これは、1869年以来、9名のメンバーによって構成されてきました。首席裁判官と8名の陪席裁判官です。いくつかの合議体に分かれず、全員で事件に臨みます。裁判官の数は時代とともに変化してきましたが、それを決めるのは合衆国議会です[7]。憲法によって創設されたのは、連邦裁判所のみで、他はみな、憲法によって認められた権限の下で州議会の立法によって創設され

---

6) 裁判区と巡回区の地図は、http://www.uscourts.gov/Court_Locator.aspx を参照。
7) 最高裁判所の裁判官の定員を改めようとする試みとしては、最新のものでも、1937年にさかのぼる。このとき、フランクリン・デラノ・ルーズベルト大統領は、後に court-packing 法案とよばれたものを提案した。これは、自己の立法プログラムの一部を最高裁判所が違憲と判断したのに対抗して、最高裁判所の規模を拡大しようとする試みであった。彼のプログラムに関して最高裁が自己の哲学を修正した後は、この提案は廃棄された。

Ⅰ　法源と技術

ているのです。すぐ後で説明しますが、合衆国最高裁判所は、連邦制度の下で、最高の上級審としての権威をもつのみならず、州裁判所に対する限定的な審査権をも有しています。しかし、合衆国最高裁判所が連邦または州の裁判所の判断を審査する事件は、かなり稀なのです。

連邦の裁判権

　州裁判所および連邦裁判所の裁判権をどのように確定するかは、州と連邦の権力の分配に関するより一般的な問題の一部であるということができます。憲法に基づいて、連邦裁判所は自らに付与された権力のみをもち、その他の権力は、州または人民（people）に留保されています。裁判権は、そのうちもっぱら連邦裁判所に付与されたものを除き、どのようなものであれ州裁判所に留保されています。そこで、どのような裁判権がもっぱら連邦裁判所に付与されているのか、どのような裁判権については連邦裁判所への排他的な帰属が認められないのか（つまり、競合的な裁判権になるのか）、あるいは、どのような裁判権が連邦裁判所に付与されていないのかをはっきりさせることにより、両方の制度における裁判権を理解することができます。したがって、司法権の分配は、州よりも連邦裁判所の観点から論じられるのがふつうなのです。

　連邦の地方裁判所は、合衆国議会の立法に基づいて創設されましたので、その裁判権は、憲法による連邦司法権の付与のみならず、1789年の裁判所法（Judiciary Act）にはじまる、連邦の立法によるこの権限の実現として定められています。合衆国議会は、憲法によって自らに与えられた権限の全範囲について、裁判権を地方裁判所に付与することは求められていませんし、また実際にそのようなことはしませんでした。

　地方裁判所の刑事裁判権は、事件全体の中では実質的に少数を占めるにすぎませんが、連邦法に反するすべての犯罪を対象としています。これには、国際法または州法に反するものとして、連邦レベルで規定された犯罪も含まれます。

　連邦裁判所の民事案件のほとんどは、三つの種類に分けることができます。第1は、合衆国が当事者となっている事件です。第2は、連邦法の適用を受ける私人間の事件、いわゆる「連邦問題」（federal question）の裁判権に服する事件です。第3は、異なる州の市民間の事件、いわゆる「州籍の相違に基づく」

(diversity）裁判権に服する事件です。

　第1のカテゴリーには、刑事訴訟のみならず、「合衆国によって、または、連邦議会制定法（Act of Congress）に基づき訴えの提起の権限を明確に与えられた省庁や公務員によって」起こされた訴訟、および合衆国に対する訴訟で合衆国議会が地方裁判所に裁判権を与えた訴訟も含まれます。その理由ははっきりしています。合衆国が、原告であれ被告であれ、当事者となる訴訟は、州裁判所ではなく連邦裁判所で審理されるからです。

　第2のカテゴリーは、連邦問題の裁判権に服するケースですが、これは、合衆国の憲法、法律、あるいは条約に関して生じる紛争のことです。このカテゴリーの理由もまた明らかです。この場合に、連邦裁判所は、連邦において創設された権利の正当性判断および連邦において承認された訴訟原因（cause of action）の審判を行わなければならないからです。

　第3のカテゴリーは、州籍の相違に基づく裁判権が行使されるケースで、これには、紛争が外国を含む異なる州の市民間で発生したケースや、訴訟額が7万5,000ドルを超えるケースが含まれます[8]。ただ、このカテゴリーの裁判権については、その理由は必ずしも明瞭ではありません。従来の説明によれば、憲法の起草者が地域性を回避しようとしたことによるとされています。例えば、ニューヨークの債権者がマサチューセッツの債務者を訴えるにはマサチューセッツの州裁判所に訴えを提起することが求められるということを回避しようとしたということです。今日では連邦裁判所で審理を受けることを望む訴訟当事者がいますが、それは、先入観による恐怖心というよりも、その裁判所、手続、あるいは裁判所の日程が自らの利益にかなうと信じているからなのです。しかし、州籍の相違に基づく裁判権は、繰り返し批判され、連邦の司法権に関する最も大きな論争の種となっています。

　ケースによっては、合衆国議会は、連邦裁判所の裁判権を排他的なものとすることもありました。例えば、連邦の刑事法の適用を受けるケースや、海事法

8）この額は、原告に支払われる可能性のある潜在的な損害賠償額の現実的な評価であるが、議会によって定められ時代とともに変動する。28 U.S.C.§1332（2009）参照。州籍の相違に基づく裁判権があるかを確定するに際し、会社はそれが設立された州のみならず主な営業の場である州においても市民として扱われる。居住している外国人は、定住している州の市民とされる。

Ⅰ 法源と技術

（海法）のケース、破産手続、そして、特許法理や著作権法の適用を受けるケースのほとんどは、州裁判所において審理されることはありません。他方、ほとんどの案件については、合衆国議会は、対象とする案件をもっぱら連邦裁判所に与えたわけではなく、連邦と州の裁判所の裁判権が競合的な関係に立つとされています。つまり、原告はいずれの裁判所にも訴えを提起することができるということです。州籍の相違に基づく裁判権のケースと連邦問題の裁判権のケースは、競合的な裁判権の具体例なのです。そこで、州によって創設された権利は連邦裁判所において強制することがありえますし、連邦において創設された権利を、州裁判所で強制することもできるのです。もっとも、裁判権が競合的な場合において、訴訟が州裁判所で提起されたときに、被告の側には、事件を連邦の地方裁判所に移送することを求める権利が与えられているのが通常です。つまり、このような競合的な管轄のケースでは、いずれの当事者も連邦裁判所を選ぶことができます。原告は法廷地（forum）に関する最初の選択によってこれを行い、被告は移送によってこれを行うのです[9]。

　憲法上は、若干のカテゴリーのケースで、合衆国最高裁判所自体が、最初の（または、事実審としての）裁判権をもっています。州と州の争いあるいは州と連邦の争いが最も一般的な例です。この場合に事実審は、特別補助裁判官（special master）という裁判所の司法官によって指揮されます。この司法官は、その事件のために任命され、審理と司法判断のために、証拠に関する事実認定の結果を最高裁判所に報告します。しかし、そのような事件は多くありません。合衆国最高裁判所の裁判権は大部分上訴にあり、それは、憲法上の制限の下で議会によって与えられたものです。司法審査のメカニズムは、十分に考慮をめぐらして判断するべき事件を、比較的少数で処理可能な数に制限するべく設計されています。それは主に、訴訟当事者のみならず、公共の利害ともなりうる事件なのです。

　合衆国最高裁判所および下位の連邦裁判所の仕事に対する最も重要な制限は、その司法権が「当該事件とその争点」にのみ及ぶということです。それは、熟した論争において問題となっている現実の利害につき、それをめぐって対立し

---

[9] 例外もあり、非居住者の原告によって州裁判所に訴えられた居住者たる被告は、州籍の相違に基づく裁判権を理由として移送を求めることはできない。

4 司法制度

ている当事者間の訴訟のみを判断するということです。つまり、州裁判所とは異なり、合衆国最高裁判所は、憲法問題であろうと、大統領あるいは議会からの要請があろうと、勧告的意見（advisory opinion）を述べることはしないということです[10]。そのほかの制限として、連邦の問題については、最高裁判所にその裁判権を認めるには、それが「実質的な」（substantial）ものでなければならないということがあります。そして、最高裁判所は、州法の問題点に関する州裁判所の判決については、それが連邦法または憲法上の権利に影響を与えるものでない限り、審査を行うことはないのです。州裁判所は自身が、州法に関する最終的な判断者であり、その判決はその問題に関しては最終的なものなのです。

合衆国最高裁判所による審査の主な方法は、合衆国議会によって認められてきた裁量上訴受理令状（writ of certiorari）によるものです。これは、最高裁判所から下位の連邦裁判所または最上級審の州裁判所[11]に対して発せられる命令で、そのケースの手続の記録を確認し返還することを求めるものです[12]。これに適した事件であっても、そのような令状を発するか否かは、最高裁判所の裁量の範囲内のことです[13]。それは、連邦控訴裁判所の事件に対する当事者の請願に対しても、認められることがあります。また、例えば、州の最上級審が、ある州法を合衆国憲法あるいは他の連邦法に照らして無効であると判断した場合に、その判断をこの令状によって、審査することも認められています。しかし、裁量上訴受理令状は、「特別の重要な理由」（special and important reason）がある場合にのみ認められ、単に下級審の判決が誤りであるというだけでは十分ではありません。最高裁判所に裁量上訴受理令状を認める方向に働く状況としては、例えば、複数の巡回区における連邦控訴裁判所の間でくいちが

---

10) しかし、宣言的判決法（Declaratory Judgment Act）は、「現実の争訟」（actual controversy）があるような一定の状況においては、求められている損害賠償その他の救済の範囲を超えて、当事者の権利関係に関する判決を下すことも認める。いくつかの州では、州の最高裁判所が立法府、行政府に対して勧告的意見を示すことが認められている。
11) 州の裁判所の最終審は州最高裁判所であり、これには特定の事件が上訴される。これは、常にというわけではないが、州の最上級審である。
12) 上訴（appeal）は、最高裁判所の審査を求めるもう一つの手段であるが、合衆国最高裁判所の実務においては意義が限られている。
13) 少なくとも4人の裁判官が賛成すれば、裁量上訴を認めるのが実務である。

いがある場合や、連邦の問題に関する州裁判所の判断と合衆国最高裁判所の判断自体にくいちがいがある場合があげられます。毎年、最高裁判所によって決着がつけられる事件の大部分は、裁量上訴受理令状の申立てによるものですが、そのうち受理されるのは5％に満たず、残りは審理に適さないものとして却下されます。このようにして、最高裁判所は、年間7,000件に近い事件を処理しますが、本案について判決することはほとんどなく、本案判決を作成するのはおよそ100件にとどまります[14]。

連邦裁判所に適用される法

　連邦政府は、憲法によって与えられた権力のみを行使するのですから、連邦の法は限られた領域においてのみ最高のものとなります。そこで、アメリカの裁判所における訴訟は、しばしば、州法と連邦法の調整に関わる複雑な問題を抱え込むことになります。州裁判所または連邦裁判所で、州法によって認められた権利に基づく訴えがなされても、それに対して、連邦法に基づく抗弁を出すことは可能ですし、逆に、連邦法に基づく訴えに対して州法に基づく抗弁を出すこともできるのです。そのため、連邦裁判所は、しばしば州法を適用することを求められます。ある管轄において別の管轄における法に効力を与えるという問題は、アメリカの連邦制度に限ったことではありませんが、連邦裁判所における州法の役割には、ユニークな歴史があります。

　転機となった1842年の事件、*Swift v. Tyson* において、最高裁判所は、州の立法権限に関する問題について、州法が明確に「地方の」(local) 性格をもつ場合には州法を適用するべきであるという、連邦裁判所の義務を認めました。このことは、ほとんどの場合に州法が適用されるということを意味するものであり、その理由は、制定法は地方の事情を規律するものであると考えられていたところにあります。しかし、事件の主たる論点が、「一般法」(general law)（つまり、コモンローの一般的規律）に関するものと考えられる場合には、連邦裁判所は、関連ある法原理を請求がなくても持ち出すこと、そして、それらの

---

14) 法廷に係属している事件の予定表および最近示された最高裁判所の意見は、ともに http://www.supremecourtus.gov/. で知ることができる。最高裁判所の前年の活動の概要は、毎年ハーバード・ローレビュー誌に掲載される。

4 司法制度

原理を特定の州裁判所であればどのように扱うであろうかに関わりなく適用することの、両方の義務を負っているとされたのです。このようにして、「連邦のコモンロー」(federal common law) が発達することになりました。これは、連邦裁判所を拘束しますが、州裁判所は拘束しないのです。そして、訴訟の結果は、事件を処理するのがどの州の裁判所か、州または連邦のいずれの裁判所かによって左右されることになりました。その結果として生じる「フォーラム・ショッピング (forum shopping)(法廷地あさり)」と州の政策との軋轢について、批判が生じましたが、これを擁護する者は、これは必要とされる法の国家的統一に資するという立場を崩しませんでした。

1938年までは *Swift v. Tyson*[15]の法理がほとんど1世紀の間効力を保ってきましたが、その法理は、*Erie Railroad Co. v. Tompkins* 判決において、合衆国最高裁判所によって覆されました[16]。この歴史的な事件における最高裁のルイス・デムビッツ・ブランダイス (Louis Dembitz Brandeis) 裁判官[17]の意見は、最終的には憲法上の根拠に基づくもので、適用されるべき連邦の法が存しないときは、連邦裁判所は、州の制定法と同様に州の判例法を適用しなければならないというものでした。ところが、この判決が、今度は多くの別の問題を生み出すことになりました。

合衆国最高裁判所は、*Erie* 判決の原理を、州籍の相違に基づく裁判権の場合に、州法の下で生じた訴えを裁く連邦裁判所は、州裁判所であったならば述べたであろうところと実質的に同一の内容を述べることを求めるものであると解釈しました[18]。法の選択に関するこのアプローチのインパクトは、ユニークなものでした。このアプローチによれば、裁判所が、異なる法廷地の実体法

---

15) 41 U.S. (16 Pet.) (1842).
16) 304 U.S. 64 (1938).
17) ルイス・デムビッツ・ブランダイス (1858-1941) は、ハーバード・ロースクール卒業後、およそ40年にわたってマサチューセッツ州ボストンで実務を行った。その間多くの重要な事件を手がけ、特に、社会科学を引用しつつ自己の法的主張を展開した、長文の準備書面ないし意見書によって有名となった。1916年には合衆国最高裁判所の判事補に任じられたが、それ以前には司法職ないし公職に就いたことはなかった。社会問題、経済問題に対するいわれているところの「革新的な」(radical) 立場のゆえに、その任命人事の承認は大きな議論を呼びおこした。1939年に退任するまで卓越した業績を残した。
18) Guaranty Trust Co., v. York, 326 U.S. 99 (1945).

I　法源と技術

に服する可能性があるケースを審理するときには、いかなる他州の法を適用するべきかを決定するために、自己の法廷地の準拠法選択ルール（choice-of-law rule）を適用するという一般ルールから離反することになるのです。その代わりに、連邦の法廷地は州法に効力を与え、連邦裁判所は、州裁判所がそれを適用するであろうように[19]、それが存在する州の準拠法選択ルール原則に従わなければならないのです。さらに、連邦裁判所が、通常手続的とみなされてきた案件に対して、州法よりも連邦法を適用することができる範囲については、不明確さも残ります[20]。連邦裁判所において州法により提起された問題は、一般に複雑であり、依然流動的なのです[21]。

参考文献

　連邦裁判所、州裁判所に関する包括的な研究はないが、要領のよい概観として、D. Meador, *American Courts*（2000〔第3版2009年〕）参照。H. Abraham, *The Judicial Process: An Introductory Analysis of the Courts of the United States, England, and France*（7th ed. 1998）は、有益な比較法的研究である。連邦制度については、C. Wright & M. Kane, *Handbook of the Law of Federal Courts*（6th ed. 2002〔第7版2011年〕）がある。州裁判所の情報を2年ごとに集計した結果については、Council of State Governments, *The Book of the States*, Chapter 4, State Judicial Branch を参照。州と連邦における政府内の司法部門については、A. Tarr, *Judicial Process & Policymaking*（2009）の分析を参照。T. Van Geel, *Understanding Supreme Court Opinions*（5th ed. 2006〔第6版2009年〕）は、主に合衆国最高裁判所に関する研究ではあるが、その考察は州の上級裁判所にもあてはまるところが多い。

---

19) Klaxon v. Stentor Electric Manufacturing Co., Inc., 313 U.S. 487 (1941).
20) Hanna v. Plumer, 380 U.S. 460 (1965) と Regan v. Merchants Transfer & Warehouse Co., 337 U.S. 530 (1949) の関係について、C. WRIGHT & M. KANE, HANDBOOK OF THE LAW OF FEDERAL COURTS, section 59 (6th ed. 2002) 参照。
21) 連邦裁判所がいかなる範囲において下位の州裁判所の判断に拘束されるかに関しては、前注参照。

5 判例法

> 合衆国においては判例法が特に重要な意味をもっていますが、これは英米法の伝統によるものです。それはどのようなかたちのものでしょうか。それはどこにあるのでしょうか。それはどのような権威をもっているのでしょうか。

判例の公刊の形態

合衆国には先例拘束性に関する理論がありますので、判例がどのようなかたちで公刊されているかを知っておくことは、アメリカ法を理解する上で特に重要なことです。判例法は、主として上訴裁判所の判決の中に見出すことができます。連邦の——そして、2、3の州の——事実審裁判所を別とすれば、事実審裁判所の意見は公刊されません[1]。事件は、典型的には対立する両当事者の名前によって表示されます。両者の名前は、versus を表す v. によって対置されます。*Jones v. Smith* のようにです。通常、最初に出される名前は、事実審裁判所でのもともとの原告の名前です。しかし、州によっては、上訴した当事者の名前を先に出すこともあります。刑事事件では、*State v. White*、*California v. Brown* あるいは *Green v. Unites States* のように表記します。場合によっては、一つの名前のみを表すこともあります。例えば、破産手続での *In re Brown* のようにですが、これは、「Brown に関する事件で」(in the matter of Brown) という意味です。裁判所の意見が刊行される段階では、タイトルの後にその意見を要約した見出しあるいは要旨 (syllabus) がきます。場合によっては両当事者の主張の要旨が続き、それから、事件のレポーターによる事実の概要がくることもあります。そして、意見を書く裁判官の名前が記され

---

1) かつては、ある意見が先例とみなされるためには、それが公刊されているということが重要な条件であったが、近年は、それはあまり重視されなくなってきた。公刊されていない意見は、どの裁判所でも権威あるものとして引用されうるというわけではないが、今日、連邦裁判所では引用されることもあるのである。また、このような区別自体も、裁判所が認証されたウェブサイトで意見を公表するようになってからはあまり意味がなくなりつつある。

I 法源と技術

た後に、権威となる判決の核心部が続きます。これが裁判所の意見で、通常はその判断の中で事件をどう解決するかという結論を示すのです。

　意見は、長さが1頁に満たないものから20頁を超えるものまでまちまちですが、公式判例集での5頁が典型的です。判決は、「法廷意見」(opinion of the court) のかたちで公にされますが、この意見は、一般に法廷を代表して一人の裁判官により書かれ、その名前が意見の前に記されます。その裁判官は、通常、事件の事実と訴訟の経緯を要約し、争われている論点を述べ、判決理由を、法律、先例、その他の典拠を引用しつつ、全体に注意深く論じるのです[2]。裁判官には、これを行う時間があるものと考えられています。1年に、合衆国最高裁判所の一人の裁判官が、賛成意見も反対意見も含めて、書かなければならない判決の数は、3ダース以下でよいのです。いくつかの州では、最上級裁判所の裁判官はこれよりの若干多くの判決を書くにとどまりますが、その他の州の裁判所は、ますます増え続ける訴訟と取り組んでいます。意見を準備する過程で、裁判官はロークラークの補助を得ることができます。最上級審のロークラークは、たいてい上位の成績で最近ロースクールを卒業し、かつローレビューに執筆経験があり、いずれかの控訴裁判所の裁判官の下でかつてロークラークとして勤務した経歴を有しています。裁判所自体の結論は多数決によるもので[3]、意見の終わりに書かれています。それは、原審の判決を肯定することも、破棄することも、修正することもでき、また、下級裁判所による以後の手続に関する命令を盛り込むこともできます。その後に、これに賛成した裁判官の氏名を列挙します。判決の結果に同意するもののその理由は意見のとる理論的根拠とは異なるという裁判官は、別の補足意見を書いて同意する理由を述べることもできます。しかし、イギリスやその他の法域における実務とは対照的なことに、合衆国では補足意見が書かれるのは原則というよりは例外なのです。また、判決に同意しない裁判官は、それに異議を唱えることもできますが、これ

---

[2] 裁判官が意見を書くに際しては、弁護士としての経験も影響し、また文体も人によってさまざまである。反対意見や補足意見も含め、意見の執筆については、R. Leflar, Appellate Judicial Opinions ch.7 & 8 (1974) 参照。

[3] 例えば、裁判官の一人に欠格事由が生じたというような理由で、担当裁判官が偶数名となる場合もあるが、その場合に可否同数という結果になったときは、下級審の判決は維持されることになる。

5 判例法

について意見を述べても述べなくてもよいのです[4]。他方、意見は署名される必要はなく、裁判所が署名のない、一般により短い、*per curiam*（裁判官全員の一致）の意見を書くことも稀ではありません。それは、例えば、争点がすでに十分に解決されているような場合にみられます。また、ほとんどの州では、裁判所は、その判決に理由を付すことは必ずしも求められません。そして上訴となった場合の多く、特に原審判決を維持する場合には、意見をつけないメモランダム判決（memorandum decision）によって片付けられるのです。

判例法の把握

判決の数が非常に多いということは、判例法を探すうえで明らかな障害となっています。判例法は、これまで印刷された出版物によって調査すべきものとされてきました。合衆国最高裁判所や多くの州上訴裁判所の判決は、それらの裁判所の公式の判例集に収められています[5]。また、少なくとも1887年から今日までに下されたものについては、非公式な判例集である West Publishing Company の National Reporter System でも見つけることができます。その巻数は1万を超え[6]、そのうちの何巻かは頁数が1,500以上に及びます。

West のシステムでは、州裁判所の判決は、地域別に分けた7シリーズのかたちで刊行されています。これに加え、カリフォルニア州、イリノイ州、そしてニューヨークの各州については、もっぱらその州の判決を収めた独自の3シリーズが出されています。また、連邦の判例は5シリーズで刊行されており、合衆国最高裁判所の判決、控訴裁判所の判決、そして地方裁判所の一部の判決、さらに、破産事件、連邦の訴訟規則などのケースが各巻に収められています[7]。

4）反対意見は、奇妙なことに合衆国最高裁判所で多くみられ、半数を超える判決に反対意見が付されてきた。「反対者の仕事」（chores of the dissenter）に関する興味深い議論について、Guilmet v. Campbell, 188 N.W.2d 601, 610-11（Mich. 1971）（ブラック裁判官の反対意見がある）参照。

5）しかし、相当数の州で公式判例集の刊行が停止され、その州の数は増加している。また、多くの州で、裁判所の公的な意見の公表は、もっぱら裁判所のウェブサイトで提供される電子ファイルによっている。

6）この巻数の推測は、カリフォルニア、イリノイ、ニューヨークの各州の裁判所のみを対象とした巻を含んでいない。

Ⅰ　法源と技術

　他方、連邦の下級裁判所のその他の判決は、公的には出版されていません[8]。ただ、非公式の判例集に載っている意見でも、ときには弁護士によって援用されることがあります。というのは、それらは、advanced sheet とよばれる一時的なパンフレットによって公刊されることにより、より早く手に入り、ダイジェストや注釈のシステムと連結されており、さらに、よりコンパクトだからです。非公式な判例集の中の、第2のより絞り込まれたシステムである American Law Reports は、すべての公表されたケースのうち、特に興味深いもので、関連するケースを検討した発展的な注釈が付けられた、一部の少数の判決のみを公刊するものです。

　かつては、先例をあげるときには、公式判例集と非公式判例集の両方を引用するのが普通でした。したがって、正確な引用は、*Wangen v. Ford Motor Co.*, 97 Wis. 2d 260, 294 N.W. 2d 437, 13 A.L.R. 4th 1 (1980) のようになり、これは、そのケースは1980年に判決が下されたもので、公式の Wisconsin reports の第2シリーズの97巻の260頁、National Reporter System の Northwestern set の第2シリーズの294巻の437頁にあり、さらに、American Law Reports の第4シリーズの13巻1頁で取り上げられて注釈が付されていることを表します。

　しかし、今日では、公式判例集または非公式判例集のいずれかで引用するのが普通です。どちらになるかは、それを読む裁判所や法律事務所の求める形式によります。そこで、ほとんどのケースでは、*Wangen v. Ford Motor Co.*, 294 N.W. 2d 437 (Wis. 1980) というように引用します。このようなやり方で、10万件を優に超える判決が集められ、毎年それまでの何百万件のレポートに追加されます。

　ケースのこのような洪水は、二つのよく発達したシステムのおかげでかなり

---

7) 地域別の巻のうち七つのものは現在第2シリーズが刊行されており、連邦のものについては第3シリーズが出ている。
8) 合衆国最高裁判所の判決は、公式な United States Reports と最高裁のウェブサイトのみならず、非公式な判例集でも見ることができる。後者としては特に、National Reporter System の *Supreme Court Reporter*、*Supreme Court Reports*、*Lawyers' Edition*、そして *U.S. Law Week*、さらに Westlaw、Findlaw、Loislaw、Lexis のようなオンラインのデータベースがある。どのシステムも、公式判例集の巻号と頁が示されており、整理番号、公式な当事者名が記されているので、どこにあるかは通常容易に判別できる。

5 判例法

管理しやすくなっています。それは、一つはダイジェストで、もう一つは引用判例一覧（citator）です。American Digest System は、National Reporter System と連結されており、1658年から今日までの上訴裁判所の判例をカバーしています。意見の中のいくつかの点は、短いパラグラフにダイジェストされており、番号を付され、精巧に作られた分類スキームに従ってテーマごとに分類されます。番号が付されたダイジェスト・パラグラフは、ケースの頭注として National Reporter System に掲載されるのと同様に記載され、これをたよりに分析したダイジェストの巻にまとめられます。分類システムに予期せぬ変化があっても、これらのダイジェスト・ノートに習熟した者は、比較的短時間で公刊されたケースを集めることができるのです。わずかの例外は、特殊な論点について裁判所が判断を下した場合です。他方、Shepard's Citations は、判決の引用に関するインデックスの一つですが、National Reporter System と州の公的な判例集をカバーしています。これは、後の意見における判決の引用をインデックスするものですが、それにより、ある特定の判決を後に引用した意見についてリストを作ることが数分のうちに可能となるのです。

　コンピューター技術の発達は、判例法の調査において時間の節約と調査の完全性をもたらしました。Lexis、Westlaw、Loislaw のような、コンピューターシステムと、ウェブ上で利用できるサーチエンジンがそろってくると、それは、相当な範囲で、印刷された頁による伝統的なシステムに取って代わりました。それによってユーザーは、連邦および州の裁判所の意見のうち、公刊されたもののほとんどと、未公刊のものの多くを引き出すことができます。判決を調べる場合には、例えば、判決の名前、判決の引用、担当裁判官の名前、意見あるいは（Westlaw の）特定のダイジェスト項目に含まれる特別の言葉またはフレーズを利用することができます。さらに（Lexis では）自動化された Shepard's index によって、そのケースにアクセスすることもできます。

　裁判所が意見をインターネット上のデータベースに公表することが多くなってきたために、コンピューターを使うことなしに判例法を調査することはますます困難になっています。ただ、より多くの資料が使えるようになったことも事実です。マサチューセッツ最高司法裁判所のような多くの裁判所は、今日、司法資料をかつてと比べより多く公表し、そのような資料を読みたいと思う者

は誰でも、コンピューターを使って無料でそれらにアクセスできるようにしています[9]。連邦裁判所は、単一の統合されたシステムを用意しており、それによって、事実審裁判所から控訴裁判所にわたる資料の範囲に、意見のみならず記録も含めて、アクセスできるようにしています。このサービスには、無料でアクセスできますが、材料をダウンロードしたり印刷したりする場合には少額の料金がかかります[10]。

行政庁の見解は、今でも見つけるのが容易ではありませんでしたが、それらも徐々にオンラインで手に入るようになってきました。Shepard's Citations は、いくつかの行政庁の判断をもカバーしてはいますが、それらは、National Reporter System には、収録もインデックスもされていません。最も重要な連邦の管轄庁は、自身の見解を公刊しており、非公式のルーズリーフサービスにも、ふつうは特殊な領域についてですが、行政庁の意見が含まれています。

司法の機能

裁判所の判決は、コモンローのシステムにおいては二つの機能をもっています。第1に、これはコモンローに特有のものでないことは間違いありませんが、紛争を裁判所において確定し決着をつけるということです。既判力（res judicata）の法理の下では、両当事者は、自らの間で最終的かつ有効な判決により決定された争点につき（裁判所が同一であろうと異なろうと）再度訴えを提起することはできません。判決を下すことは、裁判所の責任です。事件がそれを規律する権威が何もないような新奇なものであったとしても、裁判所は自己の義務を放棄することはできません。古い考え方によれば、裁判所は、そのような予期せぬ事件では、科学者が自然法則を発見するように、コモンローの諸原理の中にある法を発見し、それを宣言しなければならないとされていました。今日では、立法府が法を創造するように、裁判所が法を創造することはより広く承認されています。もっとも、その作業は、裁判所に現れた事件の事実関係

9）マサチューセッツ最高司法裁判所、上訴裁判所の判例集編纂室のウェブサイトを参照。http://www.massreports.com/welcome.html.

10）The PACER Service Center は、PACER におかれた、連邦裁判所の判例登録、請求、技術的支援のためのセンターである。PACER Service Center のホームページは、http:// www.pacer.psc.uscourts.gov/ 参照。

5 判例法

と、距離がありながら関連する別の法理から類推した法的原理によるという、狭い限界の中で行われるものです。

　裁判所が、適用するべき法を発見するにせよ創造するにせよ、紛争の解決には、裁判所に現れた当該当事者を超えて拡大する影響力があります。これは、コモンローに特徴的な裁判所の判決の第2の機能によるものです。つまり、判決が先例となり、将来類似の事件が起こった場合には同様の判決が下されるであろうということによるものです。この法理は、しばしばそのラテン語の名前で *stare decisis*（先例拘束性の原則）とよばれますが、これは、*stare decisis et non quieta movere*（判決に従い、解決済みの点をひっくり返すな）から来ています 11)。先例に依拠するということは、早くからイギリス法で発達したもので、この実務は、コモンローの伝統の一部として合衆国に受け継がれましたが、それがおおいに発展したのは、19世紀において上訴裁判所の力を制限するための手段としてでした。ただ、伝統的には、この法理は明文のルールとはなりませんでしたし、憲法、法律、あるいは公職の宣誓（oath of office）にはみられません 12)。先例拘束性の原則を正当化するものは、通常、四つの言葉に要約されます。つまり、平等、予見可能性、経済性、そして尊重です。第1の点は、同一の規範を一連の類似のケースに適用することは、裁判所に来たすべての者を平等に扱うことになる、というものです。第2は、先例を矛盾なく遵守することは、将来の紛争における予見可能性を高めるということです。第3は、新しいケースを解決するにつき確立された基準を用いることは、時間とエネルギーを節約するということです。第4は、過去の判決を守ることは、前世代の裁判官の叡智と経験に対して適切な敬意を払うことになるというものです。

---

11) 先例拘束性の原則は、本書では、先例拘束性の法理（doctrine of precedent）と同義に用いられ、原則として後者の表現を使用する。

12) 調査によれば、合衆国最高裁判所では先例拘束性の法理はそれほど強くなく、1810年から1957年までのおよそ1世紀半の間に覆したのは90件にとどまる。Blaustein & Field, *Overruling Opinions in the Supreme Court*, 57 MICH. L. REV. 151 (1958). この拘束性がその伝統の中にのみ存在するということについては、ジェームズ・E・ロビンソン（James E. Robinson）裁判官の極端な例をあげることができる。ロビンソンは、裁判官であり一時ノースダコタ州の最高裁判所の首席裁判官も務めたが、先例拘束性の法理を認めなかったことによって悪評を得ていた。彼の在職期間の終わりの頃は、その意見の中で事件の事実関係はきわめて簡潔にしか述べず、意見の中で先例を引用することはめったになかった。*Note*, 33 HARV. L. REV. 972 (1920).

I　法源と技術

　ただ、いくつかの理由により、先例拘束性の法理は、合衆国では、それがイギリスにおいて獲得したとされるような絶対的な権威を与えられることはありませんでした。判決を収めた大きな判例集は、異なる州の間における抵触する先例を収録することもあり、それが個々の判決の権威を損なうことがありました。また、急速な変化がありますと、年数の経過とともに社会および経済の状況が変化した後のケースに対しては、先例の適用可能性を弱めることも少なからずありました。それでも、先例の法理は、イギリスほど厳格に適用されてきたわけではないにせよ、合衆国でもなお確固として存在しているのです。

先例を利用する技術

　先例を利用する技術は、科学というよりも芸術です。法理に関する議論を読んで習得することは、機械工学の教科書を読んで自転車に乗ることを覚えるのに比べても、容易なことではありません。主題となっていることがらははるかに議論のあるところなのです。しかし、言葉を定式化すること、より明確な一般化を行うこと、そして、若干の興味深い問題を提起することは可能です。もちろん、そこから出てくることは、どのケースにも先例として「ぴったりくる事例」（case of point）が一つあるということを前提にした、単純化された説明です。しかしたいていの場合には、ある一連の判決、あるいはおそらく多様な判決群があり、そして、弁護士と裁判所の仕事として、多くのケースを総合することも必要です。この総合においては、規範の展開と精密化および規範の拡張と縮小の両方により、事情の変化に対応し、そこから生じる状況の大きな多様性を考慮することが行われます。他方で、逆に、裁判所に現れた問題がまったく新しいもので、先例がなく、裁判所は、一般原則、類推、公共の利益およびコミュニティの理解や期待と考えられることを基にして、推論を行わなければならない場合もあります[13]。この両極端の間で、先例としての判決は、後の事実の類似性の程度に従って、多かれ少なかれ権威あるものとなります。つまり、極めて類似した事実から導かれた過去のケースは、事実が非常に異なり後の裁判所により事実関係が異なるという理由で「区別され」（distinguished）

---

13) そのような場合には、裁判所は、社会科学のデータを尊重することが多い。

5 判例法

うるケースよりも、後の紛争においてより大きな権威をもつことになります。

　次に、かつての事件を生じさせた事実と後の事件を生じさせた事実とが類似している場合には、先行する判例法の権威は、しばしば二つのクラスに分けて考えることができます。すなわち、「説得力があるもの」（presuasive）および「拘束力があるもの」（binding）で、これは、意見を表した裁判所とその意見を適用する裁判所の関係に即した区別です。説得力のある権威には、他の法域の裁判所の判決および同じ法域内の同等の裁判所の判決が含まれます。例えば、同じ州の他の中間上訴裁判所または別の連邦控訴裁判所の判決です[14]。そのような判決の説得力は、主に事実の類似性、意見の推論の力、そして導かれる結果の健全性がはっきりしていることによって生まれるものです。また、その説得力は、その判決が他の法域において支持されているかによっても左右されます。ある論点について多くの法域の間に対立がある場合には、「多数派」のルールと「少数派」のルールについて述べるのがふつうです。そして、多数派のルールが、その広い受容性によって支持されるでしょう。さらに、判決の説得力は、それを下した裁判所と意見を書いた裁判官の権威によることもあります。ホームズやカードーゾ[15]のような名声を得た裁判官の意見は、それほど評価されていない裁判官の意見よりも重視されるのです。さらに、その説得力は、二つの法域の間における法と社会的背景の類似性に基づくこともあります。例えば、商法の問題について、東部の工業州であるニュージャージーの裁判所からみた場合には、隣接する東部の工業州であるニューヨークの判決と、中部の農業州であるアイオワの判決でこれと対立するものとを比べると、前者の判決により強く影響を受けるでしょう。しかし、いずれにしても、それが単なる説得力ある権威にすぎなければ、先例の法理は適用されず、裁判所はそれに従うよう強いられることもないのです。

---

14) 州裁判所の判決が連邦裁判所において権威をもつかについては、Erie Railroad Co. v. Tompkins 判決との関わりにおいて議論される。この点については、4 参照。

15) ベンジャミン・ネイザン・カードーゾ（Benjamin Nathan Cardozo）（1870-1938）は、コロンビア・カレッジとコロンビア・スクール・オブ・ローを卒業後、ニューヨーク市で実務に就き、裁判官に任じられ、後にニューヨーク上訴裁判所の首席裁判官となった。1932 年には、ホームズの後任として合衆国最高裁判所の陪席裁判官に任じられた。最もよく知られた著書として、連続講義を収めた *The Nature of the Judicial Process*（1921）がある。

I　法源と技術

　拘束力ある権威は、先例の法理がまさに当てはまるものですが、この先例には、同じ法域内の上級裁判所の判決や当該裁判所自身の判決も含まれます。下級審裁判所が、上訴事件で原判決を破棄する権限をもっている上級裁判所の、以前の判決を無視することはふつうはないので[16]、問題の重点は、その裁判所が以前の判決に従う範囲はどうかということになります。この問題は、単一の判決についても直接生じてきます。説得力ある権威の重みは、類似の判決の数によって異なることがありますが、裁判所の自己の、過去における判決の一つでも、先例となるのに十分だからです。

　過去の意見が後の法廷を拘束するのはどのような場合かについて述べる場合に本質的なことは、ケースの「判示事項」(holding)[17]と「傍論」(dictum)[18]の区別です。この区別は、対審手続（adversary proceeding）に対するコモンロー

---

16) 極めて稀なことではあるが、下級審裁判所が、当該事件が上訴された場合には上級審にあたる裁判所が自身の先例を覆すであろうと予測するときは、上級審の判決に従わないことがある。一例として、不衛生な食料品によって健康を害した子供が、自分の父親がその食料品を買った売主を相手に保証違反として（過失の証明なく）救済を求めることができるかが争われたニューヨークのケースをあげることができる。同州の最上級裁判所であるニューヨーク上訴裁判所の1923年と1927年の判決では、その子供は救済を得ることはできなかった。理由として、その救済は契約上の性質をもつが、契約をしたのは父親であり、売主とその子供の間には契約関係はないからであるとされた。このような先例があるにもかかわらず、1957年のニューヨーク市の市裁判所は、その子供に対する救済を認めた。Greenberg v. Lorenz, 178 N.Y.S.2d 404 (N.Y. City Ct. 1957). 中間上訴裁判所、高位裁判所の上訴審法廷（Appellate Term）は、次のように述べてこれを肯定した。「拘束力ある先例を覆すことは中間上訴裁判所の権限の範囲外のことであるが、上位の上訴裁判所が——新しい根拠を示しつつ——新しい態度を打ち出し、もし現下の問題が自己の眼前に来たならば以前公言したことを撤回するだろうと、はっきり示している場合には、それを考慮に入れることは中間上訴裁判所の権利であるどころか、むしろ義務となる。」3名の裁判官のうち1名が反対した。Greenberg v. Lorenz, 12 Misc.2d 883 N.Y.S.2d 407 (1958). 上位の中間上訴裁判所である、高位裁判所の上訴部は、短い、先例に関する裁判官全員一致の意見により、この判決を破棄した。5名の裁判官のうち2名が反対した。Greenberg v. Lorenz, 7 A.D.2d 968, 183 N.Y.S.2d 46 (1959). しかし、この判決は、ニューヨーク上訴裁判所によって再度覆された。同裁判所は、子供の救済を認めた事実審裁判所の判断を復活させ、上訴部が予期したように、先例たる判決をこの事件への適用の限りで改めたのである。Greenberg v. Lorenz, 9 N.Y.2d 195, 173 N.E.2d 773, 213 N.Y.S.2d 39 (1961). 連邦裁判所の状況について議論じているものとして、Kniffin, *Overruling Supreme Court Precedents: Anticipating Action by United States Courts of Appeals*, 51 FORDHAM L. REV. 53 (1982) 参照。

17) 合衆国では、holding という言葉は、イギリスでいう *ratio dicidendi* の代わりに用いられるのが一般的である。

18) dictum は、*obiter dictum* を縮めた言葉であり、ラテン語で「ついでに述べたことがら」(things said in passing) を表す。複数形は dicta である。*obiter dictum* という言葉が以前の裁判所の説示を指して用いられる場合には、その dictum が信頼性に欠けるということを強調する意味合いがある。

の信頼とその結果としての、裁判官はケースにおける判断に必要なことがらについてのみ判断する権限を有するという信念から生じてくるものです。当事者によって徹底して議論されてきたことがらに関してこそ、裁判官の判断は先例として扱われることになり、「拘束力ある」権威となるのです。他方、裁判官は、立法者とは異なり、目の前にないケースについて規範を示す権限はもたず、そのような別のことがらについて述べることがあってもそれには拘束力はありません。首席裁判官ジョン・マーシャルの言葉では、次のように述べられています。「すべての意見の一般的な表現は、その表現が用いられたケースとの関係において理解されるべきものである、ということは格言であり、なおざりにされてはならない。それらが、そのケースを超えることまで述べる場合には、それらには敬意が払われはするであろうが、後の訴訟においてまさにその点が争点になっているときには、判決を制御するものであってはならない。この格言の根拠は明らかである。実際に裁判所に現れた問題は注意深く審理され、十分に考慮されるのに対し、その問題に関する他の原理は、判断された当該事件との関連においては考慮されるものの、他のケースのすべてに対しどのような影響を及ぼす可能性があるかまで完全に調査されることはほとんどないからである」[19]。コモンローにとって特徴的なのは、負けた当事者が、上訴の対審手続の中である論点の主張責任を負うと決めるまでは、その法律上の争点は、未確定として残されうるということです。したがって、「判示事項」とは、判決に必要な法の規範であるということになります。裁判官が、その判決に必要ではないことを何か述べたとしても、それは「傍論」なのです。

　とはいっても、傍論は、尊重に値する権威ではあります。それは、同じ裁判所であれば後の事件においてそれに従うことがありえます。下級裁判所を説得するには通常十分ですし、また弁護士からは法律相談における信頼できる根拠とされることもしばしばです。しかし、少なくとも原理的には、それは説得力ある権威にとどまり、判示事項とは異なって、いかなる裁判所をも拘束はしません。「裁判官というものは」、カードーゾが言うように、「自らのことはしばらく措くとしても、先輩が示した具体例、コメントや補足に対してどれほどそ

---

[19] マーシャルは、このように述べて、18年前に彼自身が意見を書いたMarbury v. Madison判決の適用を避けた。Cohens v. Virginia, 19 U.S. (6 Wheat.) 264, 399 (1821).

れを重視するかということについては、人によって大きく異なる[20]」のです。

　事件の判示事項は、重要な事実の分析、判決、そして意見の根拠付けを考えて判断しなければなりません。これすら、一見するところよりもはるかに難しい作業なのです。抽象化のプロセスがどこまで及ぶか、判示されたところの射程はどの程度の広がりなのかを知るのは、しばしば困難が伴います。意見に含まれている法規範の定式は、いつでも権威あるものとして依拠できるわけではないのです。また、裁判所が実際に適用したルールがはっきりと述べられていなかったり、意見の中でいくつかの異なったかたちで論じられていることもあります。さらに、事実というものは、あまりに簡潔に述べられていてそれが実際にどうだったのかを読むのが難しいこともあれば、あまりに細かいことまであげられていて、いったいどれが裁判所にとって重要だったのかを判断するのが困難なこともあります。幸いなことにどの事件もそれだけが分離されて判決が下されるというものではありませんから、意見というものを他の関連判決や一般原則を背後において読むことにより、こういった困難を解決できることもあるのです。

　しかし、裁判所があるケースで打ち出したルールは、後の裁判所の目から見ると判示事項とはならないことがあります。裁判所が、先例拘束性の法理を適用しようとすると、それは、一つではなく二つの具体的な事実状況に直面することになります。つまり、以前の判決のそれと、これから判決を下さなければならない事件のそれです。両方の事実状況を念頭において、裁判所は、第1のケースからルールを引き出したうえで、それを第2のケースに適用することができるかを判断します。つまり、裁判所は、第2のケースが「似た」(like) ケースかを判断するのです。多くの場合に、先例は、裁判所が適用するかなり明確な、筋の通ったルールを与えてくれます。その場合にはたいてい、その先例がどういう事案だったのかをはっきりさせなくてもよいでしょう。他方で、望ましい先例が適切なケースをカバーしていないかに見えることもあります。あるいは、望ましくない先例が不適切なケースをカバーしているように見えることもあります。

---

[20] B. CARDOZO, THE NATURE OF THE JUDICIAL PROCESS 29 (1921).

5 判例法

　この点につき、先例拘束性の法理は、過去に対する無条件の追随を要求するものではなく、有能な裁判所が、過去の浅慮と失敗を退けつつも、過去の知恵と経験から教訓を得ることを可能にするような、より柔軟な技術を認めるものであるということを知っておくべきでしょう。後の事件を扱う裁判官にとって、以前の判決の原理を現在のケースに広げることが望ましく思われるのであれば、以前のその判決の判示事項を、その判決を下した裁判所が意図していたところよりも、より広く読むこともありえます。その場合には二つのケースの事実の相違は後の裁判所によって重要ではないとして扱われるでしょう。前のケースを狭く読んだ場合に傍論と考えられたであろうものも、判示事項とみなされることがあるでしょう。逆に、後の裁判官が、担当している事件を判断するうえで、以前の判決の規範を望ましくないものと考える場合には、後の裁判所は、以前のケースの判示事項を狭く読んで、それを現在のものとは区別するでしょう。その際には、二つのケースの事実関係の相違が、後の裁判所によって重要なものであるとされることもあるでしょう。そして、以前のケースを広く読んだ場合には判示事項と考えられたものも、傍論と扱われることになるでしょう。つまり、裁判所に現れている目下の紛争の処理に「必要」(necessary)ではないものとされるのです。

　限度はありますが、いかなる判決も、このような拡大あるいは限定を行っているのです。まさにどこにその限界があるのか、まさに所与の一揃いの事実に対して当該裁判所がどのような態度をとるかは、コモンローの学生、コモンローの弁護士、そしてコモンローの裁判官の幾世代にわたって受け継がれた伝統とともに働く経験——そういうものがあるとすればですが——を基礎にすることによってのみ、予想することができるのです。カードーゾ裁判官が述べたように、「先例の背後には、法的推論の基礎条件である基本的な法的ものの考え方があり、さらにその後ろには、生活の習慣、社会の制度が控えていて、これらの中にこの物の考え方のもとがあって、それらは、相互作用の過程で交互に修正しあってきた。それにもかかわらず、わが国におけるような高度に発達したシステムにおいては、先例が広い範囲にわたって存在し、裁判官はそれを出発点とすることができるのである。この出発点から裁判官の仕事がはじまる。ほとんど変わることなく裁判官のする最初のステップは、まず先例を検討し比

較することである。もしそれが明瞭で要を得たものであるならば、それで仕事は終わりとなる。先例拘束性の原則は、少なくとも私たちの法の現行法制なのである」[21]。

しかし、「拘束力ある」権威としての判決でさえ、絶対的な拘束力をもっているというわけではありません。稀な場合には、裁判所は、正しい判断を導くことができない状況に直面しながら、先例拘束性の法理によって課された限界とみられるところの中にとどまることがあります。裁判所はそのジレンマを解くために、当該ケースでは先例拘束性の法理の根底にあるポリシーの方が、反対の判断のためのポリシーにまさるという理由をつけて、不正義であっても先例に従うことでしょう。たぶん、それは、いかなる変化も立法の任務であり、裁判所がそれを作り出すべきものではないからだと説明するでしょう。この結論は、商法や財産法を含むケースにおいては、おかしなことではないでしょう。そこでは、予見可能性が特に重要で、救済のためには立法的対応が一般的に可能だからです。他方で、裁判所は、先例に従うことを望まない場合もあります。その先例がすでに出された時に明らかに誤りだったという場合、また、かなり古いため事情の変更によってそれが不適当なものになっている場合[22]、あるいは、裁判所の構成が変化し、かつては極端に少数の見解が今日では多数意見となったという場合がありうるでしょう。この帰結は、立法が救済手段とはならない憲法問題[23]、あるいは、遡及的な変更が例外ではない手続法の問題においては、驚くには当たりません。伝統というものは、可能であれば、意に沿

---

21) 前注書 19-20 頁。
22) ワインと同じで、先例の中には時間とともに価値の上がるものもあれば、下がるものもある。時間とともに支持する判決が増えることでより有力となるのは確かであるが、他方で、状況の変化で力が失われることもある。
23)「先例拘束性の原則は、賢明なポリシーということができる。というのは、ほとんどの問題において、適用されるべき法規範が特定されていることは、それが正しく特定されることよりも重要なことだからである。……誤りが大きな問題となる場合においてさえ、このことは一般的に真実であり、それを修正したければ立法によることになる。しかし、連邦憲法に関するケースでは立法によってそれを正すことは不可能であるから、最高裁判所は、しばしば以前の判決を否定するのである。最高裁判所は、経験が教えるところとより望ましい論旨展開の効用には敬意を払い、試行錯誤のプロセスについては、それが物理学において有益なものであると同様に、司法の働きにおいても適切であることを知っているのである。」Burner v. Coronado Oil & Gas Co., 285 U.S. 393, 406-08（1932）において、ブランダイス裁判官はこのような反対意見を述べた。

わない判決をあからさまに否定することよりも、注意深く区別を行うことにより先例の法理に敬意が払われることを求めるものです。しかし、実際には、後の意見によって区別され、明らかに「その特殊な事実に関するものとして限定され」てきた判決は、しばしば事実上否定されたものとして、退場させられるのです[24]。

先例の二つの謎

　先例拘束性の法理から生じてくる謎めいた問題の中で、特に、二つのものが興味を引きます。第1の問題は、複数の根拠に基づく判示事項（multi-legged holding）に与えられるべき比重にかかわるものです。いわゆる拘束力ある先例の間においてさえ、判決の価値は、多くの要素によって弱められることがあります。例えば、反対意見や補足意見は、特定の裁判官がその点について強く立場を打ち出し自己の見解を変えるつもりがないことを示すものですが、これは、通常その判決の権威を低下させることであり、後で裁判所の構成が変わればその判決に従わない可能性が高いでしょう。また、メモランダム判決（memorandum decision）という、理由を述べない判決もありますが、これは、事実関係と理由を意見の中で述べた下級審の判決を肯定した場合に、先例としての効力をもつことができるのです。しかし、その重みは、上級裁判所が原審の意見を肯定するにつき何の理由も示さない場合には、かなり軽くなってしまいます[25]。では、複数の根拠に基づく判示事項、つまり単一の根拠ではなく、いくつかの根拠に基づく判決はどのような重みをもつのでしょうか。

　例えば、事実審判決からの上訴のケースにおいて、三つの明確な誤りが原判決の破棄を求める理由としてあげられている場合を考えてみましょう。もとより、上訴裁判所が原判決を肯定すれば、この三つの根拠はいずれも不十分であったということになります。原判決を肯定するには、いずれの理由も否定されることが必要だからです。しかし、上訴裁判所が、第1、第2の根拠は十分であり第3の根拠は不十分であるとして、原判決を破棄したらどうでしょうか。

---

24) 場合によっては、裁判所はやっかいな先例を単に無視することもありうる。この疑問の多いテクニックは、有効性に疑いがある判決の扱いを後のケースに委ねることになる。
25) また、メモランダム判決は、事件の事実を確定できない場合には先例としての価値はない。

Ⅰ　法源と技術

裁判所は何を判断したことになるでしょうか。第1、第2の根拠については何かを判断したことになるのでしょうか。どちらも他方がなくても破棄にとっては十分だったでしょうから、いずれも結論には関係がなく、したがって、判示事項はなく、意見全体が傍論であるということもできます。しかし、いずれの論点も争われ、法廷で議論されたのですから、事実審は、再度の審理において両方を検討することが期待されるでしょう。いずれも判決の単一の根拠ではないにせよ、それぞれを、代替的な、あるいは複数の理由をあげる判示事項として扱うのが普通です。ただ、判示事項とはなりうるかもしれませんが、慎重な弁護士なら、先例というものは、単一の足で立つときの方がよりしっかりと立つのであり、代替的な根拠は判示事項の信頼性を低下させるという事実を見逃してはなりません。同じ忠告は、第3の根拠についてもさらにより強く述べることができます。それもまた法廷で議論され検討され、さらに事実審で再度審理されるべきものですが、ただ、原判決を破棄するためには必要がなかったことも明白です。それが、判示事項という名前で権威付けられるにせよ、傍論に分類されるにせよ、それは、最初の二つのポイントに関する判断よりもさらに低い秩序の権威であることは明らかです。

　第2の謎めいた問題は、判決が以前の判決を否定する場合の遡及的な効果にかかわるものです。裁判所が何らかの判決に至るに際し、新しい法原理を述べる場合には、すでに目の前にある事件にそれを適用する範囲において、遡及性の問題が存在することは当然です。もっとも、遡及の効果は、特に以前の判決が覆された場合には明らかです。二つのよく似た取引が締結された場合を考えてみましょう。一つは、AとBの間で、もう一つは、CとDの間で結ばれました。AとBとの間で紛争が生じ、州の最高裁判所がその取引を無効であると判断したとしましょう。この判決の後で、第3の同様の取引がEとFとの間で結ばれたとします。その後、CとDとの間の紛争において、その最高裁判所がA対Bの事件における自身の以前の判決を覆し、その取引を有効であると判示したとします。A対Bの事件での判決とC対Dの事件での判決のいずれが、両事件の間に結ばれたEとFの取引の有効性を左右するのでしょうか。C対Dの事件の判決がその効果を遡及させるのでしょうか、それとも、それは、それが下された後に行われた取引にのみ適用されるのでしょうか。裁

判官は単に既存の法を発見してそれを宣言するにすぎないという、古い理論によれば、A 対 B の事件における裁判所の判断は、その当時のかつ現在の法に関する誤った解釈にすぎず、それは、後に C 対 D の事件において訂正されたものです。そして、法は C 対 D の事件において述べられたとおりのものなのですから、E と F の取引は、たとえ裁判所が自らの誤りを発見する前に行われたものであるとしても、有効なものとなるのです。これに対し、裁判官は、判決によって実際に法を創造しているという、新しい理論によれば、A 対 B の事件の判決は法を創り出したのであり、それは、C 対 D 事件の判決において変更されるまでは、「よい法」であったことになるのです。E と F の取引は、第 1 の判決と第 2 の判決との間に行われたものですから、A 対 B 事件の判決が法であった間は、その取引は無効であったのです。多年にわたって、これらの対立する理論の衝突は、結論の矛盾する諸判決に反映されてきましたが、これらの理論のいずれによるべきかという点よりも、もっと別の考慮の方が、結論を導くうえではより重要だったのかもしれません。もちろん、例えば、遡及効を認めた事件は、A 対 B 事件の判決がその取引を有効と解し、C 対 D 事件の判決がそれを無効と解した場合には、弱くなるでしょう。E と F が取引に入る際に、A 対 B 事件の判決を事実上前提にしていたということになれば、それはいっそう弱くなるでしょう。

　否定された判決の問題は、複数の根拠に基づく判示事項の問題と同様に、単純な解決を許すものではありません[26]。場合によっては、遡及効による混乱を避けようとして、裁判所は、かつての判決を否定するのを拒みつつも、先例に対する不同意を表明して、新しい判決の後に生じた事実については古いルールは従う必要がないとする警告を発することがありました[27]。また、裁判所が、かつての判決を否定しながらも、新しいルールは遡及的なものではなく新しい判決の前に生じた事実についてはそれに従うものではない、という態度をとる

---

[26] 覆された判決については、さらに次のものを参照。Chafee, *Do Judges Make or Discover Law?* 91 PROC. AM. PHILOS. SOC'Y 405 (1947); Lobinger, *Precedent in Past and Present Legal Systems*, 44 MICH. L. REV. 955 (1946). 最近のものとして、M. GERHARDT, THE POWER OF PRECEDENT (2008).

[27] 例えば、Hare v. General Contract Purchase Corp., 249 S.W.2d 973 (Ark. 1952). 州裁判所によるそのような判決は連邦憲法の適正手続保障に違反するものではないと解されてきた。Great Northern Railway v. Sunburst Co., 287 U.S. 358 (1932).

Ⅰ　法源と技術

こともあったのです[28]。

参考文献

　K. Llewellyn, *The Bramble Bush: The Classic Lectures on the Law and Law School* (Steve Sheppard ed., 2008) は、判例分析に関する古典的解説。同じ著者による、司法判断の過程に関するさらに進んだ研究として、K. Llewellyn, *The Common Law Tradition: Deciding Appeals* (1960) がある。法的分析に関する新しい検討として F. Schauer, *Thinking Like a Lawyer: A New Introduction to Legal Reasoning* (2009) 参照。すでに脚注で指摘したが、B. Cardozo, *The Nature of the Judicial Process* (1921) が重要である。リーガル・リサーチについては、本書 8 の参考文献として掲げたものを参照。

　なお、G. Fletcher & S. Sheppard, *American Law in a Global Context: The Basics* の序章、第1-4章、補遺は、判例理解について意見との対比を含めた具体例をあげている。

---

[28] Molitor v. Kaneland Comm. Unit Dist. No. 302, 163 N.E.2d 89 (Ill. 1959). 遡求効の問題の解決に関する議論については、James B. Beam Distilling Co. v. Georgia, 501 U.S. 529 (1991) 参照。

6　立法制度

> コモンローのシステムの中では裁判所の判断が重視されますが、制定法もまた、アメリカ法の中で大きな意味があり重要性を増しています。さまざまな立法形態の権威にはどのような序列があるのでしょうか、合衆国議会と 50 州の立法府はどのような役割を果たしているのでしょうか。他に特別な立法の源はあるのでしょうか。

立法の序列

　判例法は、伝統的にコモンローの中核をなすものですが、制定法も、前世紀から合衆国においてその量と重要性を増してきましたので、多くの分野で中心的な法形式となっています。これは、特に連邦法においてそうなのですが[1]、制定法は、州や自治体のレベルでも無数の立法機関から生み出されています。司法審査に関するアメリカの理論では、この制定法の有効性は、裁判所の判断対象となります。ある制定法がより権威の高い法源に抵触しているから無効であるという根拠に基づいて、裁判所がその制定法をある事件に適用するのを拒むこともありえます。そこで、以下の法源の序列を理解しておくことが大切なのです[2]。

1．合衆国憲法　　合衆国憲法は、その言葉によれば、「国の最高法規」(supreme Law of the Land) であり、他のすべての法源はそれに従わなければ

---

[1] 1947 年に合衆国最高裁判所のフェリックス・フランクファーター (Felix Frankfurter) 裁判官は、次のように述べた。「合衆国最高裁判所の任務が、立法における重心の大移動を反映したものとなるのは避けられないことである。大雑把に言えば意見によって処理される事件の数は時代によってそれほど変わらなかった。しかし、1875 年頃までには法廷で争われる事件の 40％以上がコモンロー上の訴訟であったのに対し、その 50 年後には、その割合はわずか 5％になり、今日では制定法に関わらない事件はほとんど皆無である。つまり、裁判所が、コモンローの『制定者』という意味において、法の中心的な創造機関であることをやめてしまったと言っても過言ではなく、最高裁判所が扱うほとんどすべてのケースにおいて、その核心に制定法が存在するということはもはや疑いようがない。」Frankfurter, *Some Reflection on the Reading of Statutes*, 47 COLUM. L. REV. 527 (1947).

[2] 以下のリストは網羅的なものではない。例えば、これらの他に州際協定 (interstate compact) も重要である。

ならなりません。憲法紛争を最終的に裁決するのは、言うまでもなく合衆国最高裁判所です。憲法の修正は、議会の両院において3分の2の多数によって発議され、4分の3の州の立法府か、あるいは4分の3の州の憲法会議によって承認されなければなりません。これまで27か条の修正が承認され、そのうちの13か条の修正は1791年以降に行われました[3]。

2．**条約**　合衆国によって結ばれた条約は、連邦の法律と等しい権威をもち、憲法にのみ服します。したがって、条約と連邦の法律との間で抵触が生じた場合には、より新しいものが優先します。条約は、上院の3分の2の得票による同意を得て、大統領によって締結されます。自動発効力のある（self-executing）条約の場合には、批准によって直ちに効力を生じます。あるいは、国内法の問題として、連邦法による実施（implementation）によって条約が効力を生じることもあります。大統領は、議会の承認なしに外国と行政協定（executive agreement）を結ぶことにつき、限定的な権限をもっています。そのような協定も、裁判所において条約と同等の効力を認められてきました。実際、条約よりも数は多いのです。

3．**連邦の法律**　合衆国憲法〔第1章第8条第18項〕は合衆国議会に対し、個別に列挙した立法権限に加え、政府部局等に明確に付与されている権限を「行使するために必要でありかつ適切なすべての法律を制定する」権限を与えています。そして、この条項は広く解釈されてきました。合衆国議会によって制定された法律は、条約と同様に、憲法にのみ服します。そして、法律は可能な限り憲法問題を回避するように解釈されます。合衆国最高裁判所長官であったチャールス・エバンス・ヒューズ（Charles Evans Hughes）の言葉を借りれば[4]、「われわれが繰り返し判示してきたように、ある法律につき二つの可能

3）27か条の修正は、そのうち一つを除けば、憲法会議ではなく州議会によって承認された。27番目の修正は、議員の報酬の支払に関するものである。もともと1789年に提案されたが、それが承認されたのは1992年であった。

4）チャールス・エバンス・ヒューズ（1862-1948）は、ボストン大学のカレッジを卒業し、1884年にコロンビア大学から法学の学位を得た。ニューヨーク市で実務に就き、また数年間コーネル大学の法学教授を務め、さらに州の立法委員会の特別顧問（special counsel）に就いた後、ニューヨークの知事に選出された。1910年には、合衆国最高裁判所の陪席裁判官に任じられ、1916年には、合衆国大統領選に出馬したが、ウッドロー・ウィルソンに僅差で破れ実務に戻った。後に、合衆

な解釈があり、そのうちの一つによればその法律が違憲であるということになり、もう一つによれば合憲であるということになる場合には、その法律を維持する方の解釈を採用するのが、われわれの明確な義務である」5)ということなのです。立法作業の過程については、すぐ後で述べることにします。

4．連邦の大統領令（executive order）と行政規程（administrative rule）・行政規則（administrative regulation）　　大統領は、大統領令を発する一定の権限を有しており、それは通常立法的な性格をもつものです。連邦の行政主体もまた、立法的性格をもつ規程や規則を作る権限が与えられていますが、それらが連邦の法律に従って作られたのであれば、法としての効力をもち、州法に優先します。

5．州憲法　　州憲法は、連邦の法律には服しますが6)、州自体の中では最高の権威をもっています。州の憲法はしばしば、連邦の憲法に比べより詳細で、より頻繁に修正を必要とします。

6．州の法律　　州の法律は、連邦の法律および州の憲法に服しますが、州に委ねられてきた多くの法分野においては、最も重要なものです。合衆国憲法修正第10条が述べるように、「この憲法によって、合衆国に委任されず、また州に対して禁じられていない権限は、各州または人民に留保されている」のです。したがって、憲法上は合衆国議会が立法の権限を有する分野でも、その権限は排他的なものではなく、州もまた、少なくとも連邦による立法が独占的に規定を設けてこなかったことがらについては、競合する権限をもちうるのです。連邦の立法は、本質的に間隙を埋める性質のものが主ですから、それが州法を「専占する」（preempt）ことや、その分野の州法を排除してその分野を占領するということはめったにありません7)。州の法律は、一般的な弁護士にとっては、最もなじみある立法形態です。州の立法過程については、後ほど述べるこ

　国国務長官、常設国際司法裁判所（Permanent Court of International Justice）の構成員を務めた。1930年には、合衆国最高裁判所長官となり1941年に病により辞任するまでその職にあった。

5）National Labor Relations Board v. Jones & Laughlin Steel Corp., 301 U.S. 1, 30 (1937).

6）連邦の法律が州の憲法や法律よりも上位の規範となるには、それが合衆国議会に付与された権限のもとで定立されたものでなければならないことは言うまでもない。

7）近年は、最高裁判所が専占の範囲に触れることもある。例えば、Wyeth v. Levine, 129 S. Ct. 1887 (2009) と、Altria Group, Inc. v. Good, 129 S. Ct. 538 (2008) や Riegel v. Medtronic, Inc., 128 S. Ct. 999 (2008) を比較せよ。

I　法源と技術

とにします。

7．州の行政規程・行政規則　州の行政庁の規程や規則は、連邦政府の行政機関のそれと、目的や形態において似ています。それらは、州内におけるさまざまな活動の許認可のようなことがらに関与するものです。

8．市設立特許状（municipal charter）、条例、規程、および規則　地方自治体の構成単位は、きわめて多様で、説明が難しいのです。それらは、連邦制度において各州が有しているような何らかの独立した政治的存在ではありません。各州は、多数の郡に分けることができますが、これらも立法権限をもっていることがあります。一つの郡の中に、多くの自治体があり、これらは通常ほとんどのことがらにおいて郡から独立しています。それらは、選出された首長および議会によって運営されるものが多く、これは、各自治体の設立特許状において州から授与されたとされる権限によるものです[8]。自治体の立法は、ふつう条例とよばれていますが、これは、地方のことのみに関わるものです。さらに、地方の行政主体は、規程と規則を公布することができます。

以上のように、法源には序列ないし階層があります[9]。以下では、立法主体の主要なもの、つまり、合衆国議会と州の立法府について説明します。

合衆国議会

連邦の法律は、合衆国議会によって制定されます。これは、二院制の立法機関で、下院つまり House of Representatives と、上院つまり Senate から成っています。前者は、憲法の起草者によれば、国家的な問題について、各州にその人口に比例した発言権を与えることを意図したものでした。それは、435名のメンバーから成り、その一人ひとりは、各州を分割した下院議員選挙区（congressional district）の投票者によって2年を任期として選出されています。各州の議員の数はその人口によって決まります。そして、各選挙区は、できるだけ人口が等しくなるように、ふつうは州の立法機関によって国勢調査をもと

---

[8] 郡や市に対し自治的な憲章を定めてそれを適用する権限を認めることを、「固有権的地方自治」（home rule）とよぶ。州憲法の定めによることもあれば、もっぱら立法によって行われることもある。

[9] 裁判所のルールは、ときとして立法の一形態とみられることもあるが、この点については後の **10** 参照。

6 立法制度

に10年ごとに改められます。これに対して、上院では、州の平等を守ることが意図されています。各州の投票者は、人口にかかわりなく、2名の上院議員を選び、全体で100名となります[10]。他方、上院議員は、6年の任期で選出されますが、この期間に、2年ごとに総員のおよそ3分の1ずつ改選されますので、一つの州につき1名の上院議員の改選が6年の内に2回行われることになります〔全上院議員は3組に分けられ各州の上院議員は別の組に属するから、各州で6年間のうち2回、1名の上院議員の改選があることになる〕。各院は、お互いをチェックすることになります。というのは、法律の成立のためには、上下両院において多数の承認を得なければならないからです。議会の会期は2年間で、奇数年の1月にはじまり、各会期に議会は各年1月に始まる通常の年次議会を2回開くことになります。大統領は、議会が休会中であっても、特別の会期を求めることができます。

　議会のメンバーは、その時間のほとんどを立法以外のことがらに費やしていますが、ここでは立法のプロセスに関心を向けることにします。このプロセスについて知っておくことは有用でしょう。というのは、後に説明しますが、連邦の法律の成立に至る経緯は、裁判所によるその文言の解釈に影響を及ぼしうるからです。連邦の立法のほとんどは、連邦議会制定法（Act of Congress）のかたちをとりますが、それは、法律案のかたちで提出されます[11]。法律案は、議会の議員が立案することもあれば[12]、有権者や団体、あるいは行政機関が立案することもあります。各院には、議員法律顧問（Legislative Counsel）の事務所があり、法案の起草を支援しています。歳入関連法案については下院が先

---

10) 最も人口の多い州であるカリフォルニアの上院議員は、最も人口の少ない州であるワイオミングの上院議員と比べ、およそ70倍の人口を代表していることになる。かつては上院議員は各州議会によって選出されていたが、1917年の合衆国憲法修正第17条により州民の直接選挙に改められた。

11) 場合によっては、法律の代わりに両院合同決議（joint resolution）が用いられることもあるが、これらの間には、実務的には若干の違いがある。議会による立法は、その形態にかかわらず、「一般の」（public）法律と「個別の」（private）法律とに分けることができる。後者の、特定の私人または集団の利益のために制定された法律、例えば、行政府の行為によって障害を負った者の救済のための法律は、限定的な利益に関するものである。本文は、「一般の」法律、つまり一般的に適用される法律について説明する。

12) それは上院の委員会の調査から立案されることもある。議会委員会の調査権限は、憲法上の「すべての立法権限」の承認からきている。しかし、立法が実現することは調査の有効性にとっては必要ではない。

Ⅰ　法源と技術

議権をもっていますが〔合衆国憲法第1章第7条第1項は、「歳入の徴収に関するすべての法律案は、下院において発議されなければならない。ただし、上院は、他の法律案の場合と同じく、これに対し修正案を発議し、または修正を付して同意することができる。」とする〕、この例外を除けば、法案はいずれの院に提出することもできます。もっとも、それを行うことができるのはその院の議員に限られます。

　稀な例外はありますが、その法案は、当然それが提出された院の常任委員会の一つに送られます。2大政党のそれぞれが、委員会にメンバーを送りますが、その多数と委員長は多数党が占めます。たいていの場合に、常任委員会に小委員会が設けられ、それは親委員会のために報告を行います。議会の仕事量はきわめて大きく、すべての提案につきすべてのメンバーが詳細な検討を行うことは困難なので、重要な仕事の多くが委員会で行われており、委員会制度は多大な実際上の重要性をもっているのです。委員会に送られると、法案はその専門スタッフによって研究され、行政部の担当部門はその見解を文書で提出することが求められます。その法案に特別な重要性が認められる場合には、公開聴聞が開かれ、そこで利害のある当事者に対し聴聞を行うこともあります。最後に、委員会のメンバーが投票を行い、その法案の運命を決めます。法案を修正なしに、あるいは修正して承認すると決まることもあれば、棚上げにして検討を先送りすることもあります。後者の場合には、通常手続が先に進みません。全法案の相当な割合が委員会止まりで終わります。

　法案を承認する旨の報告がまとまりますと、委員会は、それを推薦書とともに議会に送ることになります。委員会の報告書は、法案の目的、立法の必要性、そして立法の経緯を詳しく述べます。それは、法案の条文ごとの分析、施行する場合の費用の見積もり、政府の省庁や関連部署からの報告と意見、そして、ときには委員会少数派の見解も盛り込みます。聴聞の逐語的な記録は、委員会の報告に先立って公開されます。その後、法案はその院の本会議に上程され議論されますが、その時点でさらに修正が提案されることもあります[13]。法案

---

13) 議会における経緯は、連邦議会議事録（Congressional Record）においてすべて公表されており、オンラインの検索可能なフォーマットで入手することができる。 http://www.gpo.gov/fdsys/browse/collection.action?collectionCode=CREC

が多数の賛成で可決されますと、それは続いて他方の院に送られ、そこでも、委員会への委託に関する同様の手続と、それに続く本会議での議論が行われます。両院を通過したバージョンが同一であれば、それは直ちに大統領の下に送られ署名が求められます。わずかの相違が生じた場合には、その法案が最初に出された院で、投票により承認されます。しかし、二つのバージョンの相違が実質的な点にわたる場合には、両院のメンバーによって構成される両院協議会 (conference committee) によって調整されなければなりません。歩み寄りの結果が各院の多数の投票により承認されることになります。法案が両院により同じかたちで承認された場合には、それは大統領に送られますが、大統領には連邦の立法に対する拒否権があります。10日以内に大統領が法案に署名をしますと法律となります。大統領が署名を行わないままこの期間が過ぎてしまった場合にも、法案は大統領の署名がないまま自動的に法律となります[14]。法案が拒否された場合には、その法案は、大統領が拒否した理由を述べたメッセージが付されて、それが最初に提出された院に送り返されます。その場合に、大統領の拒否権行使を乗り越えてその法案を法律とするためには、各院の3分の2の賛成投票が必要となります。

州の立法府

連邦議会のほか、50州のそれぞれが固有の立法機関をもっており、一般に「立法府」(Legislature) あるいは「州議会」(General Assembly) とよばれています。この機関はほとんどすべて両院制をとっていますが、これは植民地時代にさかのぼる伝統です。今日ネブラスカの1州のみがこれを改め一院制としています。より小さな上院はSenateとよばれ、より大きな下院はふつうHouse of Representativesといわれます。Senateの規模には、アラスカの20名やネバダの21名から、ニューヨークの61名やミネソタの67名のように幅があります。また、下院の規模は、アラスカの40名やデラウェアの41名からペンシルベニアの203名やニューハンプシャーの400名に及びます。議員は、2年か4年の任期で選ばれますが、前者は下院の場合に一般的で、後者は上院でよく

---

[14] しかし、法案の送付後10日以内に閉会となった場合に、大統領が署名を行わないときは「放置による拒否権行使」(pocket veto) となり、その法案は法律とはならない。

みられます。議会は、1年おきに隔年会期を設ける州もありますが、毎年開催する州が多数で増加傾向にあります。

　州の立法活動の記録は、連邦議会の記録と比べると、十分とはいえません。常任委員会の聴聞と報告書は、ふつうは手に入りませんし、本会議における議論における発言については、一般に包括的な記録が残されることもありません。そのため、立法プロセスのメカニズムを詳細に明らかにすることは、連邦の法律と比べ州の法律の解釈においては重視されにくいのです。立法のプロセスは、連邦議会のそれと似ていますが、委員会制度の有効性やそこで作られる法律案の質は、連邦議会の委員会には及びません。というのは、州の立法府のメンバーは、連邦議会のメンバーと異なり、通常は自己の時間のすべてを費やして義務を履行するというわけではないからです。法案を起草するうえでの技術的な支援は、委員会や個々の議員に提供されています。それは、立法調査室（legislative reference bureau）や図書館、連邦議会をモデルにした法案起草スタッフ、あるいは、州の司法長官の事務所によって行われます。これらのサービスを向上させる努力がなされており、また、重要な分野では立法の準備のために特別委員会が利用されることもあります[15]。一般に、知事——つまり州の執行権者として選出された者——は、法案に対して拒否権をもっており、これに対しては各院で3分の2の賛成がある場合にのみ、法律を成立させることができます[16]。州の立法は、連邦の立法と同様に、司法審査に服し、州または連邦の裁判所は、州の法律に対してその有効性に関する判断に基づき強制を拒むことができます。

立法の特別な源

　立法が、合衆国のコモンローのシステム、特に各州の関心事である民事法の分野において果たすべき役割は、これまで大いに論じられてきたテーマです。立法や法典化に向かおうとする一般的な傾向は、州のレベルでもまた連邦のレ

---

15) National Conference of State Legislatures, *About Us: National Conference of State Legislatures*, http://www.ncsl.org/about-us.aspx.
16) 多くの州では、直接発案や国民投票に関する州憲法上の規定が、州民に対し、立法提案や法制定あるいは憲法の修正を承認すること、さらには一定の法律を提出して人々にその承認を求めることを認めている。

ベルでもうかがうことができます。それは、成立した制定法の継続的な改正が行われてきたこと、および広範な法分野に関する研究と改革のための特別委員会が設けられていることに表れています。これを歴史的観点からみると、特に三つのマイルストーンに注目することができます。つまり、1848 年から 1865 年にかけてのフィールド諸法典（Field codes）の公布、1892 年の統一州法委員全国会議（National Conference of Commissioners on Uniform State Laws）の設立、そして、1934 年のニューヨーク州法改正委員会（New York State Law Revision Commission）の創設がそれです。

　アメリカ独立革命の後に、大陸法制度に対する関心が、フランス民法への興味をかきたて、フランス民法はルイジアナ法に対して大きな影響を及ぼしました。立法的な改革には、さらにジェレミー・ベンタム（Jeremy Bentham）の著作も大きな刺激を与えました[17]。しかし、法典化に向けた組織的運動の高まりは、直接にはニューヨーク州のデビッド・ダドレー・フィールド（David Dudley Field）[18]の奮闘によるものです。彼の努力の結果、民事手続および刑事手続の改革と法典化に向けて 1847 年に同州に委員会が設けられました。1850 年までに、フィールドのリーダーシップの下で、完成した二つの手続法典が、ニューヨーク州の議会に提出され、民事訴訟法典が採択されました。しかし、この時点でこの運動は基礎を失い、同年立法府はこの委員会を解散しました。1857 年に、フィールドは、実体法を法典化するための委員会を立法府に設置させることに再び成功しました。フィールドは、2 人のアシスタントとともに民法典（civil code）を起草することを、個人的に引き受けました。1865 年までに、この委員会は、五つの法典の全条文とともに最終報告書を提出しました。つまり、民事訴訟法、刑事訴訟法、刑法、民法、そして行政と行政手続法です。これに対しニューヨーク州は、フィールドの、民事訴訟法典の第 1 次草案

---

[17] ジェレミー・ベンタム（1748-1832）は、イギリスの法律家、哲学者。功利主義の理論で知られ、それによれば行為の道徳性は功利性ないし幸福をもたらす効果によって測られるとされる。また、法典化を法改革の手段とする主張によっても著名である。

[18] デイビッド・ダドレー・フィールド（1805-1894）は、法律事務所での見習いの後、1828 年にニューヨークで実務家となった。南北戦争の数年後には、弁護士としての名声を得て、合衆国最高裁判所で歴史に残る弁論を展開し、合衆国議会下院に短期間生じた欠員を補充するため議員にも選出された。手続法の法典化に尽くしたことにより名を残した。

を採択し、また1881年には、刑事訴訟法典を採択しました。民法典は、立法府を通過しましたが、州知事は、弁護士会の指導部の反対を受けてそれを拒否しました。民事訴訟法典は、フィールドの後年の草案を基に起草されたもので、1876年から1880年の間に採択されたのです。

　ニューヨーク州において十分な成功は得られなかったものの、フィールド法典の影響は注目すべきものでした。およそ30の州が、その民事訴訟法典を採用するか、それを基礎にして法典を作ったのです。それは、他州においてもモデルとなり、また、手続法の改革に大きな影響を及ぼしました[19]。16の州が、刑法典と刑事訴訟法典を採用し、また、カリフォルニア州を含む5州が、民法典を採用し今日もそれを維持しています。フィールドが、これ以上の広範な採択を得られなかったことについては、偉大な19世紀の教科書執筆者、例えばケントやストーリの著作が成功したため、法典化の要請が低下したことにその理由の一端があります。おそらくは、もしフィールドの諸法典がすべてニューヨーク州で採択されたとすれば、続いて他州でも広く採択されて、合衆国の法の歴史の歩みはずっと違ったものになっていたことでしょう。しかし、たまたま法典化の熱狂はさめてしまい、運動はそれ以上進展することはありませんでした。フィールドの法典は、おそらくまだ未熟だったのです。彼ほどの能力を備えた者にとっても、それは、一人の人間の仕事としては壮大すぎるものでした。それは、最高の完成度のものとまでは言いがたく、それが効力をもつ州の裁判所においてさえ無視されることがあったのです。これに続いて新たに法典化に弾みをつけたのは、法統一の必要性でした。

　各州間で法を統一することが望ましいということは、1878年にアメリカ法曹協会が設立された当時から認識されていました。この協会は、最初の目的として、「ユニオン全域の立法の共通化」を盛り込んでいたのです。1889年には、この協会は、統一州法委員会（Committee on Uniform State Laws）を設けました。1890年には、ニューヨーク州の議会は、知事に対し、法統一の準備について他州の代表者と協議するための委員を任命する権限を与えました。そして、アメリカ法曹協会とニューヨーク州のリーダーシップの下、統一州法委員全国

19）手続法の発展におけるフィールド法典の位置づけについては、[10]参照。

6 立法制度

会議が組織されました[20]。その最初の会議が1892年に開催され、1912年までには、すべての州がこの会議に公式に参加したのです。各州は、通常3名の委員によって代表されましたが、その委員は、裁判所、弁護士会、そして法学教授の中から、知事によって任命され、無報酬で任にあたりました。委員は毎年1週間ほど集まり、提案する法について議論しました。ほとんどの予備的作業は委員会において行われ、委員らは立法府の委員会のような役割を演じていました。

しかし、この全国会議は、立法主体ではありません。その委員は、法を成立させる権限もそれぞれの州にそうするよう義務づける権限もありません。もっぱら立法府に対して法を推奨することができるのみであり、これに対して立法府はその提案につき、修正を加えるか否かを含めて、受け入れる自由、あるいは、拒絶する自由をもっています。とはいえ、委員たちは、統一という目標を推進することについてきわめてうまくやってきました。統一の必要性が明瞭な商事法の分野については特にそうでした。委員らは、問題となっている課題について法の統一が望ましいと結論した場合には、統一法案を発表してきました。これに対し、モデル法は、統一に対するさしせまった必要性がないものの、多くの州で立法の需要がある場合に起草されます。委員らは、現時点ではおよそ90の統一法を推奨していますが、統一州法委員全国会議は、20世紀には250以上の法を公表してきたのです[21]。もっとも、かつて推奨されていたもののさまざまな理由により取り下げられたものも多くありました。全州で採択されたものは、提案されたもののうちわずかに2、3にとどまります。半数弱のものが、過半数の州で採用されましたが、ひと握りかそれ以下の州でのみ採用されたものも少なくないのです。委員会の最も意欲的なプロジェクトが、統一商法典（Uniform Commercial Code）[22]でした。

---

20) 統一州法委員全国会議については、http://www.nccusl.org/Update/ 参照。さらに詳しくは、Day, *The National Conference of Commissioners on Uniform State Laws*, 8 U. FLA. L. REV. 276 (1955)を参照。これを批判するものとして、Patchel, *Interest Group Politics, Federalism, and the Uniform Laws Process: Some Lessons from the Uniform Commercial Code*, 78 MINN. L. REV. 83 (1993); Schwartz & Scott, *The Political Economy of Private Legislature*, 143 U. PA. L. REV. 595 (1995).
21) Annual Report, National Conference of Commissioners on Uniform State Laws (2008) 参照。
22) これについては、本書11で説明する。

I　法源と技術

　一つの州内における法改革のための機関については、代表的なものとしてニューヨーク州法改正委員会をあげることができます。その由来は、ベンジャミン・N・カードーゾ裁判官の、司法省に対する、「法の実際を見ること、その機能実態を観察すること、そして、機能が果たされなくなった場合にその対処として必要となった改革について報告すること」の要望にさかのぼります[23]。この目的のために、ニューヨーク州の議会は、1934年に法改正委員会（Law Revision Commission）を設け、「欠陥」（defect）や「時代遅れ」（anachronism）を見つけて、法を「現代の状況に調和させる」（bring into harmony with mordern conditions）改革を推奨するために、判例法や制定法を継続的に研究することにしました。委員は9名で、うち4名は議会からの職権上のメンバーで、5名はふつう弁護士会や法学教授の中から知事によって任命されました。彼らは、給与を得ていますが、フルタイムではなく、特定の問題を研究するために配された相談員や議会のフルタイムのスタッフの支援も受けています。委員会の仕事は、今までのところ、契約、不法行為、不動産、原状回復、会社、商法のような民事実体法、そして刑法の特定の問題に主として限られ、政治的な問題は避けてきました[24]。委員会の仕事が、より広い法領域の再編成や改正よりも、大部分、個別の欠陥への対応に向けられてきたのはやや期待外れではありましたが、企図された目的の一部は達成してきたのです。同様の委員会は、ほかの州でも設けられました。特にカリフォルニアでは、1953年に法改正委員会がそれまでの委員会の後継として設立されました。

参考文献

　合衆国議会の図書館は、下院の議事進行助言者による解説を提供している。Charles W. Johnson, *How Our Laws Are Made* (2003), http://thomas.loc.gov/home/lawsmade.toc.html. より広範な議論として、E. Redman, *The Dance of Legislation* (2001). 制定法解釈における裁判所の役割について、G. Calabresi, *A Common Law for the Age of Statutes* (1982) 参照。W. Eskridge, P. Frickey & E. Garrett, *Cases and Materials on Legislation: Statutes and the Creation of Public Policy* (4th ed. 2007) は、有用な素材を多く含んだケースブック。州議

---

23) Cardozo, *A Ministry of Justice*, 35 HARV. L. REV. 113, 114 (1921).
24) 1953年から1956年にわたり、同委員会は統一商法典の立案について特に意欲的な研究を行った。これは、5巻にわたる調査・研究成果となった。

6 立法制度

会の情報については、Council of State Governments が、2 年ごとに集計している。*The Book of the States*, Chapter 3, State Legislative Branch.

I 法源と技術

7　制定法

> 合衆国では、前世紀の間に、制定法に対する司法の態度に大きな変化が見られました。制定法はどのような形式をとっているでしょうか。制定法の解釈に関しては今日どのような技術が用いられているのでしょうか。

制定法の形式

　合衆国議会または州議会によって制定された法律は、An act to…というタイトルではじまります。これは、その法律の主題を表す言葉です。これに、Be it enacting by…という、制定文言（enacting clause）が続き、さらに、立法の背景にある理由、あるいはポリシーを述べる前文（preamble）、あるいは目的規定（purpose clause）が続くこともあります。その後で、法律の本体が書かれます。それは、たいていの大陸法のシステムにおけるよりも詳細で、定義の網羅的なリストを含んでいることもあります。このような細部の重視は、立法要素の多様性によるものでしょう。すなわち、問題となることがらの複雑さ——それには、複層的な社会、高度に発達した経済、そして連邦制のすべてが影響しています——、裁判所による制限的な解釈を危惧して具体的に規定することを望む立法者の要望、そして、コモンロー圏の法律家が（大陸法圏の法律家に比べて）、主張を展開する際に抽象論を嫌うことがあげられます。さらに、制定プロセスにおける圧力によって、しばしば制定法の範囲が限定されることも理由です。

　合衆国の制定法の数と多様性を考えますと、その時々の雪崩のような立法に追いついていくのは容易な仕事ではありません。議会による法律の制定は、まず、公的には法令速報（slip laws）の形式で公刊されます。これは、法律1件ごとの製本されていないパンフレットで、大統領の承認の後すぐに手に入ります。また、議会の図書館のTHOMASサービス[1]からも、また、LexisやWestlawでもそれらをほとんど直ちに入手することができます。さらに、非

1）1995年以降は、法案と成立した法律がオンラインで公表されている。http://thomas.loc.gov/.

7　制定法

公式なサービスによっても速やかに出版されます。議会の各会期の終わりには、その会期の中で成立した法律が時間的順序でまとめられ、合衆国制定法全集（United States Statutes at Large）に収められて出版されるのです。他方、州の制定法については、公式の法令速報がいつでも手に入るというわけではありません。ただ、州の制定法は、立法府または州務長官のウェブサイト、Lexis や Westlaw に速やかに公表されます。また、州によっては、州の法律の最終版を出す出版社が、議会がまだ会期中のうちに速報版を発行するところもあります[2]。会期の終わりには、その会期に成立した法律が、会期別法令集（session laws）として出版されますが、これもやはり時間的な順序で整理されています。

しかし、通常弁護士が制定法を調べる際には、主題ごとにまとめられた編纂法令集（compilation of statutes）の形式を利用します。これは、一般に、廃止された法律や時限的な法律を除いた残りの法律を、便宜の観点からまとめて編集し、主題によって分類した順序で配列したものです。合衆国法令集（United States Code）は、およそ50タイトルの見出しのもとに、連邦の法律を公的に編纂したものです。また、法律の非公式な注釈もあります。その中では、注釈付合衆国法令集（United States Code Annotated）が最も広く引用されています。同様の編纂物は、州ごとに、法典（codes）、法令集（compilations）、集成（consolidations）、一般制定法（general statutes）、一般法（general laws）、あるいは、改正法（revisions of statutes）のような名前でまとめられています。それらには、通常、州の憲法も含まれます。しかし、市設立特許状、条例（ordinance）、そして法典を見ることができるのは、特定の自治体の特別の出版物に限られます。法典という言葉は、フィールド法典や、フランス法・スペイン法の影響が残るルイジアナの法典のような若干の例外のほかは、ミスリーディングでしょう。これらの編纂物は、単一の法典ではなく、別々に成立した法律を体系的に集めたものなのです。法典は、一つの意図的な計画のもとで作られたもので、その修正は、もともとの法典の構成に対する一貫した変更によって行われます。実際に、編纂物自体が実定法として制定された場合を除けば、制定時の会期別法令集が原理的には法の最終的な形式なのです。合衆国法令集のおよそ半分弱の

2）Findlaw.com の編集者は、州の資料に関する州別資料集をオンラインで提供してきた。これには、州の立法も含まれる。州の情報源については、http://www.findlaw.com/casecode/.

I　法源と技術

タイトルやいくつかの州の編纂物は、それぞれの立法府によって、法律として制定されたものです。しかし、実務では、編纂物は、それが法律化されてこなかった領域においても便宜のために利用されてきました。

　合衆国では判例法よりも国中の制定法を完全に調べることの方がより難しい場合があるということは、驚きかもしれません。制定法については、判例のために存在する国家的規模の分類や索引の精巧なシステムに比すべきものはありません。Shepardの引用システムは連邦や州の立法をカバーし、さらに、憲法、会期別法令集、法令集、市憲章、条例、そして裁判所規則をも取り込んでいます。これに対し、各州の編纂物が、その州になじんだ索引をもっているとしても、それは、American Digest Systemのケースダイジェストに匹敵するような包括的で最新の索引ではありません。他方、LexisやWestlaw[3]を含む多くのコンピューターシステムは、合衆国法令集、連邦規則そしてほとんどの州の立法資料を収めています。

　連邦の行政機関の規程と規則や、大統領令（executive order）は、日刊の連邦行政命令集（Federal Register）で発行されます。一般的で、恒久的で、かつ現在効力があるものは、集められて、連邦行政命令規定集（Code of Federal Regulations）に体系的に配置されます。無料の登録制データベースを含む非公式なサービスは、ほとんどがこれらの資料からの複製です。他方、州の行政規程と規則の公刊はあまりうまく発達していません。ほんのわずかの州が、連邦のシステムに比しうるシステムをもっている程度です。ただ、特定のテーマに関する非公式のサービスは、しばしば特定の分野に関し、連邦のみならず州についても規程と規則を集めており、これはオンラインでますます使いやすくなっています。

解釈の技術

　制定法の解釈については、アメリカの司法制度に特有の問題が生じることもありますが、その基本的な問題の多くは、ほとんどの国の司法制度においてよくみられるものでしょう。第1に、裁判所と立法府の間においては、制定法そ

3）5 参照。

のものの有効性の問題を除けば、立法府の命令が最上位にあるということは自明でしょう。判例法は、制定法によって修正されうるものですし、また実際にしばしば修正されます。しかし、制定法が裁判所の判決によって修正されるということは、少なくとも原理的にはありえません。立法との関係における裁判所の役割は、解釈をするという働きにあります。しかし、この役割の本質と限界について、何か広く行き渡った合意があるわけではありません。

　表面的にいえば、解釈のための最も単純なアプローチは、立法のために用いられた言葉の一般的な、特殊化されていない意味に着目することにあります。このアプローチは、「明白な意味の準則」(plain meaning rule) という昔からの法理に基づいて展開されることがあります。その伝統的な定式化によれば、法律が一見して「明瞭」(clear)「平易」(plain) かつ「一義的」(unambiguous) であるという場合には、ほとんど一つの解釈のみが可能であり、そのような解釈だけが与えられるべきであって、その法律の目的、背景、あるいは起草過程は考慮されません。このルールは杓子定規なところがありますが、その結論が「苛酷で」「奇怪で」あるいは「ばかげていて」、ときには単に「現実的でなく」「不正義で」または「不合理で」ある場合には、例外を認め、緩やかに用いられてきました。法規範を表現するための言語の使用には困難さが伴うことについて理解が進むにつれ、どのような法律も、完全に錯誤や曖昧さを払拭し、あらゆる状況について文言のみを頼りに適用できるほど明確かつ正確に規定することは無理である、という理解に達したのです。

　つまり、解釈に関する原理ないし排他的な基礎として文言の共通の意味や特に「明白な意味の準則」を強調する考えは後退し、「立法者意思」の探求にほとんど道を譲ったのです。このことは、合衆国最高裁判所のように、裁判官がこの準則にリップサービスをするところにおいてさえ、実際上あてはまります。

　立法者の「意思」は、制定法の文言の意味に関する立法者自身の理解としての特別な趣旨、あるいは、立法者が当該法律の制定によって達成しようとした目的の一般的な趣旨のいずれかによって、理解することができます。前者の趣旨は、なかなかつかまえにくいことがあります。立法府の議員の数は多く、それは州の立法府でもそうです。立法府はほぼすべて二つの院に分かれていて異なる役割を担っています。平均的な議員は、法案の細目に関して最小限の知識

しかもっていませんし、この点については、ふつうは議場では議論しません。裁判所に持ち出される問題は、予見されなかったものか、あるいは立法の際には予見されえなかったものであることもあります。このような難しい面はありますが、起草過程を調べることにより、少なくとも任にあたった議員の何人かが、裁判所に持ち出された問題を立法時に考慮に入れており、当該文言について特定の意図を有していたということが明らかになることも稀ではありません。

特定の意図が存在したことが事実であったという場合でさえ、外的な補助手段を使って立法者意思を明らかにすることについては、それを批判する人々からの次のような反対があります。すなわち、「大都市のいくつかの法律事務所はともかく、起草過程の資料は、それを入手する費用、保管費用、議会における経緯全体を繰り返し確認する費用をまかないきれない弁護士にとっては、手に入れることができないものである」[4]というのです。それにもかかわらず、裁判所は、外的な補助手段を用いて、制定法の解釈の指針として立法者意思をはっきりさせることがよくあります[5]。このような補助手段がどの程度の重みをもつかは、それが、全体としての立法者意思を表すものとして信頼することがどの程度できるかにかかっています。委員会制度の重要性からみて、一つの委員会の構成員が示した見解は、若干の正当化は必要ですが、立法府全体の見解と受け取られることがあります。法案を検討した委員会の報告書や、法案を担当した委員会メンバーが立法府の議場で行った発言には、特に説得力があります。法案の変更や修正提案に対する対応も検討の対象となります。他方、議場の議論で行われた個々の議員の発言は、共通の理解とみられることはほとんどなく、個人の見解にすぎないとされることが多いでしょう。なお、立法過程を実務の資料として利用するのは、連邦法の解釈の場合にほぼ限られます。というのは、州の立法府の場合には十分な記録がふつうは手に入らないからです。

制定法の立法過程が手に入らなかった場合や、手に入ったとしても、それがその文言に関する特定の立法者意思を何も示していないという場合もあります。

---

4) Schwegmann Bros. v. Calvert Distillers Corp., 341 U.S. 384, 396 (1951) における、ジャクスン裁判官の意見。このような反対意見は、インターネットにより立法資料がより自由に手に入るようになって消滅しつつある。

5) Kernochan, *Statutory Interpretation: An Outline of Method*, 3 Dalhousie L.J. 333 (1976).

そのような場合には、裁判所は、そのかわりにもっと一般的な立法目的に目を向けることになります。目的的な解釈という技術は、4世紀以上も前のイギリスの裁判所で使われていました。そしてそのプロセスに関する伝統的な説明は、いくつかのステップを示しています。つまり、当該制定法の成立前の法に関する調査、その法が想定していなかった「弊害あるいは欠陥」の確認、制定法による救済の分析、その救済の理由あるいは目的の特定、そして「弊害の解消、救済の向上」に向けた当該制定法の適用です[6]。このように、目的的な解釈は、起草過程の援用を必要とするものではないため、起草過程の記録が手に入らないような州法を解釈する場合によく用いられます。裁判所は、制定法自体の前文または目的に関する規定の中に立法目的に関わる有用な言葉が表されているのを見つけることもできます。しかも、目的的な解釈は、関連する起草過程が見つからないような状況に限定されるものではなく、先ほど触れた外的な補助手段の一つや、例えば、立法措置が必要であると述べる大統領のメッセージから立法の目的が導かれるような場合にも、少なからず効果的なのです。

　制定法の解釈について裁判所がどのようなアプローチをとるかにかかわりなく、裁判所は、制定法の解釈に関する多くの伝統的な格言（maxim）を援用して、自己の意見を飾ることができます[7]。これらの多くは、言葉の一般的な用法に基づいています。したがって、*expressio unius est exclusio alterius*（一つのことを明記しているということはその他のものを排除していることを意味する）という格言、*noscitur a sociis*（文言の意味はそれとともに用いられる別の文言との関連から判断される）という格言、*ejusdem generis*（具体的な列挙の後に一般的な言葉がきている場合には、後者は特に列挙された前者と同じ性質の内容に限定される）というルール、*in pari materia*（同じ事項について定めをおいた）複数の制定法は相互に矛盾しないように解釈されなければならないというルールがあります。ほかに、法の広い政策と考えられるところを表す格言もあります。例えば、手続以外の問題に関する制定法は遡及的に解釈されてはならないとい

6）これは、*Heydon's Case*, 3 Coke 7, 76 ENG. REP. 637 (court of Exchequer 1584) における、エドワード・クック卿による定式化である。

7）法格言や制定法、それ以外のことがらについてより広くは、*Bouvier's Law Dictionary and Concise Encyclopedia* (F. Rawle, 8th ed. 1914) の maxims の項を参照。

I 法源と技術

う格言、また、不明確な刑事制定法は被告人の利益となるよう厳格に解されなければならないという格言もこれに当たります[8]。

　格言の権威は、まさにその数、その一般性、そしてその一貫性のなさによって低下します。ほとんどすべての目的にあてはまる格言は存在しますが、他方で、ほとんどの格言にそれと矛盾する格言が存在するのです。例えば、すでに判例法が存在する領域について何か法律が制定されても、先に存在していた法が一切排除されるというのではなく、制定法によって置き換えられなかった部分についてはなお存続しています。制定法の限界を確定するうえで、裁判所は、コモンローから逸脱するような制定法は狭く解釈されるべきであるというなじみのルールを使うこともできれば、救済に関する制定法についてはそれを広く解するべきであるという、やはりよく知られたルールを使うこともできるのです[9]。ただそうはいっても、格言は軽視するべきものではありません。格言は、州の法律の解釈において十分な記録がないために立法者意思をつかむのが難しいような場合には、特に重要となるのです。

従前の解釈の重み

　制定法の解釈についても、アメリカの司法制度特有の問題がいくつか生じてきます。その一つは、先例の役割に関するものです。一般に、先例拘束性の法理は、制定法の解釈に関するケースに全面的に適用になります。そこから出てくる帰結を一つあげれば、下級審裁判所は、上級審が法律の文言にについて示した解釈に従うべく義務づけられているのであり、その法律を直接解釈する自由はもたないということです。同じポリシーに従えば、先例拘束性の法理は、関連する法律が存在しない場合にも用いられるべきでしょう。さらに、先例拘束性の法理は、制定法が存在する場合にも副次的な力を有しているようにみえます。そして、アメリカの裁判所は、制定法とは別の根拠に基づいて行う自己

---

8) この後者のルールは、寛大な刑罰の準則（rule of lenity）とよばれることもあるが、多くの州法で廃止あるいは修正されてきた。Hall, *Strict or Liberal Construction of Penal Statutes*, 48 HARV. L. REV. 748 (1935). しかし、それは、制定法解釈のルールおよび特定の状況における憲法上の義務として、なお一定の力をもっている。

9) 相互に矛盾する法格言の一覧として、K. Llewellyn, *The Common Law Tradition: Deciding Appeals*, Appendix C (1960) 参照。

の判断よりも、自己が行った従前の制定法の解釈により強く拘束されている感覚を抱いているといわれます。そうすると、立法府は、沈黙や制定法を改正しないという不作為によって、従前の解釈がたとえ誤ったものであってもそれを維持してきたことになるというわけです。この推論が立法の不作為に関する他の説明の可能性を考慮に入れていないことは明らかですが、一定の期間従前の解釈が信頼されていたという場合、あるいは立法府が制定法やその重要な文言を変更なく再度制定して従前の解釈に従った場合には、それはさらに説得力をもつのです。

　裁判所による解釈に従って法律の再制定をするのと類似する状況が、「借用された」制定法のケースにおいて生じてきます。ある州の法律が、他の州の制定法の影響を受けたり、それを完全にコピーするという例も少なからずありました。一般に、ある制定法がそれを借用した州によってその州の法律として制定されたとしても、その時点で、基になった法律はそれが作られたもともとの州の裁判所ですでに解釈されてきたものです。そのような他の州の判例には、どの程度の重みが与えられるべきでしょうか。ある州の裁判所が先例拘束性の法理によって他の州の判例に従うよう拘束されるということはありませんが、借用した州の裁判所は、その制定法を、その起源となった州の裁判所がその借用の時点までに解釈していたように適用するのがふつうなのです。これは、立法府は制定法自体を導入することのみならず、その法律の法理論をも導入する意図があったという建前に立っているからです。

　州法の解釈において他の州の先例を重視するのは、統一法のケースで特に顕著です。そのような法律は、それらを採択した各州の法律を統一するという目的のために公開されるものですから、その統一法の解釈が統一的であるということは重要なことです。したがって、当該州の法律が成立し、その州で以後に事件が生じた場合でも、他州の判決は、なお注意が払われるべきなのです。この目的を実現するために、統一法はどれも、それを採択した各州の間で「法の統一を実現する」ように解釈しなければならないと規定しているのです。

　制定法についてその所轄の行政庁が行った以前の解釈も、また特別な重みが与えられるべきです。特に、その行政庁が一定期間以上にわたりその解釈を維持してきた場合にはそうでしょう。行政庁を設けるのは、少なくとも部分的に

は、特に専門化された技術的な知見が必要とされたことの結果でした。そして、そのような行政庁がその法律を所轄するうえでの日々の経験から得た専門的知見は、その活動に対して司法判断を行う裁判所であっても、注目して考慮しなければなりません。

立法に対する司法の態度

制定法の解釈における司法の対応の最終的な結果は、裁判所が選択して重視した解釈技術のみならず、立法一般に対する司法の側の態度によっても左右されます。なぜなら、原理的には、制定法が司法判断によって変更されるということはありえませんが、実際には、裁判所は、解釈によって制定法に対して自由な領分を与えることもそれを制限することも、その権限のうちで行いうるからです。ほぼ19世紀を通じていえることですが、制定法に対する司法の側のオーソドックスな態度というものは、立法府を、裁判所が担うコモンローを創り出す役割や少なくともそれを宣言する役割を侵害するものとして捉えていました。制定法は、例外的なものとみなされ、それが明確に対象としているケースにのみ限定されるように、厳格かつ制限的に適用されていました。1882年にある学者がイギリスの裁判所について述べたところによれば、制定法解釈に関する裁判所のルールというものは、「議会は一般に法を悪い方向に変えるものであるから、これに対する裁判官の仕事は、その干渉による弊害をできる限り限定的な拘束のうちに封じ込めておくことであるというほかには、うまい説明のしようがない。」[10]というのです。幸いにして、制定法に制限を加えるこの態度は、合衆国ではもはや一般的ではありません。むしろ期待されているのは、最低限でも、制定法に対しそれがカバーしようと意図していた領域の全体をカバーするような公正かつリベラルな解釈を与えることなのです[11]。

このような態度の変化は、裁判所の側が制定法を類推的な推論の基礎として用いることにますます前向きになっているということをみても明らかです。この変化は、合衆国最高裁判所長官ハーラン・フィスク・ストーンが1936年に強く求めたものでした。すなわち、「裁判所が制定法に対してとった対応は、

---

10) F. Pollock, Essay in Jurisprudence and Ethics 85 (1882).
11) Pound, *Common Law and Legislation*, 21 Harv. L. Rev. 383 (1908).

7 制定法

コモンローの歴史の中で奇妙なほど非論理的な1章をなしている。コモンロー裁判所は、すでに確立された法から新しい法を生み出すということについては天才的であったものの、判例法に比べ、制定法を裁判官による法形成（judicial law-making）の出発点と考えることはほとんどなかった。裁判所は、裁判官が作った法（judge-made law）に対する制定法の上位性については昔から承認してきたものの、それは、その文言には従わなければならないという命令の持つ上位性であり、それ以外の点では背いてもたいしたことはないものとして扱ってきた。その命令が、最上位の法形成主体の政策に対して尊重を表すものであるという事実は、裁判所によって重要と考えられたことはほとんどなかった。これは、社会的データとしても、または、コモンローが拡大してきた法的推論のプロセスに関する出発点としても、そうであった。……コモンローの歴史の中にも理論の中にも、司法上の先例を扱うようには制定法を扱ってこなかったことについて十分な理由を見つけるのは難しい。それは、法の宣言としても、法の源としても、また法的推論の前提としてもである」[12]と述べました。しかし、1970年までに、合衆国最高裁判所は、次のことを確認しました。つまり、「大きな立法的改革のもたらすインパクトを理解し、新しい立法政策をコモンローの原則の伝統的な実体へと織り交ぜることは、常にコモンロー裁判所の義務であった。――コモンローの原則もその多くはかつての立法上の努力に由来するものである」[13]というのです。

　裁判所が、伝統的に一般原則を制定法から抽出して、それをその制定法の明確な文言には含まれない事例にも適用してきた事例群として、二つのものをあげることができます。その一つは、違法な契約であり、もう一つは法律問題としてのネグリジェンスです。ある制定法が、一定の行為を禁じ、そのような行為を犯罪とし、それに対して刑罰を科すという趣旨のものであれば、たとえ契約の締結や履行がその制定法の条項に違反したとしても、それは、通常契約を無効とすることではありません。また、その制定法を守ることを怠った者によ

---

12) Stone, *The Common Law in the United States*, 50 HARV. L. REV. 4, 12-13 (1936).
13) Moragne v. States Marine Lines, Inc., 398 U.S. 375, 392 (1970) において、ハーラン裁判官は、不法行為死亡法（wrongful death statute）は海法にも類推適用されるとした。同様の見解は、州裁判所の二人の優れた裁判官も示している。Schaefer, *Precedent and Policy*, 34 U. CHI. L. REV. 3, 18-22 (1966); Traynor, *Statutes Revolving in Common Law Orbits*, 17 CATH. U. L. REV. 401 (1968).

って侵害を受けた者に救済の権利を与えることも通常ありません。ところが、裁判所は、若干の例外はありますが、そのような契約を強制することを拒んで、むしろその制定法の背後にある広い立法目的の方を尊重しようとするでしょう。また、制定法がおかれていない場面でのネグリジェンスに基づく訴訟では通常過失（fault）が必要となりますが、裁判所は、やはり若干の例外はあるにせよ、制定法の違反が損失を生ぜしめたことの証明があれば、過失の有無にかかわらず損害を受けた当事者に対し救済を認めるでしょう。つまり、制定法の違反は、すでに法律問題としてネグリジェンスになるのです。このような伝統的な例に加え、裁判所が制定法から導いた一般原則を適用して論理を展開してきたケースが、実は多数存在するのです[14]。

参考文献

制定法解釈の変遷について P. Frickey, *From the Big Sleep to the Big Heat: The Revival of Theory in Statutory Interpretation*, 77 Minn. L. Rev. 241 (1992) がある。特定の法律の背景や解釈の変遷について、E. Levi, *An Introduction to Legal Reasoning* (rev. ed. 1962) 参照。最近のものとして S. Burton, *An Introduction to Law and Legal Reasoning* (2d ed. 1995〔第3版 2006 年〕) がある。モノグラフィーとして、G. Calabresi, *A Common Law in the Age of Statutes* (1982) および W. Eskridge, *Dynamic Statutory Interpretation* (1994) がある。W. Eskridge & P. Frickey, *Cases and Materials on Legislation: Statutes and the Creation of Public Policy* (1988〔第3版 2001 年〕) は、優れたケースブックである。制定法解釈の新しい状況については、L. Jellum, *Mastering Statutory Interpretation* (2008) 参照。

---

14) 例えば、裁判所は、動産売買を含まないケースでも、制定法によって動産の売主に課された保証を類推して黙示の保証を課してきた。例えば、Cintrone v. Hertz Truck Leasing & Rental service, 212 A.2d 769 (N.J. 1965)（トラックのリース）; Newmark v. Gimbel's Inc., 258 A.2d 697 (N.J. 1967)（パーマネント液の供給）。

8 二次的典拠

> コモンローは、学術書、定期刊行物、そして百科事典のような「二次的典拠」に重きをおいていないといわれることがあります。では、合衆国では、これらはどのように用いられ、どの程度の影響力をもっているのでしょうか。また、リステイトメントにはどのようなインパクトがあったのでしょうか。

二次的典拠の重要性

「二次的典拠」(seondary authority) という言葉は、学術書、定期刊行物の論文、百科事典の項目、インターネットの法関連サイトに掲載されたコメント、そして制定法や判例のような「一次的典拠」を見つけ解釈するためのその他の手段をも含む広い意味で用いられます。このような手がかりが役に立つのは、そこに、引用文献の収集、テーマの整理、法的規範の記述、あるいは、独自の分析、批判、発展に向けた提言が含まれているからです。ただ、二次的典拠の質と信頼性には、大きなバラツキがあります。二次的典拠には実務家が書いたものもないではありませんが、重要なもののほとんどは法律学者の手によるものです。

二次的典拠は、せいぜい説得力があるというにとどまります。いかなる裁判官も、制定法や判例に従うことは義務づけられますが、文献執筆者の見解に従うことを義務づけられるものではありません。しかし、実務では、二次的典拠が裁判官の意見の中にしばしば登場します。学説が裁判所に道筋を示した有名な実例があります。2人の若い執筆者によるプライバシー権に関するあるローレビュー論文によって、多くの裁判所がこの権利を理解することができたのです[1]。また、ある卓越した法制史家の手による、1789年の裁判所法（Judiciary Act）に関する論文は、合衆国最高裁判所が *Erie Railroad Co. v. Tompkins* 判

---

1) Brandies & Warren, *The Right of Privacy*, 4 HARV. L. REV. 193 (1890). ブランダイスは、この論文発表の26年後に合衆国最高裁判所の裁判官になった。

Ⅰ　法源と技術

決において Swift v. Tyson 判決を変更するうえでその拠りどころとなりました[2]。しかし、二次的典拠の価値は、それ自体の価値に加え、学者一般に対する尊敬の念ではなく特定の執筆者に対する裁判所の高い評価がもたらすものなのです。

著名な執筆者が著した法の体系的な注釈の分量は、多くの弁護士や合衆国の大学のロースクールが考えるほどはありません。また、法律百科事典は、学者の作品ではありません。その価値は、法の分析成果の出来よりも、そのアクセスのしやすさにあるのです。Corbin on Contracts、Powell on Real Property、Scott on Trusts、Wigmore on Evidence、そして、Farnsworth on Contracts のような極めて高いレベルのアメリカの学術書がいくつかある一方で、これらに比すべき作品がみられない領域も多く残されています[3]。

体系書の数が少ないことの一つの理由は、連邦主義とコモンローという二重の性格をもつシステムにおいて、包括的な学術書を書くことそれ自体が容易ではないということにあります。学術書というものは、典型的には多数の州のルールのみならず限られた州のルールに関する説明をも含み、制定法と50州の裁判所および連邦の裁判所から取り上げた判例を広く引用するものです。そのような典拠を集める企画を立てても、練達の思慮深い学者にはアピールしないでしょう。もう一つの理由として、あるいは学術書に注がれうるかもしれない労力の多くが、特にケースブックと法律定期刊行物の論文のような、別の方向に向けられているということがあります。かつては教授の講義ノートというものは、後に公刊される学術書の基になりうるものでしたが、ケースメソッドの出現により、講義形式の授業の準備は下火になり、指導的な教授陣のエネルギーは学生向けのケースブックの用意へと向けられるようになったのです。さら

---

2) Erie Railroad Co. v. Tompkins, 304 U.S. 64. 72-73（1938）は、Warren, *New Light on the History of the Federal Judiciary Act of 1789*, 37 HARV. L. REV. 49（1923）を引用した。合衆国最高裁判所が、かつての事件に関する「学者の意見の大勢が、その判決に批判的であったため」、後にその判決を覆したことを認めた典型的ケースとして、Continental T.V., Inc. v. GTE Sylvania Inc., 433 U.S. 36, 47-48（1977）参照。

3) *Farnsworth on Contracts* は、ファーンズワース教授が執筆し改訂した本書の旧版では本文のリストに列挙されていなかったが、本書のこの遺作版では本文中に追加することにする。アメリカの裁判官に何千回も引用され、また世界中に影響を与えているものであり、本文中に取り上げるべきものだからである。

に、20世紀になろうとする頃に大学のローレビューが出されるようになると、学術書の執筆よりもこれに力が注がれるようになりました。そして、その時以来、合衆国の法の根源になる考え方が、この雑誌に多数現れはじめたのです。そこでは、重要なテーマを論じる論文は50頁ないし100頁にも及ぶこともめずらしくはありません[4]。とはいっても、合衆国には、他の国々で手に入る法律文献のほとんどの形態があり、同時に若干の、この国固有のものも存在します。

二次的典拠の種類

主な二次的典拠の種類は、以下のようなものです。

1. **辞典** 伝統的なアメリカ法辞典としては、*Bouvier's Law Dictionary and Concise Encyclopedia*（F. Rawle ed., 8th ed. 1914）をあげることができます。2010年には、2巻か3巻の新版が出る予定です〔2012年に新版が刊行された〕。普及している1巻ものとして、*Black's Law Dictionary*（B. Garner ed., 9th ed. 2009）や *Ballantine's Law Dictionary*（W. Anderson ed., 3rd ed. 1969）があります。これらの文献では、定義に加え法的な解説が付されることがありますが、これは必ずしも信用すべきものとは限りません。

2. **百科事典** 普及している一般的な百科事典が二つあります。*American Jurisprudence 2d* と *Corpus Juris Secundum* です。それぞれ、およそ100巻に及ぶもので、両方とも、よくインデックスが付けられ、引用も豊富で、各巻について毎年出される補遺の集積により内容が常に更新されています。これらは、判例を探すのにも役に立つ補助手段ですが、法に対する批判的な分析というよりも、主に法の現状を説明する趣旨のもので、優れた学術書や教科書に比べると信頼性の低いものです。無記名の解説は名の通った学者ではなく出版社の正規スタッフの手によるものです。

3. **学術書と教科書** 学術書と教科書は、さまざまな目的のために作られています。いくつかの学術書、例えば上にあげた Corbin, Powell、Wigmore そして Farnsworth のものは注意深く記述しており、規範の背後にある趣旨の説

4）個々の判決に関するコメントは、たいてい法律雑誌の学生編集委員に任されている。法理論に関する裁判官の議論はしばしば詳細なので、意見がより簡潔である国と比べ注釈はそれほど必要ではない。

明と法の現状に対する批判を含んだ、各分野の学問的な解説です。それらは、学者にも実務家にも等しく役に立つものです。他方、実務法書によって自動車事故とか保険といった特定のトピックについて書かれたものもありますが、これは、法の現状に主な関心があり特定の分野の判例やその他の典拠を調べている実務家を第1に念頭においたものです。両者とも、通常、毎年追加される補遺によって最新の状態に保たれます。他方、E. Farnsworth, *Contracts*（3d ed. 1999）や D. Dobbs et al., *Prosser & Keeton on Torts*（5th ed. 1984）のような、1巻の教科書は、他の種々の分野でも執筆されており、学生や実務家向けの入門書となっています。大きな学術書のより短い学生版も出版されてきました。例えば、Powell と Scott の要約版があります。さらに、法の特定の側面に関する興味深いモノグラフィーがあります。例えば、B. Ackerman, *We the People: Foundation*（1991）や G. Gilmore, *The Death of Contract*（1974）のようなものです。

4．ケースブック　ケースブックは、主に教材であり学生が利用するものですが、研究成果としても無視できないものです。多くのケースブック、例えば、J. Choper, J. Coffee & R. Gilson, *Cases and Materials on Corporations*（7th ed. 2008）や、E. Farnsworth, W. Young, C. Sanger, N. Cohen & R. Brooks, *Cases and Materials on Contracts*（7th ed. 2008）は、豊富な注と代表的な論文や判例へのリファレンスを含んでいます。それらは、学術書に比べ頻繁に改訂されますので、より新しい素材を取り込んでいるのです[5]。

5．法律雑誌　最も水準の高いアメリカの法律雑誌は、各大学のローレビューで、今日では数百の数にのぼります。それらは、伝統的に、トップクラスの学生によって編集され、教授、弁護士、そして裁判官による署名入りの指導的論文や書評とともに学生のノートやコメントも収めています。その指導的論文は、学術書よりも、独創的で論争的であり、批判的なものである傾向があります。学生の作品は質の高いものが多く、裁判所の引用に値するものも稀ではありません。ローレビューの中には、その州や一定の地域の法を取り上げるものも少なくありません。また、特定の分野に力を入れているものもあります。例

5）ケースブックの歴史と影響力については、Farnsworth, *Contracts Scholarship in the Age of Anthology*, 85 MICH. L. REV. 1406（1987）.

えば、*Tulane Law Review* は、民事法、比較法、そして海事法に重点をおいており、また、今日多くのロースクールが、国際法や比較法あるいは人権のような問題に関する独立の雑誌を出しています。ローレビューの中には、学生ではなく教授により編集されているものもあります。例えば、デュークで刊行されている *Law and Contemporary Problems* や、シカゴで出されている *Journal of Legal Studies* があります。大学のローレビューとは別に、弁護士会や特定のグループによって出版されているジャーナルも多く見られます。その例として、*American Bar Association Journal*、*Journal of Legal Education*、*American Journal of International Law*、そして *American Journal of Comparative Law* をあげることができます。さまざまな分野の最近の発展のまとめが、毎年、*Annual Survey of American Law of the New York University School of Law* に出ます。合衆国などにおけるほとんどの英語の定期刊行物に発表された作品は、累積的な *Index of Legal Periodicals* と、1980年からは、より包括的な *Current Law Index* に記録されています。

6．ルーズリーフサービス　　ルーズリーフサービス、特に、Bureau of National Affairs (BNA)、Commerce Clearing House (CCH)、そして Prentice-Hall から出版されているもののおかげで、弁護士は、環境法、連邦および州の租税、ビジネス規則、そして行政法のような急速に変化している分野における発展についていくことができるのです。例えば、BNA Environmental Law Reporter、CCH Standard Federal Tax Reporter、そして、Prentice-Hall Corporation services があります。これらのサービスはそれぞれが一つの特定の分野を可能な限り漏れのないようにカバーしており、すべてのタイプの典拠とそれに対するコメント・解説が入っています。

7．その他　　法律文書の起案にかかわっている弁護士は、書式集（form book）を役に立つものと考えているでしょう。そのような本には、一般的なものと特殊なものがありますが、文書として正確な標準形式が集められており、実体法、手続法の両者に及びます。実務家のためのさらに別の補助手段として *Martindale-Hubble Law Directory* があり、これは、数巻のセットの中に、アメリカの法律家の人名録および50州と諸外国の法の簡潔な要約が集められています。

I　法源と技術

法のリステイトメント

　合衆国における二次的典拠の議論としては、判例法のシステム化に向けたユニークな努力をはずすわけにはいきません。それは、法のリステイトメントにおいて頂点に達しました[6]。1923年にアメリカ法律協会が組織されたとき、その目的の中には、「法の明確化と単純化」がうたわれていました。その設立者たちは、「アメリカ法の二つの大きな欠陥は、その不確定性と複雑さにある。このような欠陥は、無用な訴訟を引き起こし、正しい権利を実現するために裁判所に行くことを妨げ、人々にその権利についてアドバイスするのをしばしば難しくし、さらに、訴訟になるとその遅延と出費をもたらす」と考えました。彼らは、判決の数が増加していくことの中に、法の活力に対する脅威を見ていたのです。事件を受任した弁護士にとって、当該州の裁判所における重要な事件を見つけ、読み、そして要約することは、ますます困難になっていました。確かな先例を見つけることができないときは、弁護士は、よその州の裁判所または連邦の裁判所で判断された事件の、ほとんど無尽蔵の集積の中に投げ出されてしまう状況となりました。制定法のない領域で法のカオスの中に秩序をもたらすために必要なのは、1巻の学術書よりもより依拠しうる典拠であると考えられるようになりました。

　この必要性に応えるために、リステイトメントの準備が、協会の支援の下で進められました。それは、判例法が主たる法源となっており、かつ、州ごとの制定法のバラツキの影響がほとんない分野をカバーするものでした。代理、法の抵触、契約、判決、財産、原状回復、不法行為、そして信託です。各分野のリステイトメントは、高名な法学教師である1名または数名の「リポーター」が、教師、実務家、そして裁判官を含む助言者のグループとの協働の下で起草しました。彼らが協力した努力の結果は、協会の審議会によって、そして最終的には協会のメンバーによって、検討され承認されました。これらの分野のリステイトメントは、1933年から1944年にかけて出版されました。リステイト

---

6) 概観するものとして、Abrahamson, *Refreshing Institutional Memories: Wisconsin and the American Law Institute*, 1995 WIS. L. REV. 1; Farnsworth, *Ingredients in the Redaction of the Restatement (Second) of Contracts*, 81 COLUM. L. REV. 1 (1981); Goodrich, *The Story of the American Law Institute*, 1951 WASH. U. L.Q. 283 (1951); LEWIS, HISTORY OF THE RESTATEMENT, IN RESTATEMENT IN THE COURTS 1 (perm. ed. 1945); Wechsler, *The Course of the Restatements*, 55 A.B.A. J. 147 (1969).

メントは、今日、同じ方法によって改訂され、*Restatement (Second)*、*Restatement (Third)* として、さらに若干の例では、*Restatement (Revised)* として、出版されてきました。例えば、*Restatement (Second) of Conflict of Laws* は、423 の条文からなっていますが、4,000 件以上のケースを引用しており、その準備に 15 年以上を要しました。そして、*Restatement (Third)* は、今その途上にあり、外交関係法や弁護士法のような諸分野もカバーしていますが、これらは、最初のリステイトメントにはなかった分野です。

　各分野のリステイトメントは、条文に分かれており、それぞれがルールあるいは原理に関するゴシック体の記述で始まっています。さらに下位の条項がおかれることもあります。各条文には、条文の目的と適用範囲を説明するコメントと、条文の適用の設例が付されます。さらに、リポーターズ・ノートが続き、その中でリポーターは、判例と他の典拠を引用し、対立する見解を紹介することもあります。

　リステイトメントは、その名が意味するところ〔判例法を記述し直すこと〕を狙ったものですが、それは、過去に裁判所において判決されたことの単なる要約ではありません。ときには、少数意見のルールであっても、それが明らかに多数意見のルールよりも優れている場合には、それを根拠にそちらを採用することもありました。しかし、リステイトメントは、協会がこうあってほしいと思う、将来の法の姿を述べるものでもありません。むしろ、それは、この国の主要な法学者の何人かが、賢明な裁判所であれば今日適用するであろう法に関して検討した意見なのです。リステイトメントの質と重要性は、どの分野においても同じというわけではありませんが、概して言えば、その影響力は、通常の学術書よりもかなり大きいものでした。しかし、それは法として扱われうるようなものでは決してありません。リステイトメントは、上訴裁判所において、年間 4,000 回以上引用されます。その引用は、*Restatement in the Courts* という名の本にまとめられます。リステイトメントは、新しい問題が生じたときに法統一のために重要な影響力を発揮することもあります。リステイトメントは、法典化の運動に至ることはありませんでしたが、法典化をめざすことはそもそも推進者の意図ではありませんでした。リステイトメントは、法を表現し、社会的変化に対して法を適応させるというコモンローの実務を維持することにあ

I　法源と技術

り、それを変革しようとするものではないのです。

参考文献
　リーガル・リサーチの方法は、コンピューターのデータベースによって急速に変化してきた。コンピューターのプラットフォームと従来の図書館での調査の両方に関する有益な入門書として、K. Olson, *Principles of Legal Research*（10th ed. 2009）がある。M. Cohen & K. Olson, *Legal Research in a Nutshell*（9th ed. 2007〔第10版2011年〕）は、簡潔な概説書で版を重ねている。引用形式に関する標準的なマニュアルとして、*The Bluebook: A Uniform System of Citation*（18th ed. 2008〔第19版2010年〕）がある。

II 法の構成と内容

- 9 分類
- 10 手続法
- 11 私法
- 12 公法

9 分類

> アメリカ法を分類することには、いくつもの要因による困難が伴います。それでも、コモンローとエクイティ、実体法と手続法、そして、公法と私法のような基本的な区別が行われています。これらはどのような区別なのでしょうか。また、法律問題を性格付けるうえでどのように役に立つのでしょうか。

分類の問題

どのような法体系も、程度の差こそあれ合理的な分類スキームを使えば、いくつかのカテゴリーに分けることができます。弁護士は、おそらくは無意識のうちに、ある問題について予備的な性格付けを行って、それを頼りに仕事の方向付けを行い、また分析と調査のために必要な準備を進めます。性格付けは、法的な結果に結び付くこともあります。例えば、裁判所が準拠法の選択としていかなる法を適用するかを決めるという場面です。しかし、いかなる分類システムも、恣意性と曖昧さを避けることはできませんし、また、アメリカ法のいくつかの特徴が分類を特に困難にすることもあるのです。まず第1に、アメリカ法には、法典化に向けた何らかの包括的な計画というものがあって、そこから分類のスキームを引き出すことができるというわけではありません。第2に、事例志向的なアプローチは、理論的で抽象的というよりも、よりプラグマチックでより経験的なものですから、それが一般化に役立つというものではないのです。大陸法諸国の弁護士とは異なり、アメリカの弁護士が広い一般的なカテゴリーにあまり目を向けないということは、特徴的なことです[1]。第3に、共通の方法や技術が法分野全体で用いられているということが、個別分野の固有の発展の妨げとなります。これは、一つには、特別裁判所がないということに

---

1) アメリカ法の断片性は、私法の分野で特に著しい。この分野では、19世紀の手続法改革以前はコモンロー裁判所の訴訟形式が多様なものであったためである。そのため、大陸法諸国の civil law に当たる私法の分野について、アメリカの法律家は、契約、不法行為、財産、そして家族法のような別々の主題を考えている。また、例えば、不法行為の領域では、暴行 (assault)、暴行 (battery) そしてトレスパス (trespass) のように区別された不法行為がある。本書 11 参照。

105

もよるのです。特別裁判所は、いくつかの大陸法諸国では、公法や商事法のような大きな分野についてみることができます。

このような問題はありますが、方向付け、分析、そして調査といった目的のために役に立つ、よく行き渡っている区別もいくつかあります。それらが今日まで続いてきたのは、ロースクールのコースやケースブックの内容、学術書やリステイトメントの標題、ダイジェストや辞典の見出し、そして、ときには制定法の構成によるものです。三つの大きな区分けが、ひとまず考えられます。つまり、コモンローとエクイティの区別、実体法と手続法の区別、そして公法と私法の区別です。

コモンローとエクイティ

コモンローとエクイティを区別する歴史は、イギリスにおけるノルマン征服（Norman conquest）以後における法制度の発展の中で始まります。自らの主張を地域的裁判所（local court）ではなく国王裁判所（king's court）で審理してほしいと望む原告は、大法官府から令状を手に入れるか、あるいは、国王の命令をもらわなければなりませんでした。これらは、その事実関係に即して被告に法廷に出るよう求めるものでした。令状の多様性、および国王裁判所の司法権は拡大しましたが、13世紀後半になると貴族階級からの圧力の下で、令状発行の権限は限定され、国王裁判所の司法権は制限され、さらに法の柔軟性も失われていきました。それにもかかわらず、特定のケースでは正義を実現するために国王や枢密院に残されていた権限がありましたので、大法官（chancellor）への救済を求める請願書が持ち出されるようになりました。大法官は、枢密院の法務の代表者として、コモンロー上の救済が不十分である場合に、「寛容」あるいは「良心」にかかわる事案として救済を与えることができたのです。

このような起源により、刑事事件以外のケースについて補充的なシステムが発展したのですが、これは、「エクイティ」とよばれ、15世紀初期までに、その審理は独立した裁判所である大法官府裁判所（Court of Chancery）において取り扱われるようになったのです。コモンロー裁判所は、このシステムを受け入れるように強く求められ、それに対して悪名高い抵抗を試みましたが、それも17世紀初頭にはなくなりました。コモンロー上の訴訟と対比した場合の、

エクイティ上の訴訟の顕著な特徴として、陪審がないこと、手続により柔軟性があること、そして、上訴において審理するべき範囲が広いことがあげられます。コモンロー裁判所の救済は、一般に金銭による損害賠償を認めることに限られていましたが、エクイティは、被告に対人的に働きかけるもので、裁判所は、例えば差止命令（injunction）を出してさらなる侵害を防ぐために特定の行為を禁じること、あるいは特定履行（specific performance）を命じて債務の履行自体を求めることもできました。これに従わない被告には、従うまで法廷侮辱による罰金または投獄を科すことができました。しかし、これらのエクイティ上の救済は例外的なものと考えられていましたので、これを求めることができるのは、コモンロー上の救済が不十分であることが明らかとなった場合に限られ、金銭による損害賠償はなお標準的な救済とされたのです。

　エクイティは、手続のみならず実体的にもコモンローとは異なるようになりました。その最も重要な創造物の一つである信託に現れているとおりです。信託の考え方は、所有者（設定者）から被移転者（受託者）への財産の移転から発展しました。後者は、それを他者（受益者）の利益のために保持します。この取引では、受託者を信託の条項に従わせるためにいくつかの手段が必要になります。エクイティは、対人的なものですから、受託者の信任上の義務を罰金または投獄というサンクションによって強制することができましたが、他方で、同時に受託者の法的所有権も認めるものでした。受益者のエクイティ上の権利から、エクイティ上の所有権という、コモンロー上の所有権とは別のものが生じてきたのです。このような新しい枠組みの下で、実体法の全く新しい分野が成長することになりました。今日では、明示信託（express trust）が不動産および動産の双方について合衆国で広く使われており、なかでも、稼働証券（income-producing securities）、および信託運用管理（trust administration）は、法人受託者（corporate trustee）の発展とともに、専門家の仕事となってきました。個人明示信託（private express trust）は、死亡時における重要な家族財産の処分において最も頼りにされるものです。公益明示信託（charitable express trust）は、大きな慈善基金を設立するために利用されます。そして、信託の考え方は、裁判所が使うことができる有用な道具でもあると考えられてきました。例えば、復帰信託（resulting trust）は、状況から判断して、財産の取

引に対する当事者の推測される意図を実現するために用いられるものです[2]。さらに、擬制信託（constructive trusts）は、黙示的に法律問題とされて、詐欺や錯誤のケースで不当利得を回避するための重要な手段となってきました[3]。

エクイティは、国王との緊密な関係のためにいくつかの抵抗に遭いましたが、それでもほとんどの植民地へと浸透していきました。そして、各州に受け入れられるとともに、19世紀初期の裁判所において発展し、そしてストーリの偉大な著作のテーマともなりました。州によっては、コモンローとエクイティのそれぞれに対して異なる裁判所制度を用意しているものもありました。また、一つの制度の中で、一つの裁判所が、事件の性質によってコモンローの裁判所あるいはエクイティの裁判所として対応する州もありました。しかし、二つスキームをもつことは不便で、費用と時間のかかるものとなっていきました。例えば、当事者が誤った裁判所に訴えを提起してしまうと、初めから全部をやり直さなければならなかったのです。19世紀の中葉までには、コモンローとエクイティの統合を望む声が生じてきました。ニューヨークは、1848年のフィールド民事訴訟法典（Field Code of Civil Procedure）の採択によってこの改革の先鞭を切りました。この法律は、エクイティの訴訟とコモンロー上の訴えの区別を廃止し、それまで利用可能であったそれぞれの異なる訴訟形式を単一の民事訴訟手続で置き換えつつ、エクイティのよりリベラルなルールから多くを借用することにより、手続のルールを一元化しました。そして、1938年には、コモンローとエクイティの手続は連邦裁判所で結合され、実際上すべての州で統合されていきました。

しかし、この統合は完全に実現されたというわけではありません。というのは、連邦憲法または州憲法に基づく陪審審理を受ける権利は、一般的には、以前コモンローにおいて訴えることができたケースにのみ及び〔合衆国憲法修正

---

2) 具体例：「AはBの名前で銀行に金銭を預ける。Aの側で反対の意思を有しているという証拠がない限り、Bは、Aのための復帰信託として、預金額に関して銀行に対する請求権を持つ。」Restatement (Second) of Trusts, Section 440, Illusntration 2.
3) 具体例：「土地所有者Aは、Bに贈与を行う。ディードの記載を誤って、Aは、実際に権利移転する意思を有していた土地のみならず、権利移転する意思のなかった第2の土地まで移転する。Bは、この錯誤を知らず、Aは両方の土地を移転する意思があるものと信じている。Bは、Aのための擬制信託として、第2の土地を保持する。」Restatement of Restitution, Section 163, Illustration 1.

第7条〕、以前エクイティにおいて訴えることができたケースには及ばないからです。そこで、このような歴史的な理由により、コモンローとエクイティの区別は、今日においてもなお踏まえておかなければなりません。つまり、一つの陪審審理においてコモンロー上の争点とエクイティ上の争点の両者がある場合には、事実に関するコモンロー上の争点は陪審によって判断されますが、エクイティ上の争点については裁判官が判断します。さらに、エクイティの裁判所に由来する権利は、今日でも「エクイティ上の」（equitable）権利とよばれます。そしてそれらは、エクイティ裁判所においてそうであったのとたいてい同様の方法で行使され、ほぼ同様の制約に服するのです。その最も重要な制約は、エクイティ上の権利が認められるのはコモンロー上の救済が不十分である場合に限られるという点にあります。

　そのため、「エクイティ」は、「一般的な公正さ」（general fairness）あるいは「自然的正義」（natural justice）の同義語ではないということを知る必要があります。そうではなく、特別の裁判所制度に由来する特定のルールを指す言葉であるということです。しかし、そのルールは、かなりの範囲でコモンローのカテゴリーに同化され、今日では例えば財産法や契約法の一部として認識されることもよくあります。そこで、ロースクールにはもはやエクイティの独立のコースはなくなり、このテーマは、救済に関する広いコースの一部として扱われることがあります。イギリスだけでなく合衆国においても、「もし、これらのルールに共通するところは何か、裁判所が扱う他のすべてのルールからこれらを区別するものは何か、と問われるならば、これらのルールは、最近までエクイティ裁判所によって適用され、また、エクイティ裁判所によってのみ適用されていたルールである、と答えるほかない」[4]のです。本書の目的からいえば、コモンローとエクイティの区別というものは、分類の上であまり有用な基礎ではないということになります。

実体法と手続法

　他方、実体と手続の区別は、より得るものがあります。このような区別は、

4）イギリスのエクイティに関する、F. MAITLAND, LECTURES ON EQUITY 1-2 (1990) の記述。

Ⅱ 法の構成と内容

どの国の法制度においてもなじみのあるものです。合衆国では、手続の問題、場合によっては手続法（adjective law）とよばれることもありますが、これが特別の重要性をもっています。というのは、すべてのコモンロー国において裁判所に法創造的な役割が与えられているとうことのみならず、法を学ぶ上での職業志向的な性格や連邦制度の複雑さといったアメリカ固有の要因があるからです。すなわち、この区別が重要となるのには、種々の理由があります。例えば、ある法律が「実体」よりも「手続」の問題に関わるものである場合には、遡及的立法に対する憲法上の禁止〔合衆国憲法第１章第９条第３項は、「私権剥奪法または遡及処罰法を制定してはならない」と規定する。〕の影響を受けることはないでしょう。また、ある問題が「実体」よりも「手続」に関わるものである場合には、連邦の裁判所は、州籍の相違がみられる事件において、*Erie Railroad Co. v. Tompkins* 判決[5]によって州法ではなく連邦法に従うでしょう。さらに、ある争点が「実体」よりも「手続」に関わるものである場合には、州裁判所は、第１次的な権利と責任を規律するために選択されたであろうどこかの他州の法ではなく、自己の州の法を適用するでしょう。

ただ、区別の境界線を確定するのが困難な場合もあります。特定のケースにおいて、裁判所が何を「実体」と考え、何を「手続」と考えるかは、この区別がおかれた目的によって左右されえます。そのため、例えば、出訴期限法（statute of limitation）は、ある目的からは救済を阻むものとして「手続的」とみられ、別の目的からは権利を終了させるものとして「実体的」とみられるのです。ただ、そうはいっても、境界線上のケースはそう多くはありません。手続の分野を画す境界線は、大部分よく確立されています。手続法が目を向ける点は、法廷における法的論争の行為のすべての側面、例えば、法廷へのアクセス、訴えまたは訴えられうる当事者の範囲、訴えの形式、反訴の可能性、訴えを維持するための条件、事実審での段取り、証明の方法、救済、判決の効果、そして上訴に及びます。

手続は、刑事および民事を含みます。また、証拠の問題、つまり、法廷での証明に関するルールに関わる問題も入ります。対審構造（adversary system）

5）本書 **4** を参照。

と陪審の採用によって、この分野は著しく重要かつ複雑となっており、証拠法は、一般に独立の法分野として扱われています。最後に、法の抵触の問題には非常に大きな手続的な要素が含まれていますが、これについては、本書では手続法の章で述べることにします[6]。

公法と私法

　実体法を公法と私法に分けることは、一般的ではないというわけではありませんが、法を実体と手続に分けることよりも、その有用性がより疑わしい区別なのです[7]。合衆国最高裁判所が述べるように、「特定の法的主張については、それが公的権利と私的権利のいずれに関するものかを明確にするのがしばしば便宜であり、このような簡易な分類がいくつかの目的から見て有用であることは疑いない。しかし、一般には、この区別のいずれに当たるかによってもたらされる実際の重要性や法的帰結の違いは、その文脈と区別しようとする利益の性質によって決まる」[8]のです。

　公法の問題を扱う特別の裁判所制度があるわけではありませんので、合衆国においてこの区別が実務上の重要性をもつのは稀な場合に限ります。公法は、行政手続によって強制される諸権利を含んでいるのに対し、民事法は、裁判所を通じた私人のイニシアテブによる強制に委ねられている権利に関わるものだといわれてきました[9]。ただ、この言い方ですと、公法としては狭い範囲のみが認められることになります。例えば、憲法でさえ、私人間の訴訟を解決する通常の裁判所の日常業務の一部となるのです。この区別に立つと、法律家は、公法のことを、政府の機能と個人と政府の関係の調整のために作られた法分野という古典的意味で捉えがちで、他方、私法のことは、私人間における権利関係を扱う法と考えるでしょう。しかし、言うまでもありませんが、州が私人間の関係の中に介在あるいは巻き込まれるような状況は増えており、このような状況には、上のような区別ですら当てはめることは難しいのです。

6）連邦管轄権の問題、つまり、連邦裁判所の管轄がどこまで及ぶかという問題は、これも本質的に手続的である。すでに論じたのでここでは繰り返さない。
7）公法と私法の区別は、一般法と個別法の区別と混同してはならない。[6]注11参照。
8）Garner v. Teamsters Union, 346 U.S. 485, 494（1953）におけるジャクスン裁判官の言葉。
9）*Id.*

Ⅱ　法の構成と内容

　この区別のメリットや性質が何であれ、おそらく法律家ならだれでも、公法には憲法や行政法の分野を含めて考えるでしょう。また、労働法は、主に労働関係に対する政府のコントロールに関わるもので、さらに、取引規則は、主にビジネスの活動に対する政府のコントロールに関わるもので、刑事法は、私人と政府との関係に直接作用するものですから、これらも公法に含まれます。税法を公法に含めることについては、それが実務上会社法や財産法のような民事法と強い関連性をもつことから、議論がありえます [10]。

　私法は、もっと細かく分かれます。ほとんどの大陸法諸国で civil law とされるものは、契約、家族法、財産法、そして不法行為に分解されます。流通証券法、売買法、そして担保付取引は、ついこの数十年ばかりの間に「商事法」とよばれるところの一部として認められるようになったばかりです。そして、代理、会社、組合の問題は、いくらかの技巧によって、便宜的に企業組織法の項目の中にグループ分けされます [11]。

参考文献

　アメリカ法の重要な分野を先例と議論によって解説するものとして、G. Fletcher & S. Sheppard, *American Law in a Global Context: The Basics* (2002) 参照。W. Burnham, *Introduction to the Law and Legal System of the United States* (4th ed. 2006〔第5版2011年〕) は、学生のための定評ある入門書。多数の著者による論文集として、*An Introduction to the Law of the United States* (A. Levasseur & J. Baker eds., 1992) および *Introduction to the Law of the United States* (D. Clark & T. Ansay eds., 2d ed. 2001) がある。

　実務家の手になるエクイティ上の救済法理に関するものとして、D. Dobbs, *Handbook on the Law of Remedies: Damages-Equity-Restitution* (2d ed.1993) が、広く読まれている。エクイティの歴史について、G. Watt, *Equity Stirring: The Story of Justice Beyond Law* (2009)。エクイティ、特にエクイティ上の救済と憲法訴訟との関係について、P. Hoffer, *The Law's Conscience: Equitable Constitutionalism in America* (1990) は、設例をあげて論じる。エクイティ上の救済の制限に対する批判として、D. Laycock, *The Death of the Irreparable*

---

10) 国際公法の意味での国際法はやや独立した分野でありここでは取り上げない。その実質は、他の分野に比べ合衆国としての特色が薄いからである。

11) 他の分野、例えば、海事法、破産、著作権、保険、特許、そして信託は、それぞれの名前の下で議論するのが適切である。比較法や法理学(法哲学はしばしばこうよばれる)のような若干の分野は、議論するほどのアメリカとしての十分な固有性がない。

Injury Rule（1991）がある。各分野の内容については、本書の各分野の参考文献にあげられているものを参照。

10 手続法

> 民事手続法、刑事手続法、証拠法、そして抵触法の分野は、手続法という一般的な項目のもとにまとめることができます。その発展に影響を与え、またその際立った特徴を形作ったのは、どのような要素なのでしょうか。合衆国では、訴訟はどのように行われるのでしょうか。

民事手続
・範囲と法源

合衆国では、刑事事件以外の手続には二つの要素が大きく影響を及ぼしています。第1は、訴訟の性格が職権主義的ではなく、論争的であるということです。この点は、対立する各弁護士に対し、熱意ある同志として振る舞いつつ主張を展開するよう促すものですが、同時に、戦術的駆引きや証人と情報獲得の伝統形成にも寄与するものでした。そしてこれは、裁判官には比較的受け身の役割をとらせることになります。近年は、裁判官により積極的な対応を促すような改革もなされましたが、それでも職権による証拠調べを行うものではなく、単なる審判者として振る舞うことが多いのです。第2は、陪審の制度が存在することです。これは事実審理を集中し、それにドラマチックな趣を与え、そして陪審の役割と裁判官の役割を分離しつつ陪審を管理するための精巧なルールをもたらしました。手続上の問題へのアプローチにおいては、各州の間で類似性がみられるものの、各州の裁判所制度や連邦の裁判所制度は、それぞれ固有の民事手続法のもとで働いています。

最初に各州はその手続法をイギリスの手続法を手本にして整えましたが、それは法廷準則、判決、慣習、そして補足的規定からなるものでした。しかし、それがもたらす硬直性と形式性に不満が抱かれ、もっと広範な立法が求められるようになりました。1848年にニューヨーク州で制定されたフィールド法典の功績については、すでに述べたところですが[1]、ほかの州もニューヨークの

---

1) 本書 6 参照。

先鞭にならって手続法を制定するようになると、手続に対するコントロールが議会に移るようになりました。しかし、法律それ自体が厳格なものとなり、かつますます詳細になっていきますと[2]、規則を制定する権限を裁判所に返すように求める圧力が高まってきました。

　1934年には、合衆国議会は、地方裁判所（district court）の手続について一般的なルールを作る権限を、議会の不承認がありうるという留保付きで、合衆国裁判所に付与するに至りました。そして、完全なあるいは実質的な規則制定権限が、さらに多くの州で裁判所に与えられるようになりました。それにより、州の最高裁判所が、多くは司法審議会（judicial council）のような助言機関の支援を受けてこの権限を行使することになったのです。1938年には、合衆国最高裁判所は、連邦民事訴訟規則（Federal Rules of Civil Procedure）を公布しましたが、これは、裁判所と弁護士会から選ばれたメンバーによる諮問委員会によって準備されたものでした。この規則は、その後何度も修正されましたが、合衆国司法会議（Judicial Conference of the United States）によってなお検討が続けられています。これは、ベテランの連邦裁判官からなるグループですが、裁判官、弁護士、そして教授の委員から助言を得ています。この規則は、手続に関する最も現代的な考え方を多く具体化したもので、連邦地方裁判所に適用される法というにとどまらず、半数以上の州で州法としてほぼ忠実にコピーされてきました。それにもかかわらず、民事訴訟法は、統一には程遠いのです。

　手続は、州のみならず、原告が求める救済によっても異なります。ほとんどの民事訴訟は、金銭による損害賠償を求めるものです。国の事実審裁判所に提起される民事訴訟の多くには、人身損害の賠償請求も含まれます[3]。わずかではありますが、コモンロー上の訴訟の中にも、原告が損害賠償よりも特定履行による救済を求めるものがありました。例えば、動産占有回復訴訟（replevin）は、違法に占有を奪われた特定の動産についてその返還を強制するために用いられるもので、不動産占有回復訴訟（ejectment）は、特定の不動産の占有を回復するためにその明渡しを求めるものでした。現在では単一の民事訴訟形式し

2）ニューヨーク州の、フィールド法典を承継した法は、かつて3,000以上の条文を有していた。
3）残りの相当部分は、家事事件である。ビジネス上の紛争は数の上では小さな役割を演じるにとどまるが、専門家の関心を大いに惹きつける。

Ⅱ 法の構成と内容

かないにもかかわらず、これらの名前は、今日でも法律家の間で広く用いられています。しかし、このような例外的なケースを別にすれば、金銭による損害賠償は、賠償による救済が不十分で特定履行や差止めのようなエクイティ上の救済が必要となる場合以外は、やはり標準的な救済方法なのです。以下では、一般的に単純化してもっとも通常のケース、つまり金銭による損害賠償を求める対人訴訟（action *in personam*、personal action）に絞って説明することにします[4]。この訴訟の目的は、争点について当事者の権利を確定することおよび責任を課すことにあります。また訴訟は、対物的な（*in rem*）ものもありえます。この場合には、その目的は、誰かに責任を課すことではなく、むしろ、財産自由権（property interest）、物に対する請求権、または財産的な物品を、現在または将来有するすべての者の利益に対して効力を及ぼすことにあります。さらに、訴訟は準対物的な（*quasi in rem*）ものもありえます。これは、ある物に対し請求権をもつとされている者あるいはもつ可能性がある者のような特定の者の利益に対して効力をもつものです。なお、連邦裁判所および州裁判所は、今日、特別の法律の下で宣言判決（declaratory judgment）を下すことが許されています。対立当事者間で実際の争いはあるものの、他の救済は、時期尚早である、必要ない、あるいは効果的でないという場合に、当事者の権利を宣言するというものです[5]。

・特徴——事実審理前

　事実審理（trial）の前と後では、手続が大きく異なります。事実審理では、事実問題が審理され認定されます。事実審理前手続（pre-trial proceeding）では扱うべき問題が特定されなければならず、相手方当事者には、事実審理で不意打ちとならないように適切な通知が与えられなければなりません。これは特別

---

4) ここでの議論には、2当事者のみが登場する。被告から原告に対する逆の請求や、第三者からの、または第三者に対する請求は、取り上げない。

5) 本書 **4** 参照。移送令状（*certiorari*）、人身保護令状（*habeas corpus*）、職務執行令状（*mandamus*）、禁止令状（prohibition）および職権開示令状（*quo warranto*）の大権令状（prerogative writ）に関する特別の手続があり、また、略式手続（summery proceeding）、そして、管轄が制限された一部の裁判所のための特別な手続がある。例えば、人身保護令状は、他者によって私的あるいは公的な状況で身体的に拘束された者に対し一定の要件の下で認められる。この令状は、その拘束の適法性を判断するために、拘束された者の「身柄」を法廷に出頭させることをその他者に命ずるものである。

な重要性をもちます。というのは、事実審理は、陪審制度の影響のおかげで、通常は公開法廷における継続的な集中審理となるからです。事実審前の決定はいずれも、弁護士間の主張の後で、裁判官によって下されます（陪審の助言を受けることなく決定します）。

　訴えを提起しようとする当事者は、必ずしも弁護士に代理をしてもらう必要はありませんが、弁護士に依頼するのがほとんどで、その場合に弁護士は必要な書面の準備を引き受け法廷で職務にあたります。そこで、以下に説明する当事者のステップは、ふつうは彼らを代理した弁護士によって進められることになります。

　訴えは、二つの文書、つまり訴状（complaint）と呼出状（summons）によって開始されます。訴状は、原告の主張の法的性質と救済の請求を示した文書です。呼出状は、被告に訴えが提起されたことを知らせ、訴状に応答することを求める趣旨の通知です。適正手続を保障する合衆国憲法〔修正第5条および修正第14条〕の要請に応えるために、訴状の送達は、被告に対して現実に通知が与えられるよう適切に用意された手段でなされなければなりません。通常は、それは、被告本人に対して送達されるか、あるいは、被告の住まいまたはその裁判所の土地管轄内にある事業所のしかるべき者に託されます。特別の場合には、郵送による送達、新聞掲載による送達または公示送達、あるいはその他の方法による送達がとられることもあります。そして、被告はふつう答弁書（answer）という文書を提出して出廷します。これは、訴状に対する応答です。もし、被告が答弁書の提出や異議の申立てなどをしないで期日に欠席した場合には、被告に不利な懈怠判決（default judgment）が下されることになります。原告の訴状、被告の答弁書、そして原告が提出する何らかの応答が、訴答[6]（pleading）を構成するのです。ケースによっては、原告は、訴えが成功してもそれが無益なものとならないように担保する目的で暫定的な救済方法も用いることがあります。例えば、原告に対する支払を被告に指示する旨の裁判所の命令が出た場合にそれに応えるだけの資産がありながら被告がそれを隠匿するというようなことがあるからです。また、例えば、原告は、仮差押命令（order

---

6）合衆国では、民事訴訟における「訴答」という言葉は、審理の前にこのような書面を交換することをいい、例えば、審理における弁護士の主張は含まない。

of attachment）によって被告の財産を押さえておき、何らかの判決に対する担保とすること、あるいは被告が原告の訴えを挫折させようとして何らかの対応をとるのを防ぐために、一時的差押命令（temporary injunction）や一方的緊急差止命令（restraining order）を得ることもできます。

手続法が整備される前は、コモンロー訴答（common-law pleading）という訴答の理論があり、これは、当事者自身が事実または法に関する単一の正確な争点を、しかるべき書面による訴答を事実審理の前に交わすことによって確定しなければならないというものでした。フィールド法典による改革の一つは、この「争点形成訴答手続」（issue pleading）を「事実訴答」（fact pleading）に置き換えたことにありますが、これは、当事者が審理において立証したい本質的な事実につき簡潔な表現により訴答することのみを求めるものでした。しかし、事実が主張されるべき個別の事項をめぐっては混乱もありました。そこで、連邦民事訴訟規則は、「事実訴答」を廃止して「告知訴答」（notice pleading）とよばれるものをとりました[7]。

このルールの下では、重視されるべきは、訴答よりもむしろその他のより効率的な情報獲得手段であるということになります。訴状には、原告が救済を求める権利をもつという趣旨の、請求に関する簡潔かつ平易な記述がなされることのみが求められます。その各主張は一般的なものでよく、また、各主張は一貫性を欠いてもかまわないのです。このようなより一般的な訴答形式によって他方で生じるかもしれない、事実審理における不意打ちを防ぐために、事実審理前の開示手続（pre-trial discovery）に関する重要な権利が認められているのです[8]。

7）合衆国最高裁判所は、Bell Atlantic Corp. v. Twombly, 550 U.S. 544（2007）の基準をより厳格にして、原告が当該事件での開示によって明らかになると考える証拠によってのみ証明されうる主張を持ち出すような訴状については制限しようと、近年務めてきた。訴答のルールに関するこの解釈や以後の解釈は、合衆国議会によって修正されうるものであり、各州に受け入れられる見通しもない。

8）例えば、ネグリジェンスの訴状の見本として、連邦民事訴訟規則の書式11では、次のように規定されている。
1．〈管轄。書式7参照。〉
2．〈日時〉、〈場所〉において、被告は原告に対しネグリジェントに〈自動車を運転した。〉
3．結果として、原告は〈身体に傷害を受け、賃金ないし収入を失い、身体的および精神的な苦痛を受け、〈　〉ドルの医療費の支出を余儀なくされた。〉したがって、原告は、被告に対して〈　〉ドルおよび訴訟費用の支払を命じる判決を求める。

「事実訴答」の下では、訴状は詳細で長いものになります。当事者の開示を求める権利は、重要な情報をもつ者には誰であれ証言させる権利、相手方に文書によって質問を出し文書による返答を求める権利、文書や物のような重要な有形の証拠を調べる権利、そして、相手方の精神的あるいは身体的な検査を求める権利さえ含んでいます。ほとんどの開示は、当事者の請求によるものですが、裁判所規則においては、当事者に重要な情報の開示を強制する傾向がみられます。――例えば、決め手となる情報の所在、あるいは訴訟の開始時に証言する予定の証人の氏名を、他の請求に先立って求めることです。さらに、裁判官は、事実審理前協議（pre-trial conference）、つまり双方出席の下での聴聞を行うことができます。これは、争点を制限し自白があるかを確認して不必要な証明を避けるためのものです。事実審理前協議の副産物は、事実審理をせずに多くのケースに決着をもたらしうること、譲歩により事実審理を短縮しうること、そして事実審理のためにすべての関与者がよりよい準備をしうることにあります。

事実審理前協議により、場合によっては、裁判所が事実審理が不要であるという判断に至ることもあるでしょう。被告は、訴状が救済を求める請求につき法的に十分な訴訟原因（cause of action）を述べていないということを理由として、それを却下することを申し立てつつ[9]、原告の言い分の法的根拠を攻撃することができます。これは、コモンロー訴答において訴答不十分の抗弁（demurrer）とよばれています。裁判官は、訴状の主張がすべて真実であるとしても、原告には救済を求める権利がないという場合に限って、被告の申立てを容認することになります。しかし、そのような申立てで訴訟が終了することは稀です。訴状に不備があるとされた場合には、原告は通常はそれを修正することが認められるのです。他方、それが十分であるとされた場合には、被告は事実に関する問題を生じさせる答弁を行うのがふつうです。これを、被告は二つの

Fed. R. Civ. P., Appendix, Illustrative Civil Rules Forms, Civil Form 11. Complaint for Negligence, *at* http://www.uscourts.gov/RulesAndPolicies/rules/current-rules/illustrative-civil-rules-forms.aspx. 上記の〈　〉内に入る内容は、原告の主張する事実によってさまざまである。

9）申立ては、裁判所に対してある判断を求める趣旨のものである。本文のケースでは、訴えを却下する命令を求めることになる。命令とは、事件全体を解決する本案判決より前に出される裁判所の決定の伝統的な形式である。

方法で行うことができます。つまり、原告の主張の一部または全部を否定すること、あるいは原告の行った請求に対して抗弁となるような事実を追加して主張することです。しかし、現代的な事実審理前手続では、事実問題であっても事実審理の前に解決することが可能な場合があります。開示の後で、裁判官が、宣誓供述書（affidavit）や、ケースが事実審理されたら双方が提出するつもりの証拠を時間的順序で記録するその他の文書に基づいて、事実審理を正当化するような事実問題に関する真正な争点が存在しない、と判断した場合には、いずれかの当事者の有利となる、事実審理省略判決（summary judgment）の申立てを認めることができます。また、被告は、争訟の本案（merit）審理に入ることを回避し、あるいはそれを遅らせるためのいくつもの申立てをすることもできます。例えば、当該裁判所が裁判権をもたないとして訴状を却下する申立てや、被告に対して、その主張や請求をもっと特定し、あるいは事実に関する主張をもっと詳細にすることにより、訴状をより明確にするように求める申立てなどがありえます。

原告の訴状が被告の戦略に耐え、かつ当該事件が事実審理なしに解決されるような大多数の事件の一つではないという場合には、原告は、裁判所の書記官に対し、その事件をカレンダーあるいは事件表（docket）とよばれるリストに載せるよう求め、事実審理を待つことになります。訴訟を求める者の数が多いため、事実審理が開始されるまで原告は相応の期間待たなければならないこともあります。案件の多い裁判所では、その期間が1年を超えることもあります。

・特徴——事実審理

現代の事実審理前手続は、不意打ちをよしとする伝統と証拠の偏在に対する打開策として重要な働きをしてきましたが、それでもなお、当事者こそが最も効果的に自らの事件を表現することができるという考え方、各事件が相手方からの攻撃にさらされることにより真実が公正な裁判所によって確定されうるという考え方が、基本的な信条となっているのです。事実審理は、一人の裁判官の下で行われ、陪審をおくこともおかないこともあります[10]。それは、数時間、

---

10) 合衆国の裁判官は、法廷では黒いローブを羽織るが、カツラや帽子は着用しない。弁護士はビジネススーツ、陪審はもう少し軽装でもよいが適切な服装が求められる。

数日間、あるいは数週間に及ぶこともあります。そして、特に陪審による審理がなされる事例では、事実審理は、休廷のないひと続きの継続的なプロセスとして行われるのが慣習です。原告が塡補的な金銭賠償を求める場合には、陪審の審理を求める権利があります。もっとも、この権利は放棄することができます。陪審員というものは、複雑かつ入り組んだ取引に対応する技量を求められるわけではありません。そこで、あるいはさらに別の理由によって、両当事者とも、事件をもっぱら裁判官の手に委ねることを望んでもよいのです。

そうはいっても、多くの事件では、いずれかの当事者は陪審によって審理して判断してもらうことを望みます。陪審の審理では、陪審員は、資格を満たした市民の集団、コミュニティーの横断的階層の中からくじで選出され、陪審の仕事のために招集されます[11]。コモンローの伝統では陪審員は12名でしたが、今日ではもっと少ない人数で、6名という州も多くみられます。陪審員は、一つのケースのみに取り組み、出費をカバーするために相応額の支給を受けます。彼らは、国籍、選挙資格、年齢、一般的健康、そして不偏性といった適性に関する最小限の要請を満たさなければなりません。陪審員となることが見込まれる者は、その資格について予備尋問（*voir dire*）が課されます。そこにおいて陪審員は、いずれかの当事者から理由つきの忌避（challenge for cause）を受けることもあり、また、ある陪審員が資格がないとされた場合には裁判官によって排除されることもあります。加えて、各当事者は一定数の理由なしの忌避（peremptory challenge）をすることができ、これは、理由を述べずに陪審員を排除するために用いることができますが、この排除は人種やジェンダーに基づくものであってはならないという制限があります。陪審員は、争点を審理することを誓った後は、陪審席に座り、事実審理が始まります。陪審の仕事とされているのは、少なくとも理論的には、「事実」に関する問題を判断することであり、裁判官の仕事は、「法」に関する問題を判断することにあります。しかし、この両者を区別する線は、しばしば曖昧なもので、例えば、「事実」に関する問題に対する陪審の判断が合理的なものであったかは、それ自体「法」に関する問題でもあります。

---

11) 審理陪審（trial jury）は、小陪審（petty jury）であり、単に「陪審」ともよばれることもあり、大陪審（grand jury）と区別される。本章後半参照。

Ⅱ 法の構成と内容

　原告は、証拠を提示するという冒頭での負担を負っています。まず、両当事者は冒頭陳述を行い、その中で陪審に対して当該ケースにおける自らの立場を説明し、陪審が証明をよりよく評価できるようにします[12]。次に、原告が証明を行います。これは、口頭または書面による証拠の提出によって行われます。大きな事件ではビジネス上の記録も含まれ証拠書類も膨大な量となります。当事者主義の一つの帰結として、証人は、通常、当事者のために招かれ、裁判所のために呼ばれるのではないということになります。証人が自主的にそのようにしない場合には、裁判所は罰則付呼出状（subpoena）を発してその裁判所の管轄内にいる当事者に、出頭して証言を行うこと、または文書あるいは物の提出を命ずることができます。当事者自身は、一般に証言することができます。

　原告の最初の証人は、主尋問（direct examination）のために証言台に呼ばれ、真実を述べる旨の宣誓を行います[13]。証人の証言は、原告の弁護士からの質問によって引き出されます。合衆国の弁護士にとって、事実審理の前に、自らの依頼人の証人と、その証人の証言について議論することはその業務であり、これは、時間の浪費と審理における不意打ちを避けるために行われます。言うまでもありませんが、証人の証言を操作するためにこの機会を利用するというのは、弁護士にとってしてはいけないことです。原告の弁護士が証人に対して主尋問をした後に、今度は被告の弁護士が、新しい事実や首尾一貫しないところを指摘したり、証人の信頼性を攻撃するために、証人に対して反対尋問（cross examination）をすることが許されます。証人は原告の利益のために呼ばれていますから、この反対尋問の権利は重要なものとなります。その上で、証人が解放されるまで、再主尋問（redirect examination）と再反対尋問（recross examination）が行われることもあります。また、裁判官も、証人が証言台にいる間はいつでも証人に質問することができますが[14]、尋問の義務は双方の弁護士にあります。それから、他の証人も呼ばれ、文書や物的提出物も示されま

---

12) しかし、州によっては、被告の冒頭陳述は、原告側の尋問が最後まで行われてから、原告と交代して初めて行われる。原告の冒頭陳述の後で、被告は、証人を呼び、証拠を提示し、ときには新しい証人を申請することも、原告が呼んだ証人を再度呼ぶこともある。
13) 宣誓を行うことにつき信仰上の抵抗を感じる証人は、確約（affirmation）をすることもできる。
14) いくつかの州では、陪審員からの書面による要請があったときは、裁判官が特別の質問をすることもある。

す。これらは証拠法に服します。そこで、例えば、証言等の録取書（deposition）や文書のような、事実審理前手続の段階で入手されたものが、必ずしも事実審理で証拠として認められるとは限りません。最初の証人による証明が終わると、原告は被告と交替します。

　この時点までに、原告は、自己が求める内容の陪審の評決を得るために、自身が証明責任を負う論点のすべてについて十分な証拠を示していなければなりません15)。原告がそのようにしたかにつき、被告は、法律問題に関する判決を求める申立て（motion for judgment as a matter of law）16)によって、検証することができます。ここで提起される論点は、合理的な陪審が原告の証拠に基づいて、原告に有利な評決に至ることができるかのみにあります。したがって、これは、「事実」に関する問題というよりも「法」に関する問題とみられ、裁判官のみがその申立てを裁くことができます。被告の申立てが認められる場合には、却下（dismissal）によって審理が終わり、被告に有利となる判決がなされるのです。それが否定される場合には、被告が証明を始めなければなりません。

　被告は、原告が行ったのと同様の方法で証拠を提示します。今度は、原告が被告の証人に対する反対尋問の権利をもちます。被告側が証明を終えると、原告は、被告側が提出した証拠に反駁する証明を行うことができます。すべての証拠の最後に、いずれの当事者も、合理的な陪審なら申立てをした当事者の有利にのみ評決を下すことができるはずであるとして、指図評決（directed verdict）を申し立てることができます。この申立ても、「事実」の問題よりも「法」の問題を提起するものと考えられます。裁判官がこの申立てを認めますと、審理は終了し、判決は申立てをした当事者に有利なものとなります。現代の実務では、裁判官は実際には、陪審に対する指図（directing the jury）の形式によって適切な評決を下させることはもはや行いません。裁判官が申立てを否定した場合には、事実審理は結論に向けて進みます。

---

15) したがって、証明責任の分配は、決して小さな問題ではない。「証明責任」という語の種々の意義について、*McCormick on Evidence* in Chapter 36 (J.Strong et al., 4th ed. 1999) 参照。推定の効果に関する議論として、*id.* 521-29.
16) これは、訴え却下の申立て、または指図評決の申立てとよばれることがある。

Ⅱ　法の構成と内容

　その場合には、両当事者が陪審に対して、最終弁論を行います。州によっては、原告の最終弁論が先にきて、それから被告が最終弁論を行い、それを受けて原告の反駁が行われる、というところもあります。別の州では、被告の最終弁論が最初に行われ、それに原告の最終弁論が続きます。議論は提示された証拠に関するものに絞られます。各当事者は、証拠を分析して、陪審が自己に有利な判断をするように説得を試みます。

　裁判官は、続いて、陪審に説示（charge）を行い、法の支配に従って結論を出すための指示を行います。弁論を終了する前に両当事者は、裁判官に対し裁判官が賠審に与えるべき説示を提案し、裁判官は与える予定の説示を開示し、両当事者がそれに従って弁論を組み立てることができるようにします。しかし、いくつかの州では、この説示は最終弁論の前に与えられます。

　19世紀になると、平均的な陪審員の能力が信頼されるようになり、また、植民地時代に国王を代理する支配権をもつものとされた、恣意的で絶対的な裁判官に対する不愉快な記憶がありましたので、裁判官の権威は低下していきました。裁判官の役割が小さくなると、その分陪審の役割と、そして間接的にではありますが弁護士の役割が大きくなりました。このことの一つの表れが、説示は証拠の比重や証人の信頼性についてのコメントを含んではならず、適用されるべき法規範についてのものに限定されるべきであるという、多くの州に見られるルールです。いくつかの州では、裁判官は証拠をとりまとめることすら許されず、また別の州では、裁判官は陪審に口頭で説示することはできず、文書でしなければなりません。しかし、これらの制限は、弁護士会によって強く批判されてきました。そして、今日の傾向はむしろ裁判官の役割を拡張する方向にあります。なお、審理が陪審なしで行われてきた場合には、裁判官が争いとなった事実問題を判断しますから、行うべき説示がないのはもちろんのことです。

　説示の後で、陪審員は陪審員室に入り、そこで、評決に至るまで、何時間も、場合によっては数日間、評議を行います。民事事件では、陪審は、「証拠の優越（preponderance of the evidence）によって」心証を得なければなりません。つまり、争われている事実は、それが存在する可能性が存在しない可能性よりもたとえわずかでも高い（more probable than not）ということです。歴史的に

は、評決は全員一致によるものでなければならないとされていたこともありましたが、このルールは、憲法や法律によってしばしば修正されてきました。また、州によっては、当事者による事前の合意（prior consent）があれば、陪審は全員一致でなくても評決を出してよいとされているところもあります。とはいっても、実際には「評決不能な」（hung）陪審——必要とされる多数による判断に至ることができない陪審——は、ほとんどありません。陪審は、公開の法廷において各自が評決に賛成するかを投票して、必要とされる数の陪審員が同意していることを確認することもあります。その評議については記録は残しません。規則は、後になって陪審員が証言してその評決に疑いを投げかけることを厳しく禁じています。陪審の評決は、単なる一般的なもので、例えば、損害（それがある場合に）の評価における一方の側に有利な事実認定です。あるいは、陪審が、裁判官から与えられた特定の事実問題に答えることを求められることもあります[17]。州によっては評決が口頭で示されるところもあります。また、文書による評決が返されて、それが法廷で読み上げられるのに対して陪審が口頭で同意するというところもあります。裁判官は、評決を受け取ると、その陪審の任を解き、審理は終了します。陪審なしの裁判の場合には、裁判官が事実認定と法的判断の結果を示します。そのうえで、裁判官が意見を書くこともあります。

　陪審の評決が出ますと、負けた当事者はいろいろな理由をあげて再審理を申し立てることができます。例えば、証拠の採用に関する判断あるいは陪審への説示について裁判官において有害な過誤（prejudicial error）があったとか、証拠評価（weight of the evidence）に反する評決があったというような理由です。裁判官が、陪審の認めた損害賠償額が不合理に過大であると結論した場合には、損害額縮減決定（*remittitur*）という命令によって適切な減額を行うことや、あるいはその説示が当事者に受け入れられない場合には、さらに再審理を命じることもできます。ほとんどの州裁判所においては、裁判官が、陪審が賠償額を過少なものとする誤りを犯したと判断した場合には、賠償額増額決定（*additur*）

---

[17] 伝統的には、特別な質問に対する回答は、特別評決（special verdict）の形式で行われ、一般評決（general verdict）と区別される。今日、より一般的な手続は、一般評決とともに特別質問（interrogatories）という質問に対する回答をも陪審に求めるものである。

Ⅱ　法の構成と内容

としてより高額な賠償を認めることができます[18]。裁判官が、そのような判決を求める先行した申立てを否定した場合には、負けた当事者は、有利な本案判決（judgment on the merits）を行うことを裁判官に可能にするよう、法律問題に関する判決を求める申立てをすることもできます[19]。先の申立てと後の申立ての根拠は同一です。陪審が評決に達した後に、裁判官が法律問題に関する判決を求める申立てをより前向きに認めうるのは、その申立てを認めたことが上訴審で覆された場合には、上訴裁判所が基礎として判決することができる評決があることになり、それは時間と再審理のコストの節約になるからです。裁判官には、評決無視判決を求める申立て（motion for judgment notwithstanding the verdict）に判断を下す前に、熟慮するための時間がさらにあるという事情もあります。

最後に、評決が下された後に行われた申立てがすべて否定された場合には、判決は、その評決に沿ったものとなるでしょう。その判決は、通常、敗訴した当事者に、勝訴した当事者の費用を支払うよう求めます。これには、勝訴した当事者が裁判所に支払う料金が含まれますが、ふつうは弁護士費用は含まれません[20]。敗訴した当事者が金銭判決（money judgment）の支払を拒む場合には、強制執行の方法でいくつもの手続を利用することができます。例えば、当事者の財産が司法職員[21]によって差し押さえられ、判決に従った支払を行うために、競売にかけられます。

・特徴――上訴

事実審理の後で、当事者は判決に対して、事実審裁判官の側あるいは事実審手続の中に過誤があり、公正かつ適法な事実審理が損なわれたと主張して、上訴することもできます。上訴する当事者は上訴人（appellant、petitioner、plain-

---

18) 賠償額増額決定は、連邦裁判所では認められない。Dimick v. Schiedt, 293 U.S. 474 (1933).
19) これは、陪審の評決と異なる（*non obstante veredicto*）判決を求める申立てとよばれることもある。
20) 費用は弁護士費用を含まないという一般的なルールの再確認については、Alyeska Pipeline Service Co., v. Wilderness Society, 421 U.S. 240 (1975) 参照。しかし、このルールは、法律によって、重要な事例において修正されてきた。
21) この司法職員は、州裁判所では、法執行官（sheriff）、郡官吏（county official）であり、連邦裁判所では、合衆国執行官（United States marshal）である。

tiff-in-error）とよばれます。反対側の当事者は、被上訴人（appellee、respondent、defendant-in-error）とよばれます。上訴人が供託金を支払えば、上訴の間、判決の執行が停止されることもあります。通常は、上訴人は事実審理の間に、申立てを行ったりこれに反対したり、異議を述べたり、あるいは、その問題を裁判に持ち出し適切な対応をとっていたはずですので、事実審理の終わりまでに、裁判官は争いとなっている多様な点についての判断を終えているでしょう。例えば、訴答を攻撃する申立て、証拠の許容または排除に対する異議、指図評決を求める申立てなどに対する判断です。上訴は、通常、これらの判断を前提にして行われます。敗訴した当事者が、事件を最終的に解決するものではない中間決定（interlocutory ruling）に対して上訴することができるかは、州によってさまざまです。

　上訴審では、新しい事実審理、陪審、そして証人はありません。事案に対する裁判官の知識は、もっぱら記録から得られたものとなります。これは、下級審における訴訟手続の速記録で、上訴人が誤りであると主張している、事実審理における経過を示すものです。上訴審では、当事者が自己の申立てのために用意した詳細な書面が助けとなります。上訴の問題が直接の当事者に関するものを超えた重要性をもつ場合には、裁判所は、法廷助言者（amicus curiae）の書面――政府や利害をもつ私的団体のような「裁判所の友」（friend of the court）の書面――を得ることもできます。口頭の手続は「法律」の問題に関わるものに限定されており、当事者は、影響力があると考える先例や学説を裁判所に強調するでしょう。裁判所は、「事実」問題の審判者である陪審の領域に踏み込むことはありませんが、適切な申立てによって問題が事実審裁判官の前に提起されていた場合には、陪審が評決に至るにつき合理性の境界を逸脱したと判断することはできます。しかし、事実審裁判官と陪審に重要な証人が宣誓するのを観察する機会があったのであれば、上訴審は、そのような結論を出すことには躊躇するでしょう。

　上訴裁判所の判決は、ふつう書面による意見が付されていますが、裁判官が、準備書面を検討したり互いに協議したりする間、数週間、あるいは数か月も判決が下されないことがあります。上訴裁判所が、その見解を固め誤りがないことを確認したとき、あるいは、誤りを見つけてもそれが「支障のない」（harmless）ものであるか、おそらくは結論に影響を与えないものであるときは、原審判決を維持します。上訴裁判所が破棄事由となる誤り（reversible error）を見つけたときは、原審判決を破棄し、状況に応じて、上訴人の主張に沿った判決登録（entry of judgment）か、あるいは新たな聴聞ないし事実審理を求めて事件を差し戻します。事件が差し戻されると、下級審は上訴審の指示に従わなければなりません。上訴の費用は、実際の支出額には及びませんが、敗訴した当事者の負担となります。上訴に費用がかかることにより、裁判所の判断を求めて訴えを提起する者の数は抑えられる傾向にあります。

参考文献

専門書として、J. Friedenthal, M. Kane & A. Miller, *Civil Procedure*（4th ed. 2005）、F. James, G. Hazard & J. Leubsdorf, *Civil Procedure*（4th ed. 1992〔第6版 2011年〕）および M. Green, *Basic Civil Procedure*（2d ed. 1979）がある。連邦民事訴訟法を論じるものとして、C. Wright, *The Law of Federal Courts*（4th ed. 1983〔第7版 2011年〕）があるが、オンラインでもかなりの情報が手に入る。例えば、Legal Information Institute, LII: Federal Rules of Civil Procedure, www.law.cornell.edu/rules/frcp/（2009）参照。連邦民事訴訟法に関する数巻に及ぶ解説書として、J. Moore, *Federal Practice*（2d ed. loose leaf）および C. Wright & A. Miller et al., *Federal Practice and Procedure*（1969-）がある。各州の民事訴訟法に関する数巻からなる解説書として、例えば、J. Weinstein, H. Korn & A. Miller, *New York Civil Practice*（loose leaf）、その要約版として、Weinstein, Korn & Miller *CPLR Manual*（D. Ferstendig, ed., loose leaf）参照。手続法の論点の多くは、the *Restatement (Second) of Judgments*（1982）で説明されている。その他の点について、アメリカ法律協会の Complex Litigation Project（1993）も参照。これは、法改革によって、アメリカの司法制度が大規模な民事訴訟を処理する上での効率性や公正さを高めることを推奨する。

なお、G. Fletcher & S. Sheppard, *American Law in a Global Context: The Basics* の第26章も参照。

刑事手続

・範囲と法源

刑事手続法は、民事手続法よりもはるかに強く、連邦憲法と州憲法との双方の影響を受けてきました。また、より細かく見ると、刑事手続法は、成文法のかたちをとっている部分が多く、州ごとにその内容がかなり異なっています。

フィールドの刑事訴訟法典は、同じく彼の起草による民事訴訟法典に比べると、各州の法令を統一する影響力はそれほどありませんでしたし[22]、合衆国最高裁判所の公表した連邦刑事訴訟規則（Federal Rules of Criminal Procedure）も、連邦民事訴訟規則（Federal Rules of Civil Procedure）ほどの影響を各州に及ぼしませんでした。刑事手続の主たる目的は、犯罪を行った者が誰であるかを認定し、それにふさわしい刑罰を与えることにあります。もっとも、刑の量定にあたっては、被告人が犯罪の被害を賠償したかどうかが考慮されます。次に述べる説明は、典型的な刑事訴追に関するものです。軽微な犯罪は、より簡略化された手続で審理されます。

・特徴

アメリカの刑事手続は、基本的に弾劾主義的な手続です。つまり、手続の中で主導的な役割を果たすのは検察官です。これと違って、裁判官が主導的な役割を担う手続のあり方を、糾問主義といいます。弾劾主義の下での刑事事件の公判は、司法手続の当事者主義的な〔検察側と弁護側が対等に向き合う〕性格と、素人からなる陪審の能力に対する信頼とを反映したものになっています。一方の側には、選挙で選ばれるか、または政治的に任命されるかの職にある検察官がいます。検察官がもっている特別の権限と裁量とは、合衆国の刑事司法の運営における最も重要な特徴の一つだといえるでしょう。そしてもう一方の側には、犯罪の嫌疑により起訴された被告人がいます。被告人は、検察や警察の権力の濫用から弁護人によって守られる立場にあります。刑事弁護人は、特別の憲法上の保障を求めることができ、この主張は、法の適正手続（due process of law）に対するきわめて技術的な違反をいうものであっても、有罪判決を覆すことさえあるのです[23]。これらの二つの陣営の間に、中立的な審判者として

---

22) フィールドの諸法典に関しては、本書 6 参照。
23) 憲法の問題として、合衆国憲法裁判所は、不合理な捜索・押収によって得られた証拠や強制によって得られた供述が、連邦の裁判所でも州の裁判所でも証拠として用いられてはならないこととしている。こうした証拠は毒樹の果実（fruit of the poisonous tree）とよばれる。このような証拠や供述が基になって下された有罪判決は、破棄されなければならない。違法に獲得された証拠が連邦や州の裁判所で証拠として認められなくなる場合には、ほかにもいくつかのものがある。争いのあるのは、通信傍受の方法によって得られた証拠である。これについては、連邦法およびいくつかの州法に規定がおかれている。

II　法の構成と内容

の裁判官と陪審員がいることになります。

　たいていの刑事事件では、犯罪の被疑者が警察によって逮捕されるところから公的な段階がはじまります。被疑者を逮捕した場合、不必要に遅延することなしに、治安判事（magistrate）という司法官の下に連れて行かなければなりません。治安判事は被告人に対する予備的な審査を行います。この審査は、州によって、初期召喚（first appearance）とよばれたり予備審問（preliminary hearing）とよばれたりします。これは、これから被疑者の身柄を確保する勾留状を発付するに足りる証拠があるかどうかを判断する、比較的形式の緩やかな公的な審問です。この段階で手続の打ち切られることがなければ、治安判事は、被疑者が釈放された後で確実に戻って来るようにするために、保釈金の額を定めます。この予備的な審査は、糾問主義のかたちをとっておらず、治安判事は被疑者の尋問を行うものではありません。刑事訴追の対象となる事件の準備は、完全に検察官の手に委ねられているからです。しばしば、逮捕から予備的審査までの時間を警察が延ばして、被疑者が弁護人に会うまでの間に被疑者の取調べを行おうとする傾向がみられます。この取調べの間に自白を誘導するため、警察が不当な脅しや苦痛、圧力を与えることは、過酷な取調べ（third degree）として広く知られるものですが、これは、法的に禁止されるだけでなく、そこから得られた証拠もすべて証拠として用いることが許されなくなるものです。他方、被疑者には、憲法上、質問に答えることを拒む権利と、弁護人を選任する権利とが認められています。これらの特権のあることを知らされないうちに被告人が供述してしまった情報（や、知らされていたとしても、それらの権利を侵害して得られた情報）は、やはり証拠として認められない場合が多いのです[24]。

　被疑者に被疑事実を知らせるための公的な訴追は、多くの州では、大陪審起訴（indictment）または検察官起訴（information）のいずれかのかたちをとることになっています。大陪審起訴とは、検察官が提案し、大陪審[25]が承認する

---

[24] 取調べの際の弁護人選任権は、Miranda v. Arizona, 384 U.S. 436（1966）で確立されたものである。
[25] 州によって、大陪審は最大23名もの市民から構成されることがあり、公判を担当する12名の陪審（小陪審）とは対照的である。大陪審は、証人を召喚し、宣誓させた上で証言を強制することができる。そのため、検察官にとっては、略式起訴よりも正式起訴のほうが好都合といえるかもしれ

公訴の形式です。大陪審は、通常、検察側の集めた証拠のみを調べ、事件を公判に付することを十分に正当化するだけの証拠があれば、起訴を承認します。多くの州では、大陪審による起訴に代えて、より簡略化した手続が行われるようになっています。そこでは、検察官による起訴が公訴の提起となります。

　大陪審起訴または検察官起訴がなされると、次に公判の裁判官の前で罪状認否の手続（arraignment）が行われます。これは、公開の法廷で被告人に対する起訴状が朗読され、それに対して被告人が「有罪」または「無罪」のどちらかの答弁をするものです。「無罪」の答弁を行う場合には、通常、どのような理由で無罪を主張するのかをこの段階で明らかにする必要はありません。また、被告人は、この罪状認否の際に、起訴が法的要件を満たしているかどうかに関しても、さまざまな異議を申し立てることができます。あるいはまた、被告人は、起訴された犯罪よりも軽い犯罪しか行っていない、という形での有罪答弁をすることもできます。さらに、いくつかの州では、不抗争の答弁（*nolo contendere*）（争いを望まない、という意味）という、事実を積極的に認めもしないし争いもしない答弁をすることが認められています。この答弁があると、当該事件では、有罪の答弁があった場合と同様の手続で有罪判決ができますが、有罪答弁とは異なり、他の刑事手続や民事手続で有罪の自認があったものとして扱うことはできません。圧倒的多数の事件では、有罪の答弁が行われています。そのうちの多くは、検察官が、嫌疑を受けた犯罪よりも軽い犯罪で有罪の答弁を行うことを認めたり、量刑を軽くする提案を約束したりして譲歩することと引き換えになされるものです。これに対して、無罪の答弁がなされた場合には、両当事者が公判に向けた準備を進めることとなります。公判前に証拠を開示する手続は、民事手続に比べると大きく制約されています。

　公判は、裁判官1名と、陪審の前で行われるのが一般です。ただし、ほとんどの州では、憲法で保障された陪審裁判を受ける権利を、被告人が放棄することも認めています。刑事事件の公判はほとんど常に傍聴人に公開されるという

ない。被疑者は在廷せず、手続は非公開で行われる。これは、一つには、大陪審が起訴すべきでないと判断した事件で被疑者の名誉を保護するためでもあり、もう一つには、当該事件について検察側がもっている考えを被疑者に早く開示しすぎるのを防止するためでもある。大陪審の評決は全員一致である必要はない。伝統的には、大陪審には、自ら率先して捜査を行う広範な権限があり、独立起訴（presentment）という形で検察官から独立した公訴提起を行うことも認められる場合があった。

Ⅱ　法の構成と内容

だけでなく、報道メディアは公判前も公判中もこれにほぼ無制限にコメントを加えることができます。報道の自由は、公正な裁判を保障するのに役立つ面もあるかもしれませんが、これが陪審に対して予断を抱かせる効果を及ぼしうることは深刻な問題です。この問題は未だ解決されておらず、裁判官や検察官、弁護士とも、近年、これに対する関心を高めています。公判の手続は、民事訴訟の場合と大きく異なるものではありません[26]。被告人は、一般の証人と同じく、自身でも証言台に立ち、証言を行うことができます。しかし、被告人は証言を強制されることはなく[27]、証言をしなかったとしても、それが被告人に不利な推定を生じさせることはありません。また、それに関して検察が論評することも認められません。証拠の提出は公開の法廷で、まず検察側、次に弁護側の順番で行い、それぞれについて他方の側の反論が続きます。その後、裁判官から陪審への説示があり、それに基づいて陪審が評議を行い、有罪か無罪かの評決をします。そして、判決が法廷で言い渡されます。証拠調べはすべて、公開の法廷で行われます。公判より前に、裁判官や陪審の個人的な用途のために準備されるファイルや書面といったものは、一切ありません。民事訴訟と同じく、証人は一人ずつ証言し、証人同士が討論することはありません。実務では、検察側、弁護側双方が、自分の呼ぶ証人とあらかじめ打ち合わせを行っています。陪審に対しては裁判官から、「合理的な疑いを差しはさむ余地がない程度」(beyond a reasonable doubt) の有罪の確信に至った場合以外は無罪の評決を出さなければならない、との説示が行われます。評決は通常、全員一致でなければなりません。

---

26) 被告人は通常弁護士によって代理される。民間の弁護士は、依頼者が有罪であるか無罪であるかの確信にかかわらず、事件を引き受けることも引き受けないこともできる。連邦憲法の解釈としては、州裁判所でも連邦裁判所でも、軽微事件の場合を除き、犯罪の嫌疑を受けた者に資力がなくても弁護人が付されなければならないとされてきた。公判の間、弁護人と被告人とは座って自由に話すことができる。検察官は、弁護側と同じ高さの床の席につき、弁護人と同じくビジネススーツを着用している。

27) 合衆国憲法修正第5条は、「何人も……いかなる刑事事件においても自己に不利な証言を行うことを強制されない」と規定しており、多くの州の憲法も類似の規定をおいている。刑事事件というこの文言にもかかわらず、いわゆる「自己負罪拒否特権」(privilege against self-incrimination) は、すべての司法または行政上の (official) 聴聞、審問、調査で人が公的に証言を行うよう召喚された場合にも広げて考えられている。

被告人が有罪とされた場合には、判決の後、法律に定められた範囲内で刑が言い渡されます。刑の言渡しは裁判官によって行われるのが普通ですが、陪審によることもあります。法律上の刑罰は、犯罪の重大性によって、罰金刑、自由刑、そして多くの州では死刑からなっています[28]。被告人は有罪判決に対して上訴を提起することができます。上訴審の裁判所がこれを認めて第一審判決を破棄した場合、一定の条件の下では新たに公判のやり直しが命じられることもあります。これに対して、憲法は被告人を二重の危険（double jeopardy）から保護しているため、無罪判決が出た場合には、検察側がその破棄を求めて控訴することはできません。しかしながら、アメリカの州の中でも、有罪判決を受けて一部服役した被告人が後で無罪であったことがわかった場合に、損害賠償を受ける権利を法律で定めているところはわずかしかありません。とはいえ、刑事事件のうち、公判が行われて人々の注目を集めるものはごく一部にすぎません。圧倒的多数の刑事手続は、公判を開くことなく処理されているのです。それらのほとんどは、予備的審査の段階で手続が打ち切られたり、罪状認否の段階で有罪の答弁が行われたりすることで結着しています。

参考文献

役に立つ情報源として、National conference of Commissioners of Uniform State Laws の起草した *Uniform Rules of Criminal Procedure*（1987）がある。American Law Institute による *Model Code of Pre-Arraignment Procedure*（1975）には、各執筆者の注釈もついている。概説書として、W. LaFave, J. Israel & N. King, *Criminal Procedure*（4th ed. 2004〔第 5 版 2009 年〕）、C. Whitebread & C. Slobogin, *Criminal Procedure: An Analysis of Cases and Concepts*（5th ed. 2007）がある。

G. Fletcher & S. Sheppard, *American Law in a Global Context: The Basics* の序章および第 27-29 章も参照。

証拠法

・範囲と法源

証拠法は、裁判上の証明の種類や、裁判所で証拠として用いられうる証拠の

28）量刑については、後出 [12] 参照。

II 法の構成と内容

形式などの問題を扱う分野です。具体的には、証言を行うことのできる証人の能力一般、証人尋問において認められる質問の形式と範囲、特定の訴因に関して証拠が許容または排除される根拠、証人が証言を拒むことのできる特権、原告または検察官の主張が認められるために必要な立証の程度、推定ないし事実が真実であると認定できる条件などが対象です。伝統的に、証拠法は、司法判断の中で形成されてきたものであり、州によってその内容が異なっていました。しかし、1975年に連邦証拠規則が採択され、同じ頃に統一証拠規則（Uniform Rules of Evidence）が規定された結果、今日では、各州の証拠法の内容はかなり統一されてきています。これら二つの規則は内容が似通っており、現在では、多くの州が、これらに依拠した証拠規則を定めています。いくつかの例外を除き、刑事事件の証拠法も基本的には民事事件の場合と同じです[29]。

・特徴

　証拠法も、手続法の他の分野におけるのと同様に、訴訟の当事者主義的な性格と、陪審制度に由来する特徴を備えたものになっています。伝統的に裁判が当事者主義的であることに伴って、手続を主体となって進めるのは、裁判官よりもむしろ両当事者です。そのイニシアチブは、証拠調べを展開する際にも、使える証拠の範囲を決める際にも発揮されます。立証については両当事者だけが責任を負いますし、事実認定は両者が公開の裁判所に提出した証拠のみに基づいて行われます。しかし、すでに公知のものである事実は、立証によらずに、裁判所が職権で認定する場合もあります。

　伝統的に、証言は、弁護士（または検察官）が、証人に一つひとつ質問するかたちで導き出していきます。書面の証拠調べも、裁判所において一つひとつ行われます。ただし、書証についての実務は変化しつつあります。これは特に、大量の業務記録が関連するような大規模事件の場合に起こっています。一方当事者から質問がなされた際や、証拠物が出された際に、その証言や証拠を陪審に考慮させるべきでないと反対当事者が判断すれば、直ちに異議を申し立てて

---

29) ただし、民事訴訟では必要とされる証明の程度が「証拠の優越」で足りるのに対して、刑事訴訟では「合理的な疑いを差しはさむ余地がない」程度でなければならない。前出「刑事手続」の項を参照。

よいことが、伝統によって認められています。何もしなかった場合には、異議申立ての権利を放棄したものとして扱われるのが通常です。手続的な権利を侵害された当事者は、手続の違法を理由として上訴することもできますが、公判の裁判官にはかなり大きな裁量の余地が認められているので、上訴を受けた裁判所が前の裁判所の判断を覆すのは、評決や事実認定が不適切な手続に影響されたものである実質的な可能性が高いと考えた場合だけです。

　当事者主義のもう一つの帰結は、証人が、裁判所ではなくどちらか一方の当事者のために呼ばれるのが伝統であり、各証人は、反対当事者の弁護士（または検察官）の反対尋問を受けるということです。両当事者は、一般人である証人を自分たちで呼ばなければなりませんが、それだけではなく、鑑定人も呼ぶ必要があります。鑑定人の中には、例えば、医師、科学者、技術者、筆跡鑑定者、弾道学者〔銃弾の飛び方を鑑定する専門家〕、外国法専門家なども含まれます30)。そのため、鑑定人同士の争いが生じることも稀ではありません。つまり、双方の当事者が、自分たちの側に有利な証言をしてくれそうな専門家をある程度選んで、費用を払って証言してもらうため、一連の鑑定人たちが当事者を代理するかたちになっているのです。どの鑑定人も、一人ずつ、反対当事者からの尋問を受けなければなりません。したがって、公判前の準備の打ち合わせでは、鑑定人の人数を制限しなければならなくなることもあります。また、裁判所も、当事者が申請する鑑定人以外に、中立的な立場の専門家を呼ぶことがしばしば認められます。

　訴訟の第2の特徴として、刑事裁判でも民事裁判でも陪審が中心的な役割を果たすことがありますが、これも証拠法分野に広く影響を与えています。コモンローの証拠法が高度に精錬されたかたちで発展したのは、陪審を統制するという目的によるところが大きいのです。そして、陪審制度を念頭に工夫されたルールは、それ以外の場合も含めてすべての公判に影響しています。実務では、陪審なしに裁判官だけが裁判を行う場合には、問題があるかもしれない〔例え

---

30) わずかの例外を除き、当事者を含めたいかなる人でも、一般の証人として証言することが広く認められている。一般の証人には、証明に必要な範囲で、「事実」を述べることが求められる。すなわち、「意見」を述べるのではなく、自己の見聞きしたことを述べるのである。陪審は、証人による自己の経験の報告を聞いて、その意味するところが何かを自分で考えなければならない。

ば、獲得する過程に不正のあった〕証拠の使用をより広く許容する傾向はありますが、原則としては、陪審裁判でもそうでなくても、同一の規則が適用されるのです。

　陪審制度の帰結として特に重要なのは、関連性の薄い証拠が排除されるということを超えて、関連性の高い証拠をも排除するルールがいくつかあることです。これは、それらを証拠として使用する価値よりも、陪審が強く影響されすぎる危険の方が重大だと考えられることによります。この考え方により、証拠を排除するさまざまなルールのうちで最も評判の悪い、伝聞法則（hearsay rule）も基礎づけられています。伝聞法則は、例外も多く設けられてはいるのですが、一般的には、法廷の外でなされた供述はすべて、その供述内容自体を主張するための証拠として用いることを認めない、とするものです。つまり、「ある事件が起こった」と誰かが話すのを聞いていた別の人を、証人として呼んで、その事件の発生を立証するための証言をさせてはならないことになります[31]。裁判官や陪審員は事実に関する前提知識なしに公判に臨むので、彼らが証人の信用性を正しく判断するためには、証言中、特に反対尋問の際の証人の態度を見なければならないということが、慣習的に伝聞法則の根拠とされてきました。法廷外での供述は、裁判官も陪審員も見ていないところで行われたものであり、供述者に対する反対尋問の機会はなかったわけですから、そうした伝聞証拠の内容は疑わしいですし、また陪審員が供述者の態度を評価することもできていません。それらについては、証拠の使用を認めて陪審に評価を委ねてしまうのではなく、むしろ排除して、陪審に対する過度の影響が生じないようにしているのです。伝聞法則は、法廷外の供述については、書かれたものにも口頭のものにも適用されますので、裁判を公開の法廷における口頭の証言を基に行うという伝統にも寄与してきました。

　今日の傾向としては、排除法則の緩和も明らかに見てとれますが[32]、立証

---

31) 例えば、レストランで、Aから、Bが犯罪を行ったという話を聞いたCは、Bがその犯罪で起訴されたとき、Bの犯罪を立証するための証人とされてはならないことになる。これに対して、AがBに対する名誉毀損を行ったかどうかが問題となっている場合には、Cは、実際に「Bが犯罪を行った」という発言をAがしていたこと自体を証言する証人になることができ、ここでは伝聞法則はあてはまらない。
32) 伝聞法則以外にも、証拠の疑わしさを理由とする排除や、公的な政策目的のための排除のルール

の方法を根本的に変えてしまおうという動きはなく、排除法則の改革に向けた努力がなされています。合衆国の訴訟は、これまで、その当事者主義的な性格と陪審制度の伝統があるために、明らかに費用や時間のかかるものになっていましたが、それはおそらく今後も続くでしょう。

参考文献

概説書として、J. Weinstein & M Berger, *Weinstein's Evidence Manual: A Guide To The Federal Rules Of Evidence Based on Weistein's Federal Evidence* (2008)、*McCormick on Evidence* (J. Strong et al., 4th ed. 1999〔第7版 2013年〕)、M. Graham, *Handbook of Federal Evidence* (3rd ed. 1991〔第4版以降分冊化、最新版は 2011年〕) および C. Mueller & L. Kirkpatrick, *Evidence* (1995〔第4版 2009年〕)。定評のある分冊の証拠法文献として、J. Wigmore, *Evidence in Trials at Common Law* (1940-) は、その後掲書 *The New Wigmore: A Treatise on Evidence* (2008-) にも影響を与えている。より新しい分冊のものとして、J. Weinstein & M. Berger, *Weinstein's Evidence: Commentary on Rules of Evidence for the United States Courts and Magistrates* (loose leaf) もある。

州法の抵触

・範囲と法源

「法の抵触」とよばれる分野は、合衆国では国際私法とよばれていますが、第一次的には、裁判管轄、外国（または他州）の判決の執行、適用法の選択を対象としています。法の抵触は、合衆国では特に重要な法領域です。50の州がそれぞれ他の州を外国として扱うことになるためです。独立革命の時代には、イングランドにはこの分野の発達した法がまだありませんでしたので、アメリカの裁判官や法学者たちは、ヨーロッパ大陸法の法学者たちの著作を参考にしました[33]。その後の発展は、大部分が裁判実務の手に委ねられ、現在では、それぞれの州が独自の抵触法ルールをもっています。それらのほとんどは判例法として形成されており、統一法のようなかたちで成文化されているものは少

がある。そのため、例えば配偶者がパートナーに不利な証言を強制されることはない。また、ある人が財産の状態を修復した後にその財産から他の人がけがを負ったからといって、修復後の状態が不当に危険であったことの証明にはならない。

33) ストーリ裁判官による抵触法の体系書が、この分野について英語で書かれた最初の著作である。前出 **1** の注を参照。

Ⅱ 法の構成と内容

ないのです。前に述べたように、これらのルールは、さまざまな事件について連邦の裁判所を拘束するものになっています。連邦憲法の中にも、法の抵触に関する重要な条項がいくつかあり、ほかに、これを補足する連邦の法律や、国際レベルでは国際条約も、関連する定めを置いています。

・特徴

　この領域は、複数の州にまたがる問題や、国際的な問題において、極めて重要となります。一般に、各州の裁判所や連邦の裁判所は、州際問題と国際問題との両方に同じルールを適用しています。アメリカの人々はよく州を越えて移動しますし、ビジネスも州の境界にかかわらず行われているのですが、それぞれの州は独自の法をもっていますし、明らかに州の主権をももっているのです。そのため、法の抵触は他のほとんどの国に比べてはるかに頻繁に起こっています。また、ほかの国にはないほど精緻で細かい点が問題とされることも、アメリカの特徴です。連邦憲法の起草者たちは、この領域で混乱が生じうることを敏感に見越して、法の抵触に関する規定を数多く設けました。そのため、憲法レベルの問題とされている部分の多いことが、この領域の最も顕著な特徴だといえるでしょう。

　連邦憲法によると、連邦政府自体も、この分野では限定された権力しか与えられていません。これには、国際条約の締結や、特定された個別領域での立法の権限が含まれます。しかし、連邦憲法上最も重要なのは、州の権限を制限する諸規定です。それらのうち、特に重要なのは次の2つです。第1に、適正手続に関する修正第14条（Due Process Clause）が、いかなる州も「法の適正手続によることなく人の生命、自由、財産を奪ってはならない」[34]と定めています。第2に、完全な信頼および信用条項（Full Faith and Credit Clause）は、いかなる州も「他のすべての州の法令、記録、および司法手続」に対して「完全な信頼および信用」を与えることを求めています。これらの制限は、主として裁判管轄を定める法と州外判決の執行とに影響するものであり、それについて争いが生じた場合、最終的には合衆国最高裁判所が判断を下すことになります。

---

34) 連邦政府に適用される修正第5条も、実質的に同じ規定を含んでいる。

アメリカの裁判所が人的管轄を認める最初の基礎となったのは、当事者による裁判管轄の受諾がある場合と、法廷地が含まれる管轄領域に当事者が現在している場合でした。その後、人的管轄の認められる場合がほかにも多く規定されるようになりました。例えば、当該州内に当事者の住所がある場合、州内で業務を行っている場合、重要な行為が州内でなされた場合、また、行為が州外でなされてもその効果が州内で発生する場合も含まれるようになりました。しかし、管轄を定めるいろいろなルールは、適正手続条項に従っていなければなりません。州の内部で行われる手続は、この条項の解釈として合衆国最高裁判所が要求している、合理的かどうかの基準と、「公正な扱いと公正な本案裁判」（fair play and substantial justice）の基準とを満たす必要があります。それは、訴訟を提起された側に対して州が訴訟提起を知らせる通知に関しても、また、その当事者が提訴を争う際の審理を受ける機会に関しても、適用されます。これを満たさない場合、州の裁判所は不十分な手続を行ったことになり、判決は無効となるのです[35]。

　判決が下された後の段階においても、連邦憲法は別の州でのその判決の効力に影響を及ぼします。完全な信頼および信用条項は、各州法によって具体化され、一つの州の裁判所は、他の州の裁判所による確定判決の効力を認めなければならないこととされています。同じルールは、州裁判所と連邦裁判所との間の関係にも適用されます。しかし、判決を下した裁判所に管轄が欠けていた場合には、そもそもその州の内部でも判決は無効なのですから、他のいかなる州においてもその執行が求められることにはなりません。また、「完全な信頼および信用」の要請は、アメリカの裁判所による判決にだけあてはまり、外国が下した判決にまで拡張されるものではありません。外国判決の効力は、国際相互承認（doctrine of comity）の考え方によってのみ認められるのであり、強制的に生じるわけではありません。それでも、アメリカの裁判所は、従来、大変リベラルな立場をとり、外国判決の効力を緩やかに認めてこれを執行してきています。

---

[35] しかし、法的には管轄が認められる裁判所も、「便宜でない法廷」（forum non conveniens）の法理に依拠し、法廷が当事者や証人にとって極めて不適切または不便であって、かつ、他に適切な法廷がある場合には、管轄権の行使を避けることができる。

Ⅱ 法の構成と内容

　どの法を適用するかの選択に関するルールは、連邦憲法の影響をここまでは受けません。州が、問題となる事実との間に十分な関係性を有しておらず、自分の州法を適用するための合理的理由がないにもかかわらず、自州の法を適用した場合には、適正手続条項に対する違反があったことになるでしょう。これに対し、完全な信頼および信用条項の方は、適用法の選択にとってあまり意味をもちません。この領域のルールは主に判例法を通じて形成されてきており、ヨーロッパ大陸法の国々のルールと極めて似通ったものになっています。

参考文献

　公式の情報源として、*Restatement (Second) of Conflict of Laws* (1971)。概説書として、R. Leflar, L. McDougal & R. Felix, *American Conflicts Law* (5th ed. 2001)、E. Scoles & P. Hay, *Conflict of Laws* (4th ed. 2004〔第5版 2010 年は P. Hay, P. J. Borchers & S. C. Symeonides 著〕、R. Weintraub, *Commentary on the Conflict of Laws* (3rd ed. 1986〔第6版 2010 年〕) 参照。より簡潔な文献として L. Brilmayer, *Conflict of Laws* (2nd ed. 1995) がある。

11 私法

> 合衆国の私法は細かく分かれていますが、六つの大きなグループに分けるとわかりやすいでしょう。つまり、契約法、不法行為法、財産法、家族法、商法、そして会社法です。これらの分野はどのような内容のもので、そこにはそのような原理的な特徴があるのでしょうか。

契約
・範囲と淵源

契約法は、主に約束から生じた義務の強制に関わる法です。契約責任は、明示の約束または両当事者の行為の事実に含まれる黙示の約束に基づくものです。さらに、場合によっては、当事者の合意がなくても、不当利得を防ぐために、裁判所が当事者に原状回復（restitution）の責任を課すことがあります[1]。

契約法が主なテーマとしているのは、当事者の契約を結ぶ能力、契約が有効となるために要求される形式、申込みと承諾、約因、錯誤と不実表示、契約を形成する過程での強迫と非良心性、パブリック・ポリシーに基づく強制不可能、文言の解釈、履行と履行の条件、目的不達成および履行の実行困難、義務の解消、譲受人および受益者の権利、そして契約違反または部分的違反に対する救済に及びます。契約法は、相当の範囲で一体性を保っており、合意の対象や当事者の性質によって契約を分類し根本的に区別することは拒んできました。そのため、重要な例外はいくつかありますが、契約法の一般原則は、雇用、動産売買、土地売買、保険のような種々の対象に関する合意、そして私人、企業、政府の機関のようなさまざまな当事者にあてはまります[2]。

契約法は、そのほとんどが州法で、ただ通常州ごとに細部の相違があるというにすぎません。今日もその主要部分は判例法ですが、制定法も増えておりそ

---

[1] 例えば、医師が意識のない人に緊急措置を施すと、原状回復の権利をもつ。これは、しばしば「準契約」（quasi-contract）の責任とよばれるが、「法に内包された約束」（promise implied in law）という、ややミスリーディングな言い方をすることもある。

[2] このような一般論に対する重要な例外は、「商人」（後述参照）にのみ適用になる統一商法典のいくつかの特則や「消費者」取引に適用される特別の制定法である。

Ⅱ 法の構成と内容

れぞれ特定の問題を規律しています。例えば、統一商法典（Uniform Commercial Code）は、動産売買契約の成立に関する重要な定めをおいています。また、1887年のタッカー法（Tucker Act）は、改正を経てこの分野の最も重要な連邦法の一つとなっていますが、これによって、合衆国政府は、連邦裁判所における訴訟に合意することにより、契約の訴訟に関してその免責特権（sovereign immunity）を放棄したのです。制定法で定立されたルール、および判例法で定立されたルールのいくつかは、強行的（つまり、強制的）なもので、たとえその他のルールが補充的（つまり、解釈的）[3]なもので合意によって変更されうるとしても、強行的なルールは当事者が排除することはできません。

・特徴

契約とは、違反があった場合に法が救済を与えてくれる約束として定義することができます[4]。もっとも、「契約」という言葉は、当事者の合意を指す場合や当事者が作成したその書面を指す場合もあります。約束であればみな強制されうるというものではなく、約束違反に対して法が救済を与えるためにはいくつかの基準を満たさなければなりません。そのうち最も根本的なものは二つあり、その一つは書面が必要であるというものです。これは、一定の類型の契約について記録を残し、後に証明のために用いられます（すべての契約が書面を要求するというわけではありません）。もう一つは約因（consideration）の必要性です。これは、契約が強制力を持つために常に求められるものです。

書面の要件は、詐欺防止法（statute of frauds）が求めるところですが、これは、1677年のイギリス詐欺防止法に由来するもので、合衆国全土で制定されています。いくつか例外はありますが、典型的には、一定の契約は書面によって証明されない限り強制力をもたないものと規定しています[5]。各州の詐欺防

---

3) これらを「デフォルト・ルール」（default rule）とよぶのが今日の傾向である。これに反する定めがなされなかったときに適用されるものである。
4) これは、第2次契約法リステイトメントの1条における定義の要点である。
5) しかし、この法律の最小限度の要件を満たす書面がいったん作られた以上は、契約自体が書面によるものであることを求めたり、口頭の言明の証拠を排除したりするものではない。他方、口頭証拠排除則は、契約が書面によって具体化され完成された場合には、事前あるいは同時に行われた、口頭による言明や書面による言明の証拠を厳しく制限するように働く。

止法が規律対象としている契約類型のうち、最も一般的なのは、商人間の動産売買契約[6]、土地売買契約、保証契約、さらに1年以内に履行が完了しない契約[7]です。サービス提供契約や動産売買契約のほとんどなど、多くの契約は対象に含まれていませんから、これらの契約は、書面がなく口頭によるものでも強制力があるのです。なお、イギリスでは詐欺防止法の内容の大部分が1954年に廃止されました。しかし、合衆国では、その後も、詐欺防止法を完全に廃棄するべきというような広範な運動は起きませんでした。

　書面の要件のほかに、合衆国では、約束というものは、約因の裏打ちがない限り、一般的に強制されることはありません[8]。約因とは、それに対して約束者が交換取引（bargain）をして、約束者が自己の約束と交換に受け取ることを期待するようなもの（例えば、受約者からの約束とか、金銭の支払やサービスの提供のような何らかの行為）のことをいいます[9]。これに対し、無償の約束、見返りが何もないことを行う約束（約束の時点ですでに提供が終わっていた物やサービスに対して、あえてお金を払うというような約束も含まれます）は、約因によって裏打ちされていません。ただ、無償約束であっても、「約束的禁反言」（promissory estoppel）とよばれる法理が適用される場合において、受約者がその約束を信頼していたときは、拘束力が与えられることもあります。

　幸いなことに、ビジネス上の約束で約因の要件を満たさないものは、ごくわ

---

[6] しかし、国際動産売買契約に関する国連条約（United Nations Convention on Contracts for the International Sale of Goods）の規律対処となる契約においては、書面は必要とされない。本章の商法の説明を参照。統一商法典第2編の改定は、動産売買契約へのこの法律の適用を排除することを意図したものである。

[7] 婚姻関係に入るという約束を約因とする契約もまた、この法律の適用を受けるものであり、強制力を備えるには書面によるものであることが求められる。

[8] 歴史的にみれば、書面に蠟による紋章を付着させる方法をとれば、約因がなくても約束者が書面による約束を拘束力のあるものとすることはできた。しかし、その後紋章は意味のない形式となり、その効果は州法によっておおむね排除されている。

[9] 契約における「約束者」（promisor）という語と「受約者」（promisee）という語は、混乱を招きがちである。二人の当事者がそれぞれ将来ある行為を行うという契約に入った場合には、両当事者とも約束をしていることになる。したがって、それぞれの約束について、その約束をした者が約束者であり、その相手方が受約者となる。つまり、両当事者とも約束者であり受約者であるということになる。議論になっているのがどの約束なのかということによって変わってくるということである。他方、契約で「申込者」（offeror）とは、「申込みの相手方」（offeree）に対して申込みをした者のことであり、この言葉遣いは、申込みに承諾がなされた場合には変わらない。

ずかにすぎません。そのうち最も問題なものの一つは、「確定的申込み」（firm offer）（つまり、撤回できない申込み）です。合衆国の伝統的なルールによれば、申込みをした者はそれが承諾されるまではいつでも撤回することができるのであり、申込者が撤回しないという約束をしても、それは約因の裏打ちがなければ効力をもたないのです。申込者のそのような約束に拘束力を与えるためのよくある方法は、申込者に対し、名目的な額、例えば1ドル[10]を、「オプション」とされるものに対する約因として支払うことです（その支払は、被申込者が行います）。また、統一商法典では、申込者は、商品を買うという申込みあるいは売るという申込みを、それが撤回できないものであると述べる署名入りの書面において表明するだけで、撤回できない申込みを行うこともできるのです。さらに、多くの裁判所では、被申込者が申込みを信頼した場合には、状況次第でその申込みは撤回できないものとなります。このように、約因の法理を廃棄するのではなく、約因の法理を満たさない場合を補おうとしているのです。

　合衆国では、契約の書面は、制定法のように詳細で長々としたものになるという特徴があります。それらは弁護士が用意するものですが、ふつう「ひな形」（boilerplate）とよばれる標準約款が使われることもよくあります。これは、ファイルに収められた他の合意や書式集から取られたものです。弁護士を直接使っていない場合でも、当事者は、弁護士によって起草された標準的な印刷された書式を利用したり、契約に組み入れたりすることができます。例えば、特定の企業、企業集団あるいは一般市民への売却のための書式です。取引の細目をこのように重視することには、いろいろな理由があります。例えば、日常的な取引が標準化されていること、それ以外の取引では頻繁に弁護士が利用されること、過去の論争において吟味されてきた文言を使用する傾向があること、そして、複数の州の法が適用される場合において不確実さを回避する要請があるということです。これらの事情によって、事例への対応に関心を向けるアメリカの弁護士は、過去に発生した特定の紛争や、予見できる将来の特定の紛争に備えようとする一般的傾向を強くするのです[11]。

---

10) 伝統的に、約因の法理は交換内容の十分さや公正さには関係がない。
11) Langebein, *Comparative Civil Procedure and the Style of Complex Contracts*, 35 AM. J. COMP. L.381 (1987).

この数十年は、裁判所も立法府も交渉力の濫用と不公正な条項の押付けに関心をもつようになってきました。よくみられる例としては、「附合契約」（contract of adhesion）があります。これは、チケット、賃貸借、そして小売などの契約において、強い当事者が書いた条項を弱い当事者に押し付けるものです。裁判所は、契約解釈の体裁をとって、弱い当事者の味方を始めました。統一商法典は、裁判所に対し、「非良心的」（unconscionable）であると判断した契約や条項の強制を拒んで、直接この問題に対処する権限を与えたのです。これに関する統一商法典の規定は動産売買契約のみを対象としていますが、その原理は、すべての契約に拡大されてきました。さらに、立法府は、特定の濫用、特に消費者との契約における濫用を対象とした制定法を成立させてきました。多くの領域において契約自由の法理は後退していますが、それでも、この法理は今日も例外ではなく原則なのです。

参考文献

　The Restatement (Second) of Contracts (1981) は権威あるリステイトメント。1巻にまとまっているものとして、E. Farnsworth, *Contracts* (4th ed. 2004) を参照。複数巻から成る学術書として、E. Farnsworth, *Contracts* (1990-) がある。外国の読者に向けた要領のよい解説として、E. Farnsworth, *United States Contract Law* (1999) 参照。複数の巻に分かれた古典的な学術書として、A. Corbin, *Contracts* (J. Perillo, rev. ed. 1993-) および S. Williston, *A Treatise on the Law of Contracts* (R. Lord, 4th ed. 1990-) があり、両者とも版を重ねている。さらに、J. Calamari & J. Perillo, *The Law of Contracts* (3d ed. 1987〔第4版1998年〕); J. Murray, *Contracts* (3d ed. 1990) も参照。M. Chirelstein, *Concepts And Case Analysis in the Law of Contracts* (2006〔第7版2013年〕) は、簡易な入門書。エクイティ上の救済について、E. Yorio, *Contract Enforcement: Specific Performance and Injunction* (1989) がある。リーディングスとしては、*Perspectives on Contract Law* (R. Barnett ed., 1995〔第4版2009年〕)、*Foundations of Contract Law* (R. Craswell & A. Schwartz eds., 1994) および *A Contract Anthology* (P. Linzer, 2d ed. 1995) がある。契約に関する特に影響力の強い研究書として、C. Fried, *Contract as Promise* (1981)、G. Gilmore, *The Death of Contract* (1974)、I. MacNeil, *The New Social Contract* (1981) の3点をあげたい。法と経済学のリーディングスとして、*Readings in the Economics of Contract Law* (V. Goldberg ed., 1982) と *The Economics of Contract Law* (A. Kronman & R. Posner eds., 1979) がある。イギリス契約法史の優れた研究として、A. Simpson, *A History of the Common Law of Contract: The Rise of*

Ⅱ　法の構成と内容

Assumpsit（1987）参照。

　原状回復に関する複数巻の研究として G. Palmer, *The Law of Restitution*（1995）があり、毎年改訂されている。D. Dobbs, *The Law of Remedies: Damages-Equity-Restitution*（2d ed. 1993）も原状回復について言及する。*Restatement*（Third）*of Restitution*（1937）and Unjust Enrichment の改訂作業も完結した。関連分野（例えば、保険や保証）の文献については、商法の参考文献を参照。

　なお、G. Fletcher & S. Sheppard, *American Law in a Global Context: The Basics* の序章と第 17-21 章も参照。

不法行為

・範囲と法源

　不法行為の分野には、契約違反以外の民事上の権利侵害（civil wrong）の諸形態が含まれます。それは、身体、財産、社会的評価、あるいは商的ないし社会的な立場に対する侵害を指します[12]。暴行の脅迫（assault）のような行為は、州による刑事訴追により処罰されるべき犯罪と、被害者による損害賠償請求訴訟により責任追及されるべき不法行為の、両者に当てはまることがありますが、刑事訴追と損害賠償請求訴訟とは、まったく別の無関係な手続です。不法行為法の本質的な目的は、賠償にあり、場合によっては懲罰的損害賠償が認められることはあるものの、その機能は刑事法の機能とはまったく異なるものなのです。逆に、刑事法は本質的に懲罰的なもので、被害を受けた当事者が刑事訴追において賠償を得るということはありません。

　不法行為法は、連邦法というよりも主に州法ですから、どのような行為を不法行為とし、それに対してどのような救済を与えるかは、国内を見渡すと大きな違いがあります。不法行為法は、制定法[13]よりも主に判例法ではありますが、多様な制定法も特定の問題を規律しています。一般的な例として、不法行為死

---

12) 不法行為、または契約関係にない当事者間の悪行がその結果としての侵害につき民事の訴訟原因となる場合の責任追及は、ローマ法の影響をより受けた司法制度における違法行為（delict）の民事的な責任の追及とおおむね同様のものである。合衆国では、不法行為は故意による不法行為もネグリジェンスによるそれも含む。そのため、違法行為または準違法行為（quasi-delict）になるであろうほとんどの行為が含まれる。刑事訴追が行われたか否かは、私人の原告が訴えを起こす権利に何の影響も与えない（もっとも、当事者が民事訴訟では何の回復も得られず、同じ加害につき刑事賠償（criminal restitution）で完全な塡補を得ることもあった）。

亡法（wrongful death act）や、加害を受けた者の死に基づく権利を規律する訴権存続法（survival statutes）14)や、寄与過失（contributory negligence）のシステムのかわりに比較過失（comparative negligence）のシステムを使う制定法を指摘することができます。さらに、より重要な連邦法を一つあげると、1946年の連邦不法行為請求法（Federal Tort Claims Act）があります。この法律によって、合衆国は、いくつかの例外は残したものの、国の被用者の不法行為に基づく責任につき免責特権を放棄しました。したがって今日では、それが私人であれば責任があるであろうという状況ならば、連邦裁判所において合衆国に対して陪審を伴わない訴訟を提起して、損害賠償をとることができるのです。

・特徴

　不法行為の分野は、三つの広いカテゴリーに分けることができます。すなわち、責任が、故意に基づく場合、ネグリジェンスに基づく場合、故意かネグリジェンスかに関わりのない絶対的義務ないし厳格義務の違反に基づく場合です。

　身体や財産に対する侵害（interference）を引き起こす故意による不法行為としては、イギリスからほとんど修正なく承継した伝統的な不法行為をあげることができます。つまり、暴行の脅迫（assault）、暴行（battery）、横領（conversion）、不法監禁（false imprisonment）そしてトレスパスです。故意であろうとネグリジェンスであろうと、他人の土地利用に対する不合理な妨害は、私的不法妨害（private nuisance）となることがあります。そして、例えば、ある土地所有者が臭気や騒音を発生させて隣地所有者に損害を与えたようなケースは、しばしば差止命令（injunction）によるエクイティ上の救済に相当するものと考えられてきました15)。故意による不法行為で、侵害が有形性の乏しい利益に対するものである場合については、この数十年に注目するべき法的な発展があ

---

13) 言うまでもないが、一定環境における一連の行為を求める法律は多数存在する。例えば、木工所における労働者の保護のために安全要件を設けることである。そして、そのような法律の違反は法律問題としてのネグリジェンスを示すものとして援用されうる。
14) 不法行為死亡法は、人の死亡によっては何の訴訟も基礎づけられないという判例法を覆すために制定された。訴権存続法は、人的不法行為の訴訟は、原告または被告が死亡した場合には存続しないという従前の判例法理を変更するために制定された。
15) ニューサンスを訴訟によらずに自力で除去することが許される場合もある。

りました。例えば、精神的苦しみを与えること、侵害的な虚偽表現（injurious falsehood）、契約関係の侵害、悪意訴追（malicious prosecution）、不実表示、さらにプライバシー権の侵害のような比較的現代的な不法行為[16]もあげることができます。しかし、不法行為訴訟の大部分は、過失責任または厳格責任（strict liability）[17]に基づいて、身体への権利侵害につき責任追及を行うものです。

ネグリジェンスは、不法行為責任の追及において、実際的には故意よりも重要な根拠となります。損害賠償を求める不法行為訴訟において事実審理がなされる場合には、ほとんど常に陪審が組まれますが、陪審はネグリジェンスのケースでは中心的役割を果たします。ネグリジェンスのケースで、陪審は、被告の行為が類似の状況の下で合理的な人間に期待される注意水準に適合したものであったかを判断することが求められます。陪審が、被告はこの水準を満たしておらず、そのことによって原告が侵害を被ったと判断した場合には、陪審は、原告に対し被告のこの懈怠に帰することができる範囲の侵害につきその回復を認めることになります。陪審は、責任の有無を決めるのみならず、損害賠償額の確定も行います[18]。もっとも、損害賠償額は割合的に認めることができますので、原告が得るものは、その加害における原告の過失の割合に応じて減額されることになります。ただこれは、これまで常にそうであったということで

---

16) このような不法行為の由来については、[8]参照。
17) その場合の塡補賠償は、医療費支出、苦痛および収入や稼働能力の喪失に対するものを含んでいるが、弁護士費用は含まない。もっとも、このような事例は原告側の弁護士が成功報酬ベースで引き受けることが多く、その場合には弁護士の報酬は得られた賠償額に対する一定割合として算出される。
18) 1963年版およびその後の版で、ファーンズワース教授は、上の本文に、「しかし、陪審の評決は、緩やかな制限はあるものの、この問題に対する最終的なものですから、被告が、その支払能力や保険を付ける能力のゆえに、陪審からは最適な損失負担者とみられて、過失に関わりのない絶対責任に近い責任を負わされことになるのを防ぐものはほとんどありません。」と書いていた。彼は、この説明について注で、「陪審の態度は、保険による救済の可能性によって影響を受けることは疑いないが、責任保険を証拠として持ち出すことはネグリジェンスの訴訟では認められない。」と補足していた。この版では、これらの説明を省くことにした。主な理由は、今日、上訴裁判所では、1963年当時よりも陪審が裁定額を取り下げたり退けたりすることが多いこと、また、金持ちの被告よりも貧しい原告に向けられる陪審の同情心は、かつて思われていたほど評決に影響していないことが、近年の社会科学のデータからうかがえることにある。N. VIDMAR, MEDICAL MALPRACTICE AND THE AMERICAN JURY (1997).

はありません。合衆国は長く、コモンローにおける寄与過失の法理にとって最後の大きな砦でした。しかし、その法理は、今日では、ほとんどの州で比較過失のシステムによって取って代わられているのです[19]。

厳格責任は、当初は、爆発物の所持のような非常に危険な物および行為について課されていました[20]。しかし、それが今日重要性をもつのは、主に欠陥ある製品の製造者や販売者の責任の根拠とされる場合です。厳格責任は、製造物責任の主要な根拠として広くネグリジェンスを排除しました。設計または製造に瑕疵がある製品から生じた身体への加害を含む製造物責任のケースでは、陪審の評決は、数百万ドルにものぼります[21]。

工業化された社会において身体の傷害に対し伝統的な不法行為理論で対応することが適切かという点については、かなりの論争となってきました。オーソドックスな不法行為法からの最初の顕著な離脱は、各州における労働者災害補償法（workers' compensation statute）の制定に現れました。これは、法律が対象とする、被用者が就業中に被った人身の傷害をカバーするものです。被用者にとっての利点は、事故がこの法律の規律範囲内であれば、使用者あるいは被用者のいずれかの側のネグリジェンスによるものであるか否かに関わりなく、使用者が絶対的な責任を負うとされていることにあります。しかし、これにより、労働者災害補償は使用者に対する被用者の唯一の救済手段となりました。つまり、被用者は、使用者をネグリジェンスで訴えて、同情した陪審に対し大きな評決を求める機会を失い、代わりに、法律上の定式に基づいて確定された、

---

[19] 寄与過失の法理の下では、たとえ被告に過失があったとしても、原告にも過失がありそれが損失の発生に寄与していたということが証明されると、被告は全面的に責任を免れることができる。両当事者の過失の相対的な程度は重要ではなく、理論的には、二つの可能性のみがあることになる。つまり、被告のみに過失があった場合には完全な賠償がなされ、他方、いずれの当事者にも過失がなかったかあるいは原告に何らかの過失があった場合にはまったく賠償が認められない。しかし、実務ではこの二つの極端な結論は、当事者の過失の有無を判断する権限および損害があった場合にその賠償額を決定する陪審の権限によって緩和されている。したがって、陪審は、損害賠償を認めそこにおいて原告の過失を賠償額の算定に反映させることにより、寄与過失の法理を回避することがありうる。

[20] 端緒となったケースは、Rylands v. Fletcher, [1868] L.R.3H.L.330 であり、これは、被告の土地に作られた貯水施設から溢れた水によって引き起こされた損害に関するものであった。

[21] 合理的で統一的な製造物責任法を作るために、1979年にモデル製造物責任法（Model Uniform Product Liability Act）が発表され、アメリカ法律協会がこれについてリステイトしている。

はるかに少額の補償を受け取るほかありません。使用者は、強制的な、通常は民間の責任保険のシステムによって支えられています。これについては使用者のみが支払をしますが、追加的な費用が発生した場合には、通常それは消費者に転嫁されることになります。このシステムの管理は、州の行政機関によって行われています。

オーソドックスな不法行為法からの第2の顕著な離脱は、1970年代にほぼ半数の州で制定された、無過失自動車事故補償法 (no-fault automobile accident compensation law)[22]によって生じました。このような法律は州ごとにかなりの違いがあったのですが、重要なことは、運転者はみな、他の運転者や歩行者に対して、その経済的損失につき一定額までカバーする保険に入らなければならないとされている点です。他方、通常運転者は、被害を受けた当事者が有する、過失と関わりなく保護される利益については、不法行為の免責を与えられることになります。このシステムによって守られる者は、少なくともその保護の範囲では、自己に対する加害行為をした運転者に別途補償を求めることは、運転者の過失の有無を問わず認められません。しかし、無過失のシステムはみな、最低限の保護を提供するものですから、損害賠償額が一定のレベルに達した場合や特定の種類の加害が発生した場合には、過失のシステムに回帰することになるのです。

参考文献

The Restatement (Second) of Torts (1965-77) は、一般に妥当しているルールをまとめたもの。補巻として、the *Restatement (Third) of Torts: Products Liability* (1994-) がある。標準的な専門書として、*Prosser & Keeton on Torts* (W. Keeton, 5th ed. 1984) や数巻に及ぶ F. Harper, F. James & O. Gray, *The Law of Torts* (2d ed. 1986〔第3版 2006年〕) がある。1巻のものとしては、D. Dobbs, *The Law of Torts* (2005) 参照。リーディングスとして、*Foundations of Tort Law* (S. Levmore & C. Sharkey eds., 2009) 参照。法と経済学の観点からは、S. Shavell, *Economic Analysis of Accident Law* (1987) や G. Calabresi, *The Costs of Accidents: A Legal and Economic Analysis* (1970) がある。R. Rabin & S. Sugarman, *Torts*

---

22) 無過失保険 (no-fault insurance) の考え方は、次の文献によって注目されるようになった。R. Keeton & J. O'Connell, *Basic Protection for the Traffic Victim: A Blueprint for Reforming Automobile Insurance* (1965)。

Stories (2003) は、多くの不法行為事例の優れた解説書。合衆国の不法行為法の歴史については、G. White, *Tort Law in America: An Intellectual History* (2003) 参照。

なお、G. Fletcher & S. Sheppard, *American Law in a Global Context: The Basics* の序章と第 22-25 章も参照。

財産
・範囲と法源

アメリカ財産法のルーツは、中世イギリスの封建的土地法にあります。そのため、歴史的に主に封建制度の下で重要な土地資産をなしていた物的財産（real property）と、その他の有形・無形の資産のほとんどを構成していた人的財産（personal property）[23]が区別されています。この区別は、イギリスが商業国家へと変貌し人的財産がはるかに重要な意味をもつようになってからも、なお残ったのです。しかし、合衆国では、この区別が徐々に消えゆく傾向が現れてきました。例えば、無遺言相続（intestate succession）のルールは、今日では、物的財産でも人的資産でもほぼ共通するものとなっています。もっとも、人的財産の商取引はまさに商事法の領域に含まれますので、財産法は、なお主に物的財産を対象としているともいえるのです。それは、有しうる権利の種類および財産に対する所有権の諸類型、所有者から他者への財産の移転、他者の財産に対する抵当権やその他の主張、贈与、譲渡、および、生存者間における（*inter vivos*）その他の財産上の利益の移転、遺言または無遺言相続による所有者の死亡後の財産の移転、財産に対する信託の設定と管理、そして、財産の使用に関する制限に及びます。

合衆国の財産法は、特に各地域の事情を反映したもので、その州ごとの違いは、例えば契約や不法行為の事例よりもより大きいのです。合衆国のいくつかの地域はかつてスペインやフランスの支配の下にありましたが、そこでは大陸法の影響が今でも残っています。また、八つの州では、夫婦共有財産制（community property）とよばれるものがあり、これによって夫と妻は多彩な共

---

[23] 今日、人的財産には、契約上の権利、例えば銀行預金や株式、また、工業所有権、例えば特許権や著作権のような無形のものが含まれる。また、「受給権」（entitlement）ともよばれる政府事業、例えば社会保障事業に基づく利益も含まれている。

Ⅱ 法の構成と内容

同所有権を持つことになりますが、これも大陸法に由来するものです。どの州も、財産、特に無遺言相続の問題に関する一群の制定法をもっていますが、その中には多くの州で採択された統一法があり、また姉妹州から導入したものもあります。しかし、これらの法律が十分に体系化され全体に統合されて作られていることは多くありません。連邦法にも、環境保護や障害者の施設のようなさまざまな課題を扱うものがあり、それらも、財産法の弁護士の仕事に影響を与えています。

・特徴

アメリカ独立革命時のイギリス土地法は、土地に関する諸利益の精巧なスキームによって、特徴的な発展を遂げていましたが、このスキームは若い合衆国の諸州の法にほとんどそのまま継受されました[24]。これらの利益の間の最初の大きな区分は、ある法的な利益が、その利益の所持者に対し土地を占有する権利を伴う現実の所有権を与えうるものか否かという区別によるものです。それらはさらに、現実の占有を伴う不動産権（possessory estate）ないし現実に占有しうる権利（possessory interest）と、将来のあるいは占有を伴わない不動産権とに区別されます。前者においてその権利の所持者は現在における占有権をもち、後者においてその権利の所持者は将来において占有を得ることになるのです。他方、現実に占有しうる権利は、その存続期間[25]と、所持者が占有を得る可能性あるいは確実性と占有の肯否を左右する要件にかかる将来の利益によって分類されます[26]。所有権を伴わない占有の権利もありますが、その中で最も重要なのは、定期不動産賃借権（leasehold estate）、定期自由土地保有権（freehold for a term of years）に類似する制限占有土地保有権（nonfreehold estate）です。他方、不動産賃借権（lease）は、多くはその終了条件によって、

---

24) 保有権（tenure）というイギリスの制度では、すべての土地は究極的には国王に帰属することになるが、これは合衆国では実際上ほとんど影響力をもたなかった。
25) 例として、永続的に存続する可能性のある絶対的単純不動産権（fee simple absolute）、人の生涯の間のみ存続する生涯不動産権（life estate）、年・月・日によって存続期間が定められている定期不動産権（estate for years）をあげることができる。
26) 例えば、所持者が他人に生涯不動産権を譲与した後にも、絶対的単純不動産権は所持者のもとに無条件の将来権（future interest）として残ることになるが、これは「復帰権」（reversion）とよばれる。

指定日（date certain）、不更新によって、期間中の不終了によって、あるいは不動産貸主ないしは借主が解約の通知をすることによって、存続期間が明確化します[27]。また、地役権（easement）やフランチャイズのような、現在の占有に基づかない利益もあり、これは、土地を利用する他人の権利に制限を設けるものです。最後に、同時に多数の者に分割される利益や不動産共同保有（cotenancy）[28]があります。コモンローは、これらの土地に対する権利を扱うにつき注目するべき抽象化の能力を示してきました。所有権は、期間を画することができるものと解されており、所有者からの要請と法律家の創意によって分割されうるものです。その結果、不動産を持っている者は誰でも、それが現に占有しているものであろうと将来のものであろうと、その土地に対する確定的権利を現在において所有している者であるということができます[29]。コモンローは、所有者の権利と現在および将来にわたる他の所有者の利益につき、所有者に対し財産を支配する広い裁量範囲を与えて、両者の均衡を図っています。ただ、不法行為としての若干の制限はあり、所有者が自己の財産の利用において、他者の財産利用を妨げるのを防いでいます。また、所有者は、地役権、特約そして取引制限、不動産賃借権および立入権、信託、そして将来権の設定によって、将来の土地利用に制限を課すことができますが、これらであっても、一定のルールの下では否定される場合があります。例えば、敵対的占有（adverse possession）の法理に基づいて、他人の長期にわたる占有による所有権の喪失が認められる場合、あるいは、財産の譲渡可能性を促進する法理によ

---

[27] 定期不動産賃借権（lease for a term of years）、更新定期不動産権（periodic tenancy）（あるいは、年極め不動産賃借権、月極め不動産賃借権、週極め不動産賃借権）、任意不動産権（tenancy at will）がある。その他の不動産権も、賃借権を持たない現有不動産権者によって創出される。これは、地主の許容不動産（tenancy by sufferance）である。

[28] 三つの不動産共同保有権がある。まず、共有不動産権（tenancy in common）は、人々に財産において異なる利益を相互に認めるものであり、各持分は譲渡可能である。また、合有不動産権（joint tenancy）は、各不動産権者に等しい持分を与え、最終的に生存した一人の不動産権者が全利益を得るというものである。さらに、夫婦全部保有不動産権（tenancy by the entireties）は、配偶者間における合有不動産権の一形式である。

[29] それゆえ、例えば、上記の注で触れた復帰権を有する者は、他の財産と同様に復帰権も、生存中であれ死亡時であれ自由に処分することができる。そして、その復帰権を、将来の時点において移転することができる。たとえ、復帰権を移転した者が生涯不動産権者（life tenant）の死の前に死亡してもである。その生涯不動産権者の死により復帰権は、現実に占有しうる権利となる。

Ⅱ 法の構成と内容

って、3世代以上にわたる土地支配の試みが否定される場合[30]などをあげることができます。

独立革命以後におけるイギリス財産法からの最も顕著な離反は、不動産権原の譲渡証書（assurance）に関するものです。アメリカにおける土地の移転の標準的な手段は、ディード（deed）です。これは、歴史的には、財産に関する権原を移転させるべく作られ、捺印されていた書面ですが、今日このディードの引渡し行為によって権原の移転を表すのです。その中には、権原に瑕疵があった場合に譲渡人がその瑕疵に基づく損失を賠償する旨を譲受人に合意する条項がおかれていることがあります。イギリスでは、譲受人は、土地とともにやり取りされたもともとのディードを検認することにより安全性を得ていました。植民地では、別のシステムである公の登録（recordation）が使われるようになり、後に合衆国全土に広まりました。州の登録法は、すべての移転につき地方の役所において迅速に登録することを求めるもので、それによって、これから譲渡を受けようとする者は、通常地域の専門家に頼んで、その公の記録を調べれば、それを信頼して取引の安全を得ることができるのです。この記録を行わなかった場合のペナルティーは、競合する他の利害者に対して優先権を失うというものですが、その詳細については各州の法律によりかなりの違いがあります。今日では一般的なことですが、登録の信頼性は、民間の権原保険（title insurance）の制度によって補強されています。これは、権原保険者が、記録を調査したうえで、瑕疵ある権原から損失が生じた場合に被保険者に補償することを合意するものです。このような保険は、銀行から融資を受けて土地を買う場合には要求されるのがふつうです。もう一つの登録方法は、権原登記（title registration）またはトーレンス・システム（Torrens system）[31]とよばれるもので、少数の州である程度使われています。しかし、権原登記は、登録に基礎を

---

30) おそらく最も有名なコモンローのルールは、永久拘束禁止の原則（Rule Against Perpetuities）であろう。これは、土地の所有者が土地をあまりに多くの将来権（future interest）に譲渡し（Oが終身的にAに譲与し、それから終身的にBに譲与し、さらに終身的にBの最年少の子に譲与し、さらに終身的にBの最年少の孫に譲与し……）、それによって、所有者がその土地を自身が知りえないか評価もなしえないであろう世代のメンバーに移転させるのを防止する趣旨のものである。そのような譲与は、「受領権」（vesting）あるいは、その将来権を正確に誰が得るのかを決定するうえであまりに遠いことを理由として無効となる。

おいた権原保険の方が発展していることからみて、それほど普及はしないでしょう。

近時の数十年間、アメリカの財産法を専門とする弁護士は、土地取引から別の二つの分野へと徐々に目を転じるようになりました。その一つは、死亡に際しての富の移転で、もう一つは、土地の利用制限です。第1の分野は、連邦レベル、州レベルにおける、死亡に際しての資産に対する課税によって重要となってきました。相当な財産を持つ依頼人に助言する弁護士は、遺言や検認に関する法のみならず税法や信託法も考えておく必要があります。資産計画を作り上げる上で細心の入念さが必要となるのです。第2の分野は、都市生活が複雑性を増し、これに対応する連邦、州、市レベルの行政からの規制が拡大するにつれ、さらに重要となっています。これは、規制権限（police power）とよばれる、公共の福祉を提供する権限によって、政府が計画官庁を設置し、ゾーニングによって土地利用を規制し、最低限の建築基準および衛生基準を適用し、環境保護のための要請を課すものです[32]。公用収用宣言（condemnation）または公用収用（eminent domain）の権限によって、政府が私人の財産を公共の利用のために取得するということもあります。これは、適正な補償を行うことを始めとする、連邦憲法または州憲法の要件に服します[33]。難しい問題として、政府の行為は補償金が支払われるべき「収用」（taking）に当たるかという点があり、もしそうでないならば、それは規制権限の行使として有効かということも問題になります。大多数の家族が家を所有している国では、このような問題は特に重要なのです。

財産のもう一つの領域——知的財産——は、とりわけ連邦レベルや国際レベルで重要なものとなっており、学生にとっても実務家にとっても強い関心がも

---

31) このシステムの下では、譲渡人の権原を証明する譲渡証書よりも、権原それ自体が公的な手続によって登録され、これが、州による権原の証書の発行によって確認され、終極的な権原を確定する。これは、以後の権利の記録により最新の状態に保たれる。このシステムは、ロバート・トーレンス卿（Sir Robert Torrens）にちなんで名づけられた。このオーストラリア人は19世紀の半ばにそれをオーストラリアに導入したのである。それは、その後、合衆国以外の、イギリスを含むほとんどのコモンロー国に広まった。
32) 環境法については、本書 12 でさらに論じる。
33) 合衆国憲法修正第5条は、連邦政府が、適切な補償なく私有財産を公共の目的のために取得することを禁じている。同様の制限は、修正第14条の適正手続条項を通じて、州にも適用されてきた。

Ⅱ　法の構成と内容

たれるようになってきました。知的財産権は、特許、著作権そして商標に関する法の規律対象です[34]。物やサービスの世界的な移動が活発になり、インターネットによってアイディアや情報がある場所から別の場所へ大規模かつ高速に移動することが容易になると、アイディアを財産として認めることはますます重要となりました。ただ、近年は、技術革新により大きな論争も生じています。例えば、著作権の範囲と正当な利用におけるその制限、動物や人体に用いられる遺伝子構造、さらにその他の生物を対象とする特許権の役割、州や国を超えて移動する商標の保護の問題です。合衆国では、特許、商標そして著作権はほぼ連邦法の対象となっています。かつては、州法に基づく著作権もありましたが、1978年に連邦法により州の著作権はほとんど廃止されました[35]。これらの利益の登録は管理されていますが、一般的にその強制力は、その侵害に対する民事の訴訟原因に基づいています[36]。合衆国は、一連の条約に加盟し、その基準を諸外国と一致させています。例えば、世界貿易機関の知的所有権の貿易関連の側面に関する協定（World Trade Organization Agreement on Trade Related Aspects of Intellectual Property Rights、またはTRIPS協定）をあげることができます。

参考文献

　The Restatement (Second) of Property (1936-44) は、*the Restatement (Third) of Property* に向けて改訂中で、贈与の巻は2010年に完結の見通しである〔第3巻のWills and Other Donative Transfersは2011に完結した〕。専門書として、例えば、R. Boyer, H. Hovenkamp & S. Kurtz, *The Law of Property* (4th ed. 1991〔第5版2001年〕)、J. Cribbet & C. Johnson, *Principles of the Law of Property* (3d ed. 1989) そしてR. Cunningham, W. Stoebuck & D. Whitman, *The Law of Property* (2d ed. 1993) がある。C. Moynihan & S. Kurtz, *Introduction to the Law of Real Property* (3d ed. 2002〔第5版2011年〕) は、簡潔な解説書。R. Powell, *The Law of Real Property* (P. Rohan ed., loose leaf) および *Thompson on Real*

34）知的財産権は公法あるいは私法のいずれの対象かという興味深い問題がある。しかし、その両者とみるのが正しいであろう。S. SELL, PRIVATE POWER, PUBLIC LAW: THE GLOBALIZATION OF INTELLECTUAL PROPERTY RIGHTS (2003).
35）商標と特許は、合衆国特許・商標局に登録される。www.uspto.gov.　著作権は、著作権局に登録される。www.copyright.gov/.
36）12 参照。

11　私法

Property（D. Thomas ed., 1994）は、数巻の専門書で頻繁にアップデートされている。リーディングスとして、*Perspectives on Property Law*（R. Ellickson, C. Rose & B. Ackerman, 2d ed. 1995）がある。将来利益については、L. Simes, *Handbook of the Law of Future Interests*（2d ed. 1966）および T. Bergin & P. Haskell, *Preface to Estates in Land and Future Interests*（2d ed. 1984）参照。モーゲージについて、G. Nelson & D. Whitman, *Real Estate Finance Law*（3d ed. 1993〔第5版2007年〕）がある。遺言と無遺言相続については、アメリカ法曹協会によって基本的な入門書、*American Bar Association, American Bar Association Guide to Wills and Estates*（3d ed. 2009〔第4版2013年〕）が出されている。人的財産については、R. Brown, *The law of Personal Property*（W. Raushenbush, 3d ed. 1975）参照。A. Simpson, *A History of Land Law*（1986）は、財産の歴史に関する優れた鳥瞰。財産法の憲法的考察として J. Ely, *The Guardian of Every Other Right*（3d ed. 2007）がある。合衆国における財産概念の変遷については、特に、G. Alexander, *Commodity and Propriety: Competing Visions of Property in the American Legal Thought*（1997）参照。

　The *Restatement (Second) of Trusts*（1959）は、信託に関する権威ある文献。入門書として優れているのは、P. Petit, *Equity and the Law of Trusts*（11th ed. 2009〔第12版2012年〕）。複数巻からなる古典的専門書として、A. Scott & W. Fratcher, *The Law of Trusts*（4th ed. 1987-88）があり、1年おきに補遺が出されている。

　知的財産については資料が豊富である。例えば、本節の注で触れた、制定法、条約、また行政庁の規則がある。商標法に関する行き届いた概観として、L. Tancs, *Understanding Trademark Law: A Beginner's Guide*（2009）がある。著作権と特許に関する議論として、L. Lessig, *The Future of Ideas: The Fate of the Commons in a Connected World*（2002）参照。学術書として、R. Shechter & J. Thomas, *Intellectual Property: The Law of Copyrights, Patents and Trademarks*（2003）があり、著作権の比較法的検討として、E. Adeney, *The Moral Rights of Authors and Performers: An International and Comparative Analysis*（2006）も参照。商標に関する数巻からなる専門書として、J. Gilson, *Trademark Protection and Practice*（loose leaf）and J. McCarthy, *Trademarks and Unfair Competition*（4th ed. loose leaf）、特許に関する複数巻の研究書として、D. Chisum, *Patents*（loose leaf）、E. Lipscomb, *Walker on Patents*（3d ed. 1984）や P. Rosenberg, *Patent Law Fundamentals*（loose leaf）がある。著作権に関する複数巻に及ぶ専門書としては、P. Goldstein, *Copyright: Principles, Law and Practice*（1989）や M. Nimmer & D. Nimmer, *Nimmer on Copyright*（loose leaf）がある。

　なお、G. Fletcher & S. Sheppard, *American Law in a Global Context: The Basics* の序章、第15-19章も参照。

Ⅱ　法の構成と内容

家族法
・範囲と法源

　　家族法は、「家庭内関係法」とよばれることもありますが、夫婦や親子の関係、そのような関係において法や契約の利用によって生じる権利・義務、そして、婚姻関係にある者、その他の家族、特に子の地位に関わる法です。離婚と財産分与、子の親権（custody）と扶養、親権の消滅、子に対するネグレクトと虐待、そして養子のような問題にかかわる家族生活については、一方で制定法による規律が拡大しており[37]、その影響は家族法そのものに及んでいます。また、家族法は、家族という単位の外にいる者にかかわる問題も対象としています。例えば、避妊、堕胎、そして婚姻外の共同生活者の権利です[38]。伝統的には、家族法は州法の対象ですが、租税、移民、そして社会福祉のような分野においては連邦レベルの立法が大きなインパクトをもつことがあり、また近年は、連邦憲法に関する重要な問題も発生しています。合衆国の家族法は、植民地時代を通じてイギリス法の影響を強く受けましたが、いたるところで立法によって大きく修正され、また州によっても大きな相違がみられます。もっとも、限られた領域においてではありますが、統一法の採択によって一定の統一性が図られたところもあります。多くの地域では、家族または家庭内関係に関する独立した裁判所が家族法を扱い、家族の問題について特別の訓練を受けた人員が配置されています。本節での議論は、婚姻関係に限定し、子の親権や子の監護のような問題は扱わないことにします。

・特徴

　　合衆国では、婚姻は、基本的に配偶者間の相互の合意によって形成される関係とされています。どの州も、結婚許可状（marriage license）の発行について法律で定めをおいており、そのほとんどが、聖職者あるいは役人の前で合意を行うような何らかの儀式が必要であるとしています[39]。婚姻能力に対する一

---

[37] 例えば、全国的に採択された、統一子監護事件管轄法（Uniform Child Custody Jurisdiction Act）および統一婚姻前契約法（Uniform Premarital Agreement Act）である。
[38] 婚姻外同居者の権利に関する画期的判決として、Marvin v. Marvin, 557 P.2d 106 (Cal. 1976) 参照。
[39] 代理結婚式（proxy marriage）や不在結婚式（absentee marriage）は、合衆国では一般的ではない。

般的な制限としては、当事者の年齢、当事者間の血縁関係の近さ、さらに精神的な能力に関するものがあります。このような制限のどれかを避けようと思えば、そのような制限がない別の州へ行くことにより避けることができる場合もあります。祝賀の儀式を行った州で有効とされた婚姻は、通常は他の州でも承認されるからです。このような承認には重要な例外があります。つまり、いくつかの州では同性間の婚姻が許されていますが、このような婚姻については、議会の判断で、その承認を拒む州もあるのです[40]。

　婚姻関係は、主に二つの原因により消滅します。一つは、婚姻無効（annulment）です。つまり、当事者間において有効な婚姻が成立したことはなかったという裁判所の判断です。もう一つは、離婚です。つまり、婚姻関係を解消させ当事者を自由に再婚できるようにする、裁判所の命令です。このうちでは、離婚による場合が一般的です。植民地時代には、離婚は一般に立法による離婚によって規律されていました。独立革命の後は、法律が最終的にはすべての州で整備され、根拠がバラバラだった裁判上の離婚（judicial divorce）に取って代わりました。それまでは、その根拠はみな、配偶者の一方による何らかの強く責められるべき行為、典型的には遺棄（desertion）、残酷な行為、あるいは不倫を証明することを求めるものでした。20世紀までは、離婚を容易にすることを求めるあまり、要件となる責められるべき行為の証明について夫婦が協力するような、なれ合いの離婚訴訟を行うことや、夫婦の一方または双方が離婚をよりリベラルに認めてくれるよその州に出かけて行って、州外での離婚あるいは「渡り鳥的」離婚を行うことがありました[41]。その結果、責められるべき行為の証明を免除し離婚原因を緩和することを求める運動が多くの州で起

---

40) 婚姻防御法（Defense of Marriage Act, 28 U.S.C. §1738C）は、1996年に成立し、いかなる州も他州で認められた同性婚を承認する義務を負わないとするが、この法律の合憲性に関する疑問は残っており、またその廃止の主張も繰り返されてきた。マサチューセッツ州は、同姓間の婚姻を承認した最初の州となった。Goodridge v. Dept. of public Health, 798 N.E.2d 941 (Mass. 2003). 以後いくつかの州がこれに続いた。

41) 合衆国最高裁判所は、いずれか一方の配偶者の住所は、完全な信頼と信用（full faith and credit）を満たす離婚命令を発する上で十分な管轄の基礎であると解した。被告が離婚訴訟に出頭した場合には、住所に関する裁判所独自の判断は以後争うことができず、いずれの州も離婚を承認しなければならない。若干の州、その中ではネバダ州が最も悪名高いのであるが、この州は、離婚事由を拡大し、住所要件を緩和することにより、仮住い離婚（migratory divorce）を商業化した。

Ⅱ　法の構成と内容

こりました。新しい離婚法は、もう少し穏健な立場で、相互の合意で離婚を認めるようになりました。例えば、ニューヨークでは、「2年間の別居」を離婚事由の一つに加えています。もっと極端な法律は、夫婦の一方の求めがあれば離婚を認めるというものです。例えば、カリフォルニアでは、夫婦の一方が「解決しがたい相違があり、それによって婚姻が修復しがたいほど破綻していること」を証明することで足りるのです。離婚が多くなってくると、州は、離婚制度の利用を抑えようとして、性急な解消を防ぐために手続の延長を求めたり、婚姻の相談や調停の機会を設けたり、手続における対立的な性格を最小限に抑えたりするようになり、さらにいくつかの州では、解消することがより困難な「特約付き婚姻」（covenant marriage）を導入しました。それにもかかわらず、社会や経済、また法に由来する多くの事情によって、合衆国の離婚率は世界で最も高いままとなっています。

　法律は、夫婦の関係を維持することよりも、次第に各配偶者の権利の扱いに注意を向けるようになりました。イギリス法の下では、既婚の女性はさまざまな法的無能力に服していました。これは、夫と妻は一つの人格でありその支配権は夫にあるという考え方に由来するものでした。例えば、妻のすべての人的財産、また妻の物的財産に対する支配権は、婚姻とともに夫へと移りました。19世紀以降には、既婚女性財産法（married women's property act）が全米で制定されるようになり、妻には自己の独立の財産に対する権利が与えられ、手続上の無能力が撤廃され、契約を結ぶ能力が明確にされ、さらにいくつかの州では、傷害についての訴えを、たとえ自己の夫に対してであれ提起する権利が認められるなど、妻の解放が進められました。しかし、この財産的独立のシステムは、離婚の際に夫に有利に働きがちでした。そのため今日では、ほとんどの州で、程度の差こそあれ、裁判所が離婚の際に夫婦双方の全財産を分配する広範な権限をもっています。

　これと同じくらい重要なのは、扶養の義務です[42]。配偶者は、婚姻が続く間、別居扶養命令（separate maintenance decree）を得ることができます。そして、扶養の義務は、逃避してこれを回避しようとする配偶者に対抗して、統一扶養

---

42) この義務は、伝統的には、妻を扶養する夫の義務とみられてきたが、今日では、配偶者を扶養する他方配偶者の義務と捉えられている。父母は双方とも子を扶養する義務を負う。

判決相互執行法（Uniform Reciprocal Enforcement of Support Act）の全州における施行により保証されてきました。離婚に際し、扶養義務は、合意による一括払あるいは離婚扶養料（alimony）の定期的な支払を命じる裁判所の命令によってなされることもあります。扶養料は離婚訴訟の途中でもその後でも認められますが、普通は、二つの理論のいずれかによって正当化されます。つまり、それは扶養義務の代替であるという理論と、それは婚姻関係の解消の解決金であるという理論によってです[43]。紛争中の離婚事件において争いの中心にあるのは扶養であり関係そのものの維持ではないということは、婚姻関係の根本的問題に対応する上で、法的手続では十分ではないことを示唆するものです。

参考文献

この分野には、テキストが少ない。専門書として H. Clark, *The Law of Domestic Relations in the United States*（2d ed. 1998）がある。簡潔なものとして H. Krause, *Family Law in a Nutshell*（2d ed. 1986〔第5版2007年〕）参照。婚姻の歴史に関しては、J. Witte, *From Sacrament to Contract: Marriage, Law, and the Western Tradition*（1997）参照。婚姻については、近年社会学者によってかなりの調査が試みられてきた。例えば、A. Cherlin, *The Marriage-Go-Round: The State of Marriage and the Family in America Today*（2009）や P. Amato et al., *Alone Together: How Marriage in America is Changing*（2009）が現れている。

商法
・範囲と法源

「商法」、ときには「商取引」とよばれるものが、法分野として明確になったのは、合衆国においては比較的最近のことです。実務法曹は、今日でも、何らかのビジネスの側面や場合によっては税務の側面を含む法実務のことを「商的」なものと考えます。しかし、統一商法典の登場以降は、「商的」という言葉の範囲は狭められてきました。これに含まれるのは、動産売買、動産賃貸借、流通証券（例えば、約束手形、為替手形、そして小切手）、銀行預金そして銀行取

---

[43] 離婚扶養料の理論は州ごとに大きく異なっている。離婚扶養料の計算に過失を考慮する州もある。しかし、裁判所は、婚姻期間の長さ、配偶者間の収入の比較、各当事者の年齢、健康、収入額と収入源、職業上の技能、雇用可能性そして困窮などの要素に着目するようになってきた。

立て、電子的資金移動、信用状、権原証券（例えば、船荷証券、倉庫証券）、投資証券（例えば、株式、ボンド）、一括譲渡そして担保付取引（売掛債権の譲渡や物的担保権を含みます）をあげることができます。

このような意味での商法は、おおよそ州法の対象です。というのは、合衆国議会は州際の商業に関する法律を制定する権限がありますが、私法の分野ではその権限を行使することについて消極的だったからです。伝統的な例外は、破産法および海事法です[44]。さらに近時の例外は、国産動産売買契約に関する国際連合条約（United Nations Convention on Contracts for the International Sale of Goods）です。これは、合衆国では1988年に批准され、今日そのような契約を規律する連邦法となっています[45]。

合衆国議会がこの分野で立法に消極的なのは、統一州法委員全国会議が進めている、統一法の自主的な採択による法統一がうまくいっていることにもその一因があります。流通証券法（Negotiable Instrument Law）は、イギリスの為替手形法（Bill of Exchange Act）に範をとったものですが、これは、1896年に提案され、1924年までに全州において採択されました。統一売買法（Uniform Sale Act）は、イギリスの動産売買法（Sale of Goods Act）に部分的に基づくものですが、1906年に推奨され、最終的におよそ3分の2の州で採択されました。多くの統一法がその後も推進されています[46]。

第二次世界大戦の末期、統一州法委員全国会議は、アメリカ法律協会とともに、包括的かつ現代的な統一商法典を起草し、古い統一法と置き換えるという共同プロジェクトに着手しました。1957年には、その最終版が提案され、

44）合衆国憲法は、議会に対し、「合衆国全体における破産に関する統一法」を制定する権限を与えた。その連邦法が破産法（Bankruptcy Code）である。窮状にある債務者に対する債権者の権利に関する多様な州法もある。海法は、その大部分が連邦裁判所によって形成された判例法であり、それを若干の法律が補足するものである。連邦管轄の問題は、アメリカの海法の特に重要な部分となっている。

45）合衆国による批准は、相互主義の要請を課すものであったため、この条約は、売買の他方当事者が自己の事業所をこの条約を採択した別の国に有している場合にのみ、任意の動産売買契約に適用される。

46）一例をあげれば、統一船荷証券法（Uniform Bills of Lading Act）は、議会により連邦船荷証券法（Federal Bills of Lading Act、またはPomerene Act）として立法化され、今日でも州際または国際商取引における船荷証券を規律している。

1967年までにほぼ全州で採択されたのです 47)。統一商法典は、400の条文を持ち9編に分かれており 48)、入念な注釈を含めて700頁以上に及びました。数十人の起草者と助言者が10年以上にわたって準備をし、この分野の最も現代的な思考が著されていました。しかし、数十年後にはその改訂の作業が始まり、今日も続いています 49)。

統一商法典は、売買とか流通証券というようなかつては別々であった分野を一つの法律に統合していますが 50)、他方、他の国では商法の一部と考えられることがあるたくさんのことがらを除外しています。その中のいくつか（例えば、保険）が除外されたのは、スケールの点で統合が難しいからです。その他、破産法や海法も外されていますが、それは、これらが州ではなく連邦の管轄だからです。さらにほかの、例えば、会社や組合も含まれていませんが、これは、アメリカの法律家がこれらとこの統一商法典の中の他の項目との間に類似性を感じていないからです。そのうえ、この統一商法典の適用範囲内のことがらについてさえ、法律家は、その規定の外の、連邦または州の税法、取引規則、銀行規制などに目を向けなればならないのです。

・特徴

中世を通じて商慣習法（law merchant）の特色をなし、いくつかの大陸法国では今日まで保たれてきた特徴の中の二つのものが、合衆国の商法には欠けています。すなわち、第1は、独立した商事裁判所（commercial court）です。これは、かつてイギリスに存在したのですが17世紀までに影響力を失い、植民地に根づくことはありませんでした。合衆国では、商事の案件は、常に通常

---

47) ルイジアナ州は、唯一の例外であったが、後にこの法典の大部分を採択した。
48) 統一商法典の article は、大陸法の book にほぼ対応する。この articles は part に分けられるがこれは大陸法の title に対応する。そして、さらに section に分けられるが、これは大陸法の article に対応する。
49) 有価証券、銀行預金と取立て、信用状（letter of credit）、投資証券（investment securities）、担保付取引（secured transactions）の編は改定された。動産売買の編の改定作業は現在進行中である。担保付取引の編の第2次改訂作業が始まった。動産リースおよび電子的資金移動の新しい編が追加され、一括譲渡（bulk transfers）の編の削除が提案されている。
50) アメリカのロースクールの多くでは、「商法」や「商取引」という名前のコースは、売買や流通証券といった科目に分けて置き換えられている。

の裁判所によって審理されてきました。もっとも、限定的な範囲ではありますが、特別の商事裁判所の役割は、代わりに、よく組織された団体、特にアメリカ仲裁協会（American Arbitration Association）によって果たされています。この団体は、商事仲裁の場を提供するものです。第2に、中世における商人の概念は、商法の形成のもとになった特別の階層を指すものでしたが、これが、アメリカ法に影響を与えることなくイギリス法から消えてしまったことです。そして、「商人」や「商行為」という概念は、多くの大陸法国でみられますが、これらは間接的にのみアメリカの法伝統の一部なのです。例えば、破産は、商人のみならずすべての人にあてはまります。統一商法典は、動産売買に関して確かに「商人」の定義規定をもっており、専門性に即してそのような人に適用されるべき特別のルールを用意していますが、統一商法典は全体としては、商人と非商人の両方に適用され、若干の例外のほかは両方に同様に適用されるのです。

　これと同時に、アメリカの商法は、それ自身の重要な発展を遂げました。流通証券の分野では、小切手で重要な支払をするという、ほとんど全世界的な慣行が、判例法、制定法により精巧な実体を得て、統一商法典によって系統立てられました[51]。そして、アメリカの商法の柔軟性が最もはっきりするのは、自動車から靴、卸売から小売までの商品取引に必要となるクレジットの拡大を安全なものにする新しい法的手段を承認し開発したことです。統一商法典の最も重要な貢献を一つあげれば、それは、動産の安全な取引のための法を一元化し、単純化し、かつ現代化したことにあります。

　しかし、概していえば、統一商法典は、それに先行する統一法と同じく、概念や法理において何らかのドラスティックな変革をもたらしたというものではなく、法を整えて、現在の商実務と調和させようとしたものです。これは継続的な歩みであり、例えば、統一商法典が対象とした契約が、今日では、申込みと承諾の電子メールで成立するのです。もっとも、それは、過去を完全に捨て去るものでもありません。「商慣習法を含むコモンローとエクイティの原理は」、……法典の「特別の規定によって排除」されない限り「その規定を補う」もの

---

51) しかし、連邦準備制度理事会は、小切手の取立てに適用される重要な規則を公布した。それはかつて大部分が州に委ねられていた領域を浸食するものであった。

とされているからです[52]。また、統一商法典の起草者は、将来の変化をも許容しようとしてきました。例えば、彼らは、ある問題についてはわざと規定をおかずに、各州の状況の下でのさらなる発展のための余地を残そうとしました[53]。また、法典の規定は、慣習法の発展による変化を明文で認めています。このようにして、法典が定期的に改正されなければならなくなる圧力を最小化しうることが期待されているのです。

参考文献

最も重要なのは、*Uniform Commercial Code*（Official Text with Comments）自体である。最新版は、民間の出版社がいくつかの商法関連の制定法と組み合わせて学生向けに刊行している。統一商法典に関する判例は、そのダイジェストともに、Uniform Commercial Code Reporting Service に収録されている。最も広く読まれているテキストは、J. White & R. Summers, *Uniform Commercial Code*（3d ed. 1998〔第6版 2010年〕）であり、複数巻に及ぶ専門書としては T. Crandall, M. Herbert & L. Lawrence, *Uniform Commercial Code*（loose leaf）がある。担保付取引に関する2巻からなる伝統的なものとして、G. Gilmore, *Security Interests in Personal Property*（1965）があるが、統一商法典第9編の改訂前の刊行であるためやや古くなっている。1巻のものとして、R. Henson, *Secured Transactions Under the Uniform Commercial Code*（2d ed. 1979）参照。統一商法典への発展については、Leon Trakman, *The Law Merchant: The Evolution of Commercial Law*（1983）が、年代的に整理している。

破産法のテキストとして、D. Epstein, S. Nickles & J. White, *Bankruptcy*（1993）がある。より簡潔なものとして、*American Bar Association Guide to Credit and Bankruptcy*（2d ed. 2009）も参照。保険のテキストとしては、R. Keeton & A. Widiss, *Insurance Law*（2d ed. 1988）がある。The *Restatement (Third) of Suretyship* は、権威ある文献。海法のテキストとしては、G. Gilmore & C. Black, *The Law of Admiralty*（2d ed. 1975）および T. Schoenbaum, *Admiralty and Maritime Law*（1987）をあげることができる。

---

52)「明示的に規定されなかった事例」を判断するためにかつての法を用いるとすることは、多くのアメリカ制定法の特徴である。その中には、主要部分において既存の判例法を法典化した初期の統一法も含まれる。
53) 例えば、消費者を売主や金融機関による過剰取引から保護するための、消費者信用に基づく売買の規律は、意図的に統一商法典の対象から外され、今日各州の特別の法律に委ねられている。

Ⅱ　法の構成と内容

企業

・範囲と淵源

　合衆国には 3,000 万以上の企業がありますが、その最も一般的な形態は、圧倒的に個人企業で、これに続いて会社そして組合ということになり、組合には無限責任または有限責任のものがあります[54]。それにもかかわらず、会社は経済を支配し、ほとんどの労働力を雇っています。アメリカ私法の区分の下で、ここで企業法あるいは企業組織法として説明するのも、商事法という包括的な実体の一部でもなければ、その中の一部分でもなく、代理、組合、そして最も重要な会社のような、独立した分野のことです。

　企業は、ほぼ州法の下で組織され[55]、法人格は、歴史的には州の認可に基づいて与えられるものと考えられてきました[56]。南北戦争の後、憲法上、いかなる州も他の州で設立された会社が自己の州で州際の商取引に従事するのを排除してはならない、という原則が確立されたことにより、大きな会社は、設立に最も適した州を探し始め、いくつかの小さな州は、大きな会社の歓心を買うように自らの会社法を改正したことがありました。デラウェアは、この点で最も成功した州で、大きな会社を設立する州として他のすべての州を圧倒的な差でリードしています。ほとんどの州会社法の間における相違は、いくつかの側面に現れています。特に、法によって認められた、所有者からの経営者の独立の程度に現れます。——例えば、株主は、配当宣言（declaration of divi-

---

[54] あまり利用されていないが、会社化されていない営利企業の形態として、共同出資会社（joint stock company）や共同出資社団（joint stock association）もあり、その所有利益は株式の持分によって表される。また、マサチューセッツ・トラストまたはビジネス・トラストとよばれる形態では、事業はメンバーのために受託者によって行われる。特別の投機事業を遂行し目的を達した場合にそれを解消するための非公式の事業体は、ジョイントベンチャーと考えることができ、これには組合のほとんどの性質が備わっている。大多数の州で、ビジネスの法人と非営利の法人とは区別されており、それぞれ別の法律があてられている。市、町、村のような自治体は、通常、自治団体（municipal corporation）として組織されており、特別の州法に服している。会社は、連邦政府または州政府によって、一定の種類の統治作用を行うための公共団体としても利用されている。

[55] しかし、いくつかの金融機関は連邦によって認可され、また、僅かではあるがその他の例外もある。

[56] 19 世紀の初頭までは、会社は、州議会の特別法に従ってのみ設立することができたが、南北戦争の終結までに、法人の設立に関する一般的な州法が広く制定され、19 世紀の終わりまでには、特別法の利用は、ほぼ完全に廃止された。

dend)、部分清算（partial liquidation）そして株式の購入と償還によって会社の外から資金を得るための権利をもちますが、それは州によって違いがあります。さらに、手続は違っても、結論はほとんどの州で変わらないということもあります。州会社法が互いに類似しているのは、ほとんどの州が、アメリカ法曹協会のモデル会社法（Model Business Corporation Act）をそのまま、あるいは部分的に採択しているからなのです。会社の構成については、連邦のコントロールは実質的に求められていません。判例法理は統一性に寄与し、制定法は多いものの、裁判所は、取締役、役員そして株主が負う信託的な義務のような、会社法の重要かつ広範な領域では、大きな役割を果たしてきました。さらに、会社法の内容の形成にとっては、会社の文書——例えば、定款、株主の決議そして取締役会——が特に重要です。

　組合（partnership）の分野では、統一組合法（Uniform Partnership Act）と統一有限組合法（Uniform Limited Partnership Act）が広く採択されているため、より高い統一性がみられます[57]。代理法は、その大部分が判例のかたちを採っています。

　20世紀を通じて、企業の活動は、ますます連邦法の影響を受けるようになりました。合衆国議会は、通商規制権限〔合衆国憲法第1編第8条は、連邦議会の権限の中に、「諸外国との通商、各州間の通商およびインディアン部族との通商を規制する権限」（第3項）をあげる〕により、証券の州際発行と州際取引を規制するために、1933年証券法（Securities Act of 1933）および1934年証券取引法（Securities and Exchange Act of 1934）を制定しましたが、これらの運用は、証券取引委員会[58]（Securities and Exchange Commission）の所管とされています。

---

[57] 統一組合法の1994年版およびその多数にのぼる修正は、そのおおもとの1914年版を廃止するべく提案されていたものである。ほとんどの州で、統一有限組合法の1976年版が、1916年版を廃止した。各州でこの法律の異なる版に依拠している場合には重要な相違が生じてくる。特に、主たる営業地以外の法廷地で訴えを提起する場合の要件には違いがみられる。

[58] この委員会は、特別の証券が公に発行されうるかを決定する権限をもつものではなく、単に完全な開示を要求して投資者が自身のための情報に基づく判断ができるようにする権限を有するにとどまる。ほとんどの州でも、証券売買に関する固有の法律が制定されており、一般に「青空法」（blue sky law）とよばれている。2008年の経済危機により、人的抗弁と市場の規律について深刻な議論がなされたが、この分野の連邦法および州法の適用範囲は拡大し、特に諸外国の法との調整が図られつつある。

Ⅱ 法の構成と内容

税制、取引規制そして特定の産業の規制は、企業に大きな影響を及ぼしてきました。これらの法を所管する行政庁に関する規則と審決もまた、この分野の実務に従事する法律家にとって重要な法源です。

・特徴

　会社は、企業の三つの主要な形態の一つですが、唯一、ほとんどの法的観点で構成員から完全に切り離されたものとして伝統的に理解されてきました。個人企業、組合、そして会社には、類似性がありますが、これらを区別する重要な相違もあります。まず、いうまでもなく、会社は、会社の名前において、財産の取引を行い、契約を結び、訴えまたは訴えられます。そして、株主の負うリスクはその投資額に限定されます。組合は、団体というよりも集合体であるというのは古い厳格な考え方であり[59]、現代の立法がこれから離れてきているのは明らかです。つまり、組合は団体のいくつかの特徴を備えているのです。そして、特別な法律によって有限組合（limited partnership）が作られ、有限責任の組合員または特別の組合員で経営に参加していない者のリスクは、その出資金の範囲に制限されます。ただ、組合員の中の経営陣グループには、無限責任が残ります[60]。組合のさらなる発展は、有限責任組合（limited liability partnership）の承認でした。これは、組合員に、組合と同様の税制上の利点を認めつつ、所有者としての責任については会社の株主に準じて制限するというものです[61]。しかし、会社は、これらの3形態の中で、唯一、永続的に存在することができ[62]、株の売買により所有者の利益を容易に移転することができ、経営が取締役会（board of directors）に集中されており、連邦または州の課税目的のほとんどに適合した事業体として扱われるものです。ただ、会社を作ってこのような利点を得ようとすれば、他の企業の形態にはない形式と出捐とが

---

[59] 合衆国では、組合員の員数にも上限は設けられていない。
[60] 有限組合は、1822年にニューヨークに導入されたが、これは、合資会社（*société en commandite*）を規定するフランス商法を範とする法律によるものであった。税制優遇措置により、有限組合は、今日、租税回避措置として人気がある。
[61] 1997年改正統一組合法は、有限責任組合（LLP）を採用したが、すでにその時点までに数州がその形式を定めていた。
[62] 個人企業は、所有者の死亡により終了する。組合は、技術的には、無限責任組合員の死亡または脱退によって解消される。

必要になります。他方、個人企業や無限責任組合（general partnership）を作る場合には、形式は問題になりません。それらは、当事者間の合意から生じる自由な個人的関係とみられているのです63)。

　ほとんどの州が、規模や所有の分割に関わりなくすべての企業に一般的に適用される、単一の法律をもっています。しかし、会社というものは、その構造が非常にさまざまで、会社法の今日の問題の一つは、大きな株式公開会社（publicly held corporation）、あるいは「公開」会社と、小さな非公開会社（closely held corporation）、あるいは「閉鎖」会社64)との間の明確な相違をどのように捉えるのが最善なのかというところにあるのです。法は、ほとんどの部分で、経済的に支配的な公開会社を念頭において発展しましたが、今日では、閉鎖会社に対して特別の立法的手当てをするのが一つの傾向になっています。その規定は、一般会社法（general corporation law）の中に散在している場合もあれば、特定の部分にまとまっている例もあります。

　アメリカの会社の際立った特色の一つは、所有と経営の分離にあります。吸収合併（merger）、解散（dissolution）あるいは基本定款（corporate charter）の修正によって、性格あるいは組織に根本的な修正を加える権限は、会社の所有者としての株主に残されていますが、会社の経営は独立した集団、つまり取締役会に委ねられています。会社役員——通常は、社長、副社長、総務担当役員、そして経理担当役員——は、取締役会によって指名され、会社の代表権限をもつ者として取締役会の方針を執行する任務を負っています。取締役会の権限は、株主間の契約ではなく法律に由来するものですから、法律の制限内においてのみ合意で修正することができます。典型的には、取締役会は、製品、価格、労使関係、経理、そして配当を決定していますが、取締役会にとって、自身の判断を下すというよりも役員の判断を監視する傾向がみられます。取締役は、株主によってその代表者として選出され、極端なケースでは、正当な理由があれば株主によって解任されることもあります65)。取締役は、自己の利益ではな

---

63) 法律は、個人企業名または組合名の登録を求める。有限組合は純粋に法律による創造物であるから、法律の規定する形式性に即した形式で組織されなければならない。
64) 会社が一人の個人に完全に所有されるということは、一般的である。
65) 取締役は役員である場合とそうでない場合とがある。ほとんどの州では取締役は株主である必要もない。役員でない取締役は、その支出以上の報酬を受けないこともあるが、傾向としては取締役

Ⅱ 法の構成と内容

く会社の利益のために行動するという、すべての株主に対する信任上の義務を負っています。そして、この義務の濫用については、少数株主によっても責任を問われることがあります[66]。これらの信任上の義務の範囲については、1980年代の企業合併・企業買収の波の中で検討がなされました。しかし、取締役は株主の代理人ではなく、また多数の株主の要求に服するものでもないのです。取締役の選出を通して取締役会を支配するという方法は、会社の経営に対する効果的な支配方法となりえます。そこで取締役の選出は、毎年の株主総会の主要な仕事なのです。

しかし、株式公開会社における株主の支配は、所有が分散していることを考えると容易ではありません。もっとも、この分散は、巨大な機関株主（institutional shareholder）の隆盛によっていくぶん緩和されているところがあります[67]。株主の投票権の行使と株主総会の定足数の充足のための唯一の実際的な方法は、代理投票を利用することです。これは、代理人が出席して欠席する所有者の持分を投票することによって行われます。このような仕組みは既存の経営陣の永続化をもたらすことになります。経営陣は、自己が取締役として推薦する者を提案するからです。しかし、アメリカの会社の株式は、会社記録（corporate books）に登録されていて[68]、株主には株主元帳（stock book）を調べる権利があるので、経営陣を交代させたいと思う株主は、「委任状争奪戦」

に給与、会議の手当て、あるいは会社の持分を支払う方向にある。
66) 株主は、会社の権利を行使するために、自己の名前で訴訟することを制限される場合があるが、一定の条件の下で、エクイティ的な性質をもつ株主派生訴訟（shareholder derivative suit）とよばれる訴訟を提起することができる。すなわち、取締役が会社内外の者に対して会社の請求を実現することを不当に怠った場合に、会社のためにこの訴訟を提起することができる。場合によっては、株主は、株主自身の利益を実現するために、会社に対して自己の名において直接の個人的訴訟を提起することもできる。
67) アメリカの世帯のおよそ半分は株式かミューチャルファンドの株を所有している。会社には、1,000万人を優に超える株主がいるものもある。
68) 株式には、異なる配当と投票権をもつさまざまな種類のものがあり、普通株（common stock）または優先株（preferred stock）がありうる。それは、所有の利益を証明するものであり、「エクイティ」とよばれることもある。株主派生訴訟のエクイティ的な性質によるものである。そして、ボンドのような債務保証とは区別される必要がある。ボンドは、所持人払式（bearer form）で発行されるのに対し、株式はそうではない。投資証券（investment security）、負債そしてエクイティの移転は、統一商法典によって規律されているが、これは統一株式譲渡法（Uniform Stock Transfer Act）を改めたものである。

(proxy fight) において代理投票を勧誘して勝利するために、すべての株主の氏名と住所のリストを手に入れることができます。ほとんどの大規模会社における代理投票の勧誘は、証券取引委員会のルールに服します。証券取引委員会は、株主が経営状態を評価するために利用するべき詳細な経理報告をも会社に求めるのです[69]。

参考文献

　基本的なテキストとして、E. Gevurtz, *Corporation Law*（2000〔第2版2010年〕）およびJ. Cox & T. Hazen, *Corporations*（2003）がある。入門書としては、W. Klein & J. Coffee, *Business Organization and Finance: Legal and Economic Principles*（8th ed. 2002〔第11版2010年〕）およびより簡潔なB. Manning & J. Hanks, *Legal Capital*（3d ed. 1990〔第4版2013年〕）がある。*Foundations of Corporate Law*（R. Romano, ed., 1993）は、リーディングスである。*Model Business Corporation Act Annotated*（4th ed. loose leaf）は、複数巻に及ぶ優れた研究書。*Fletcher's Cyclopedia of the law of Private Corporations*（perm. ed.）には、定期的に改訂される巻もある。非公開会社については、F. O'Neal & R. Thompson, *Close Corporations: Law and Practice*（3d ed. loose leaf）が、言及している。

　会社役員の役割については、近年非常に研究されている。J. Coffee, *Gatekeepers: The Role of the Professions and Corporate Governance*（2006）およびS. Brainbridge, *The New Corporate Governance in Theory and Practice*（2008）参照。近年会社法の大規模な改正が行われた。K. Greenfield, *The Failure of Corporate Law: Fundamental Flaws and Progressive Possibilities*（2007）およびC. Milhaupt & K. Pistor, *Law & Capitalism: What Corporate Crises Reveal About Legal Systems and Economic Development Around the World*（2008）参照。議論の末、アメリカ法律協会は、*Principles of Corporate Governance: Analysis and Recommendations*（1994）を刊行した。

　証券規制に関する標準的専門書としてL. Loss & J. Seligman, *Securities Regulation*（2001〔第4版2011年〕）がある。より簡潔なものとしてL. Loss & J. Seligman, *Fundamentals of Securities Regulation*（5th ed. 2003〔第6版2011年〕）およびT. Hazen, *The Law of Securities Regulation*（2006〔第6版2009年〕）参照。アメリカ法律協会は、連邦証券法（*Federal Securities Code*（1980））を逐条解説を付して提案している。

　組合法について、統一組合法（Uniform Partnership Act）、統一有限組合法（Uniform

---

69) 規制対象産業（regulated industries）を除けば、政府は公式には会計決算基準を規定していないが、証券取引委員会は、公企業において極めて高いレベルまでこの水準を押し上げるうえで強い影響力を行使してきた。他方、企業の経営を株主の利益のために監査する個人または集団はない。

Ⅱ　法の構成と内容

Limited Partnership Act)、改正有限組合法（Revised Limited Partnership Act）参照。代理に関する権威ある文献として、*Restatement (Second) of Agency* (1958) 参照。専門書としては、例えば、H. Reuschlein & W. Gregory, *The Law of Agency and Partnership* (3d ed. 2001) および A. Bromberg & L. Ribstein, *Partnership* (loose leaf) がある。

12 公法

> 合衆国における公法の主な領域は、憲法、行政法、取引規制、労働法、刑法、環境法です。これらの法は、どのような範囲を対象とし、どのように発展し、どのような特徴を備えているのでしょうか。

憲法

・範囲と法源

　合衆国で憲法の研究といえば、まずは、合衆国最高裁判所の判例が示した連邦憲法の解釈を研究することが主要な対象となります。これらの判例の中には、憲法解釈の問題についても、行政権や立法権が解決すべき「統治行為」(political questions) であって司法権の決めるべきことがらではないとして、実体判断を回避したものもいくつか含まれます。しかし、最高裁の判例の大部分を占める、憲法以外の理由による判決は除かれるわけです。各州も、独自の成文の憲法を定めていますが、「憲法」といえば、通常は州ではなく連邦の憲法の意味に理解されます。

　この分野の第一次的な法源は、いうまでもなく合衆国憲法それ自体です。連邦憲法は、現行の国家憲法のうち、成文法のかたちをとった最も古いものです[1]。合衆国憲法は全体で 8,000 語足らずの長さしかありませんが、効率的な国家の統治の要請と、権力の集中を回避したいとの思いとの間の調和を図るものになっています。権力の集中は、打倒したはずの専制への逆戻りになってしまうおそれがありました。合衆国憲法が、2世紀を超えて、少しの修正しか加えられずに存続することができたのは、「通商」「必要かつ適切な」「適正手続」「完全な信用と信頼」といった重要な用語が、簡素であり、時代への適応を可

---

[1] 解釈の手がかりとして重視されているのは、ファランド（M. Farrand）が編纂した憲法制定会議（Constitutional Convention）の記録、および憲法の起草者3名であるアレクサンダー・ハミルトン（Alexander Hamilton）、ジェームズ・マディソン（James Madison）、ジョン・ジェイ（John Jay）が憲法の採択に向けたニューヨークでの会議の間に書いた論文を集めた THE FEDERALIST PAPERS である。ただし、合衆国最高裁は通常、合衆国憲法の解釈にあたって、起草者の意思が決定的となるものではないとの立場をとっている。これは一般の法律の解釈の場合と同様である。

Ⅱ　法の構成と内容

能にするものであったおかげでしょう。マーシャル合衆国最高裁長官の言葉を借りれば、憲法はその性格上「大綱のみを示して、その重要な目的だけを指定すべきであって、それらの目的を構成するあとの細かい要素は、目的それ自体の性質から導き出せばよい……われわれが論じているのは憲法であるということを忘れてはならない[2]」のです。

・特徴

　合衆国最高裁判所は、連邦や州の立法に対する司法審査の権限をもっていますが、この権限を制約する中心的な要素の一つが、十分な争訟性の要件です。裁判所が扱うのは、判断の結果が当事者に対して直接的な帰結をもたらす事件でなければならず、単なる勧告的な意見を出すことや、当事者対抗性のない手続を行うことはできません[3]。これを最高裁の管轄権と機能とがもつ「大きなパラドックス」であるとする評価もあります。「最高裁は、訴訟当事者の個人的利害を超えた一般的な重要性のある問題を解決するという特別の役割を果たすべきなのに、従来から認められている当事者間の法的争いに判決を下すために必要な範囲でしかそれができないのはおかしい[4]」とされるのです。これ以外にも、合衆国最高裁が自らに課している重要な制約がいくつかあります。中でも、「判決を下すのに必要となる場合以外に、憲法問題を先取りして扱ってはならない」という制約や、「具体的な事実関係への適用が必要である範囲を超えて、広く憲法上の準則をうち立ててはならない」という制約[5]が重要です。合衆国最高裁は、憲法上の理由をもち出さずとも、他の根拠によって十分に判断を基礎づけることのできる場合には、そのようにするでしょう。例えば、州裁判所の判決に対して、憲法上の理由により上訴がなされた場合でも、その判決が州法上の理由によって独立に根拠づけられていると判断して上訴を棄却できるときは、そのようにするでしょう。司法審査のしくみは、全体としては、選ぶと選ばざるとにかかわらず、権利を侵害された当事者や歴史的経緯によっ

---

2) McCulloch v. Maryland. 17 U.S. (4 Wheat.) 316, 407 (1819).
3) 本書 [4] 参照。
4) P. FREUND, THE SUPREME COURT OF THE UNITED STATES 16 (1961).
5) Liverpool, New York & Philadelphia S.S. Co. v. Commissioners of Emigration, 113 U.S. 33, 39 (1885) におけるマシューズ（Matthews）裁判官の意見。

て、憲法問題が連邦最高裁に対して提起されやすいようになっています。それらの問題は、二つに大別すると、連邦制の維持に関するものと、個人の権利の保護に関するものとに分類できます。

　このうち最初のグループに当たる主要な問題は、通商条項に関して争われるものです。単一の自由な国内市場を保障するために、憲法の起草者らは、「外国との間、および州と州との間、またインディアン部族との間の通商を規制する[6]」権利を連邦議会に与えました。議会は、南北戦争後に工業化社会が出現するまで、この権限をあまり行使していませんでした。1930年代後半になって初めて、フランクリン・デラノ・ルーズベルト（Franklin Delano Roosevelt）大統領の政権下で行われたニューディール政策の立法に対して憲法問題の訴えが提起され、合衆国最高裁は自己のかつての考え方を離れて、この通商条項に今日のような広い意義を与えるに至ったのです。通商に関する権限は、課税の権限や歳出の権限と並んで、国内経済における現在のように幅広い役割を合衆国議会に与えることになりました。ビジネスや労働が複数州にまたがる通商のための生産に関わる場合に、それを規制する権限に関して、合衆国議会は、取引規制や労働法のような急成長している分野にその基礎を与えていきました。

　通商条項には、連邦の権限を根拠づける積極的な面がありましたが、それだけではなく、州の権力を制限するという消極的な側面も有していたことになります。州法がこの条項の下で制定された連邦法と対立した場合に、州法が劣後しなければならないのは明らかです。そして、連邦議会が特定の領域を「占拠」してしまえば、その領域での州法はすべて排除されるわけです。しかも、それにとどまらず、連邦法が定めをおいていない場合であっても、複数州にまたがる通商に対して不当な障壁や差別を課すような州の立法は憲法に反するということが、初期の判例として確立しました。したがって、通商条項は、州が課税や規制権限（police power）を行使する場合にも、それらが州際的な通商に影響しうるときには、重大な制約となりました。ただし、通商条項が州の権限行使に対する司法審査の根拠として、修正第14条にのみ服するにもかかわ

---

[6] アメリカ13州連合規約（Articles of Confederation）では、議会には州際および国際通商を規制する権限は与えられておらず、13州のそれぞれが、隣接州に不利な通商障壁を自由に設けることができた。本章[1]参照。

らず、州際的な通商に関する州のどのような立法が正当でどのような立法が不当であるかを決める基準は、明確には打ち出されませんでした。

　もう一つのグループは、個人の権利の保護に関する問題です。個人の権利は、主として合衆国憲法の修正条項から導かれます。1791 年に採択された最初の 10 か条の修正は、権利章典を規定し、連邦政府の作用に対抗して個人の権利を保障しています。これよりもさらに重要なのは、19 世紀に創設された、連邦憲法が州の行為からも個人を守るとする保護です[7]。これらの保護の主要な根拠となっている条文は修正第 14 条です。これは、南北戦争後に採択された 3 か条の修正のうち最も重要なもので、もともとは、奴隷制の廃止と、合衆国におけるアフリカ系住民の自由の保障とを意図していました。その本文は、いかなる州も「法の適正手続によることなく人の生命、自由、財産を奪ってはならない」と定め、またいかなる州も「その管轄領域内で何人に対しても法の平等な保護を拒んではならない」としています。法の適正手続条項は、現在、憲法上の法理の中で最も広く援用されているものですが、元来は、主として公正な手続を保障するものと考えられていました。しかし、19 世紀の終わりまでに、連邦最高裁は、この考え方を、州が公共の福祉を理由としてその規制権限に基づいて行う立法が実質的に合理性を有するかどうかを審査する基準にも拡張するようになりました。いまや合衆国最高裁は、州の立法が財産や契約上の権利に対する侵害であって憲法に違反すると判断される場合に、これを無効とすることが、適正手続条項の主たる適用範囲だとする時代に入ったのです。そして、財産や契約上の権利の主体には、個人と同様に企業も含められました[8]。

　しかし、1930 年代の後半以降は、こうしたケースが明らかに減っていき、代わりに、適正手続条項は、市民的自由の保護のために多く用いられるようになりました。ここで合衆国最高裁は、権利章典が認めていた連邦政府の作用からのより詳細な保護が、すべてではないにせよ、その最も基本的な部分において、より簡潔な修正第 14 条の適正手続条項に読み込まれるべきであり、それを通して州に対しても適用されるべきであることを明らかにしました。ここに含まれるとされたのは、言論、集会、報道、および信教の自由、宗教を定める

---

[7] もちろん、各州の憲法の中でも、州の行為に対する個人の保護が定められている。
[8] 最高裁は、企業も修正第 14 条の保護を受ける「人」(person) に該当すると判示した。

ことの禁止、刑事事件におけるいくつかの手続的な権利の保障です。合衆国最高裁がプライバシーの権利を導いたのも、この適正手続条項からでした。プライバシーの権利は、州法が妊娠中絶について、母体の生命を守るために必要な場合以外は禁止するとしていたのを、憲法違反に当たるとした1973年の争いのある判決において、その根拠とされました[9]。平等保護条項（Equal Protection Clause）については、最高裁は、公立学校やその他の公立の施設での州による人種隔離を禁止することによって、マイノリティの集団の権利を拡張しました。歴史的な判決だとされるのは、1954年の最高裁判決で、これは、州の学校制度が人種による区別を設けていたのは憲法が保障する平等な保護に違反すると判示したものです[10]。しかしながら、合衆国憲法は、個人の権利を政府の行為による侵害から保護しているだけであり、通常、私人の行為からの保護は認めていないことに留意する必要があります。

　20世紀の終わり頃に再び関心を集めるようになったのは、連邦政府に対する憲法の統制力です。各裁判所はこのような統制を積極的に及ぼそうとするようになり、公務員もそれらの判断に従って行動しようとしています。合衆国憲法の歴史における画期的な事件の一つは、合衆国最高裁が合衆国大統領に対して、事実審裁判所からの証拠提出命令に従うよう求めたことでした。当時のリチャード・ニクソン（Richard Nixon）大統領はこれを尊重して命令に従いましたが、結局辞任に追い込まれてしまいました[11]。この時以来、合衆国最高裁は、反対派からの激しい圧力にも屈せず、大統領選挙や受刑者の収容条件に対して憲法的な制約を及ぼすことに成功してきました[12]。

参考文献

　国立公文書館（National Archives）が開設するウェブサイトには合衆国憲法の画像やその

---

9) Roe v. Wade, 410 U.S. 113 (1973). 判決は、プライバシー権という言葉を明示的に用いてはいないものの、これが「妊娠を終わらせるか否かについて女性が決定することも含んでいる」と判示した。
10) Brown v. Board of Education, 347 U.S. 483 (1954). 当時の州は、教育について「区別してもよいが平等に」（separate but equal）という方針をとり、白人に提供されているのと同等の施設を黒人にも提供すれば、両者が分けられていてもよいとしていたが、最高裁はこれを違憲だとした。
11) United States v. Nixon, 418 U.S. 683 (1974) 〔ウォーターゲート事件〕。
12) Bush v. Gore, 531 U.S. 98 (2000)、Hamdan v. Rumsfeld, 548 U.S. 557 (2006) 参照。

Ⅱ 法の構成と内容

公式コピーが掲載されている。http://archives.gov/exhibits/charters/. 概説書として、J. Nowak & R. Rotunda, *Handbook on Constitutional Law* (7th ed. 2004〔第8版2009年〕)、これには分冊版もある。より大部で特徴のある著作として、L. Tribe, *American Constitutional Law* (2nd ed. 1988)〔第3版2000年〕。学生向きの入門書として、D. Ritchie, *Our Constitution* (2006)。合衆国憲法の解説や解釈は多くの古典的な研究書のテーマになってきた。合衆国のロースクールでも最も重要となる文献として、例えば、E. Corwin, *The "Higher Law" Background of American Constitutional Law* (2008)、A. Bickel, *The Least Dangerous Branch* (1962)〔第2版1987年〕、H. Wechsler, *Principles, Politics, and Fundamental Law* (1961)、J. Ely, *Democracy and Distrust: A Theory of Judicial Review* (1980)、L. Henkin, *The Age of Rights* (1989)、M. Supperstone, J. Goudie & P. Walker, *Judicial Review* (3rd ed. 2005〔第4版2011年〕)、C. Sunstein, *The Partial Constitution* (1993)、B. Ackerman, *We the People: Foundations* (1993) がある。連邦憲法と州憲法とを集めた分冊型のコレクションとして、コロンビア大学 Legislative Drafting Research Fund の編集による *Constitutions of the United States: National and State*（loose leaf）がある。各州憲法につき、T. Marks & J. Cooper, *State Constitutional Law in a Nutshell* (2003)、J. Shaman, *Equality and Liberty in the Golden Age of State Constitutional Law* (2008) 参照。

G. Fletcher & S. Sheppard, *American Law in a Global Context: The Basics* の序章および第5-14章も参照。

行政法

・範囲と法源

　行政法は、立法府と司法府以外の国の機関における権限と手続に関する法で、規則や決定により私人の利益にも影響を及ぼすものです[13]。行政法はもともと、17世紀に土地の排水のため水路を建設したイギリスの行政官に対して裁判所が行った監督に始まると考えられているのですが[14]、この領域におけるコモンローには確たるものがなく、行政法が飛躍的に発達したのは、第2次世界大戦後の合衆国においてでした。ここでの行政法は、手続面に非常に傾斜しており、行政機関が定める実体法の内容を含まないものでした。その第一次的な対

---

13) 省庁（agency）とよばれることの多いこうした政府組織には、官（administrator）、機関（authority）、審議会（board）、局（bureau）、委員会（commission）、部（department）、課（division）、室（office）といった名称が付されていることもある。
14) Rooke's Case, 5 Coke 99b (1598) 参照。

象——すべてではありませんが——は、規則の制定やそれに従った審判[15]に関わる公務員による職務遂行であり、行政官に対する裁判所の監督に集中していました。行政機関は州や地方政府のレベルにも数多くありますが、最も広範な影響力を有するのは連邦の諸機関ですので、まずはこれを説明することにします。

連邦レベルの行政過程の歴史は1789年にまでさかのぼりますが、近代的な行政過程は、1887年に鉄道事業に関わる問題を扱うことを目的として、州際通商委員会（Interstate Commerce Commission）が設立されたことからはじまります[16]。この委員会は、行政部（executive departments）の外部にあって民間の活動をいくつかの面で規制する機能を果たすという、その後の独立規制機関（independent regulatory agencies）のモデルとなりました。こうした機関は、合衆国の行政組織（administrative body）を最もよく特徴づける形式のものとなっています。ルーズベルト大統領の政権下で1930年代に行われたニューディール立法により、連邦の行政機関は急速に増加していきました[17]。現在では、連邦の行政機関は数百に及んでおり、航空業界や核エネルギー、金融、農産物価格、移民、労働関係、年金、環境といった多様な領域を規制対象としています[18]。

行政法は、憲法、法律、判例、各省庁の規則・決定から成り立っています。憲法のレベルでは、法の適正手続条項（Due Process Clause）が行政手続に及ぼす効力が最も重要なものです。連邦政府の活動の枠組みの中には制定法で定められるものが多く、その大部分は1946年の連邦行政手続法（Federal Admin-

---

15) 次第に、補助金や公債などの政府の交付金の支給や停止に関係する事項が、行政法における重要な要素になっていった。また、行政法のもう一つの主要分野を形成するものとして行政契約がある。
16) その歴史的経緯を簡単に説明したものとして、K. Davis & R. Pierce, *Administrative Law Treatise* (4th ed. 2002) 参照。
17) これらの機関のうちで最も重要なのは「規制機関」（regulatory agency）であった。よく知られた例として、連邦取引委員会（Federal Trade Commission）、全国労働関係局（National Labor Relations Board）、証券取引委員会（SEC: Securities and Exchange Commission）がある。これらについてはすべて、本章の他の箇所で解説している。
18) 規制的機関ではない機関の中で最も重要なものは、主として利益の配分に関わる機関である。重要な例としては社会保障庁（Social Security Administration）があり、約5,000億人のアメリカ人に対する給付を扱っている。http://www.ssa.gov/history/briefhistory3.html 参照。

istrative Procedure Act）によっています。同法は、行政手続の標準を定め、行政の活動に対する司法審査の範囲を明確化するために制定されました。この法律は1966年に、情報自由法（Freedom of Information Act）によって改正されました[19]。判例も、驚くほど重要な役割を果たしています。憲法その他の制定法による指示の多くが、一般的な性質を示すにとどまっていることにも、その一因があります。〔合衆国では〕特に、行政法を扱う特別裁判所の制度はありませんので〔行政法の領域も通常の裁判所で扱われることとなり〕、そこで判例により発展した諸原則は、他の分野の原則に似た内容になっています。

・特徴

　アメリカでは議院内閣制が採用されていないため、各省庁の長官は形式的には議会との政治的な結びつきがありません。これらの職は大統領による指名制で、通常は現職の大統領がいつでも指名できることになっています[20]。実際、アメリカ型の「権力分立」（separation of powers）では、行政権、立法権、および、司法権の相互の間の区別が強められることになっているといえるでしょう。しかし、裁判所には、行政機関の活動に対する司法審査の権利が認められており、行政法のかなりの部分はこの司法審査に関係しています。

　行政機関の作用には公式のものも非公式のものもあります。圧倒的に大部分の決定は非公式に行われており、公の聴聞のような手続とは似ても似つかないものです。公式の手続がとられる場合はごく一部だということになりますが、そこでも、手続を行う機関のあり方や活動範囲はきわめて多様ですので、一般的に説明することは困難ですし、また実際、一律の法規制が存在しているわけでもありません。〔前述の〕行政手続法は、大部分の機関に共通するような事

---

19) 1964年の行政会議法（Administrative Conference Act）により、100名近くの委員を擁する行政会議が設置された。同会議はこれまでに多くの勧告や報告書を出し、合衆国議会の立法を促進する形で、限定的な範囲ではあれ成果を収めてきた。

20) 省（departments）の長官は通常 secretary とよばれ、庁（agencies）の長官は通常 administrator とされる。これらの職は通常、現職の大統領によって指名され、その任期は大統領の「任意」による。大統領が交代すると、これらの職に任命される人も変わることが想定されている。しかし、委員会や審議会など他のいくつかの機関では、長に当たる人は大統領の指名制ではあるものの、任期が定められているので、大統領が交代しても任期の終わりまでは解任されないというのが制度趣旨だと考えられる。

12　公法

項の手続について一般的なガイドラインを定めてはいるのですが、包括的で詳細な手続法を制定することは不可能であろうと考えられてきました。それにもかかわらず、合衆国憲法の適正手続条項の主眼をなす内容は、すべての行政手続で一貫して守られていなければなりません[21]。行政手続の中で適正手続の主要な要請に含まれるものとして、行政的な定めによって自己の利益が影響を受ける可能性のある人に対してそれを告知すること、および、その人に公平な聴聞の機会を与えるということがあります。この機会は、行政的な定めによる影響が実際に始まったり、あるいはそうでなくても、その定めが確定的なものになったりする前に保障されなければなりません。しかし、これらが守られているかどうかの一般的な判断は難しく、この領域におけるルールの大部分は、判例によって事件ごとの判断を重ねることで発展し、憲法や法律の要請が抽象的だという状況に対応してきました。聴聞は一般に、行政法審判官（administrative law judge）とよばれる行政庁の職員によって行われます。この聴聞で得られた結果を基に、当該行政庁が最終の判断を下します。関係者への通知は簡潔なのが特徴で、行政庁の判断が後で裁判所による司法審査を受けることになった場合には、そこに書かれた内容よりも、法廷手続での訴答の方が重要になります。行政的な聴聞では、裁判所の裁判における手続法や証拠法は適用されませんので、書面を使った証明に重きがおかれています。行政により提案されたルールの影響を受けそうな人は、それに関係する事情を説明したり意見を述べたりする機会を与えられることもありますが、〔裁判所での〕事実審の審理のようにいつもそうだというわけではありません。

　公式の行政手続が進められる場合は比較的少数なのですが、その中でも、司法審査の対象にまでなるケースはさらにずっと少なくなります。しかし、行政の活動に対する裁判所の統制は、アメリカの行政法の中で最も重要な論点なのです。アメリカには特別の行政裁判所の制度がありませんので、司法審査は、通常の裁判所での訴訟を通じて作られてきた枠組みに基づいて行われることになります。連邦法が民間の活動を規制する場合、その多くは、所轄官庁の特定の行政的活動を司法審査の対象とすることを特別に定めています[22]。司法審

---

21) 州や地方の行政機関は、州憲法による適正手続の要請も満たさなくてはならない。

Ⅱ 法の構成と内容

査は一般に、その性質からいえば、上訴審段階ということになりますので、連邦控訴裁判所が元の行政審判の記録を基にして行われる場合が多く、連邦地方裁判所で第一審から審査を行うことはあまりありません。さらに、連邦行政手続法にも司法審査制度に関する一般的な規定がありますし[23]、ほかにこのような特別規定がなくても司法審査が認められている場合もあります[24]。司法審査はまた他の場面でも行われることがあります。それは、行政機関がその活動のために裁判所による執行力の付与を必要とする場合です。司法審査を受けることのできる人の範囲は、いろいろな原則によって制限されており、行政の終局的な定めによって直接の影響を受ける人が、十分な争訟性のある事件で (in a ripe controversy)、他の行政的な救済手段が尽くされている場合に限られます。裁判所は、行政庁による「法令」の解釈に対しては、一般に完全な審査を及ぼすことができますが、「事実」については、通常、行政庁の行った事実認定に「実質的な証拠」(substantial evidence) があるかどうかが問題となる場合にのみ、審査されます。審査の範囲は、裁判で陪審が行った事実認定を審査する場合と同様になります。

1970年代には、行政機関による規制の主要な形態として、規則などの制定が盛んになってきました。その結果、合衆国議会が政策判断の重要な部分に関わる立法をどの程度まで行政機関に委任してよいかについて、合衆国最高裁判所が判断を求められることが多くなりました。1980年代には、議会が行政機関に広範な政策決定権限の行使を委任することの合憲性に関する重要な問題がいくつか提起されました。議会が行政機関へと規制権限の行使を委任した規定について、当該行政機関による解釈を、裁判所が審査することに関する判決が議論をよびましたが。その中で最高裁判所は、「議会が提起された問題そのものについて直接に詳細な定めを置かなかったときは」、行政機関による解釈が「合理的な」(reasonable) ものである限り、裁判所はそれを是認しなければな

---

22) このことは多くの州にもあてはまる。
23) 〔モデル立法である〕モデル州行政手続法 (Model State Administrative Procedure Act) にも類似の規定がある。
24) 例としては、差止判決や確認判決や、職務執行令状 (*mandamus*)・人身保護令状 (*habeas corpus*)・禁止令状 (prohibition) といった大権令状 (prerogative writs) を求める訴訟の中でなされる審査が典型的である。

らないと結論づけました[25]。

　行政機関は、相当の独立性を有するものとして設置されてはいるのですが、立法権や執行権による統制の対象となる部分もあります。行政機関の命令や規則に対して議会が統制を及ぼすことができるとする一般的な条文はありませんが[26]、これまで議会は、行政機関への予算配分や、議会の調査委員会による調査を通じて、行政機関の活動に躊躇なく介入してきました。大統領は、上院の承認を得て、行政機関の長を指名する権限をもっています。ただし、任期のある職にある者を、任期満了前に解任することは、多くの場合厳格に制限されています。また、大統領は、行政機関から議会への予算の要求を統制することができますし、一定の範囲では行政機関の組織編成を変更することもできます[27]。もっとも、同一の行政機関が、規制的な立法、違反の調査、違反に対する手続、そして審判という機能を全部管轄していることに対しては、批判もあります。そこで、一つの行政機関の内部で、機能に応じて部署を分割したり、審判において裁判官役となる担当官に対しより高い独立性を付与したりする対応も出てきました[28]。

参考文献

　数冊からなる大系書として、K. Davis & R. Pierce, *Administrative Law Treatise* (4th ed. 2002)。1冊完結の教科書として、A. Aman & W. Mayton, *Administrative Law* (2d. ed. 2001)、R. Pierce, S. Shapiro & P. Verkuil, *Administrative Law and Process* (5th ed. 2008〔第6版 2013年〕) など。外国の読者のために書かれた本として、P. Strauss, *An Introduction to Administrative Justice in the United States* (1989〔第2版 2002年〕)。*Administrative Law Stories* (P. Strauss ed., 2006) はこの分野における著名事件の経過を集めたもので、大変有益である。連邦の行政機関についての解説としては、年鑑のかたちで公刊されている *The United States Government Manual* がある。

---

25) Chevron U.S.A. v. Natural Resources Defense Council, 467 U.S. 837, 843 (1984).
26) 州によっては、このような一般的な手続を定めていることがある。その場合、議会は、審査を行う特別の事情が生じたときに、この権限を選択的に用いることとされている。
27) 「規制緩和」を求める圧力の影響については、本章で次に述べる取引規制の項を参照。
28) 注目すべき例として、全国労働関係局では、違反に対する手続を進める部署が完全に独立して総評議会 (General Council) となり、不当労働行為の調査と摘発について行政庁として終局的な権限をもつようになった。

Ⅱ 法の構成と内容

取引規制

・範囲と法源

　合衆国法の中で、取引の規制に関する分野は、独占禁止法の分野と、不正競争防止法の分野とから成ります。前者は、独占の防止と取引制限の規制を通じて、競争を促進しようとするもの、後者は、受容できる程度の公正さを競争が備えることを求めるものです[29]。これらが守られていることは、公共的な利益として考えられることが多いのですが、取引規制は、商標や商号に関する法、主な部分が制定法である特許法や著作権法をも含んで定義される場合もあります[30]。取引に対する規制は、近代的な立法以前の時代には、判例法の影響を受けてきましたが、今日では、この領域の第一次的な法源は制定法で、その大部分は州法でなく連邦法になっています[31]。これらの制定法のうちで最も重要なのは、複数州にまたがる商取引における競争を促進するために合衆国議会が制定した三つの法律です。

　その最初のかつ最も重要な法律は、南北戦争後に工業化が進展し、経済力の集中が生じた時代である 1890 年に制定された、シャーマン反トラスト法 (Sherman Antitrust Act) です[32]。この法律は、一般的にいえば、不合理な取引制限と独占とを禁止するものです。次に、1914 年に制定されたクレイトン反トラスト法 (Clayton Act) は、より個別的な分野に対応するものになっています。この法律は、第 1 に、一部の例外を除き、排他的取引、抱き合わせ取

---

29) 国際的な取引規制は、本節の扱う範囲を超えるが、会社法・出資法や、食品・製品の安全基準、関税、禁輸、商品とサービスに関するその他の規制が国境を越える取引においてどのように扱われるかに関する内容を含んでいる。この重要な領域と世界貿易機関 (World Trade Organization) への合衆国の参加についての優れた概説書として、M. Trebilcock & R. Howse, The Regulation of International Trade (3rd. ed. 2005) がある。
30) 本書 11 を参照。
31) 州の立法の中にも公正取引法がある。連邦の反トラスト法には、再販の場合の「垂直的」な価格調整の合意を許容する立法を州が行ってよいとする条項があるため、それに基づいて制定されている。反トラスト法も多くの州で立法化されているが、規制の効果の上がったのは若干の州にとどまる。
32) 反トラスト法は、19 世紀の「トラスト」(企業合同) を規制したことからこのようによばれる。トラストというのは、石油や砂糖といった一つの産業に従事する多数の企業が、密接な業務結合を行い、企業合同の合意を結んで、トラスト評議会 (board of trustees) の経営の下に運営される方式をいう。

引³³⁾、商品の取引におけるその他の同様の制限を禁止しています。第2に、買主によって販売価格を変えることによる価格差別や、関連するその他の差別的取扱いも禁止されます³⁴⁾。第3に、他社株や他社資産の取得が「競争の実質的な制限につながり独占を生じるおそれのある」効果をもつ場合には、それも禁止されます。シャーマン法が、すでに生じている害悪を排除しようとするのにとどまっていたのに対し、クレイトン法では、そのような害悪が生じるであろうという合理的な蓋然性があれば、それだけですでに規制の対象になります。3番目の重要な法律は、連邦取引委員会法（Federal Trade Commission Act）です。この法律も1914年に制定され、「不公正な取引方法」を主な対象としています。この法律によって連邦取引委員会が設置され、同法の内容を実行する権限を与えられています³⁵⁾。これら三つの法律は全体として、事業者と競争者との間の「水平的」な事業関係を規制するとともに、供給者および購買者との間の「垂直的」事業関係にも影響を及ぼし、いくつかの場合には、一つの企業の内部関係についても定めています。

　アメリカのビジネスは、実質的にはすべて民間資本により所有と経営がなされているものですので、競争を維持し統制していくことが最も重要になります。しかし、領域によっては、自由競争の理念から離れることを合衆国議会が認めている場合もあります。つまり、反トラスト法にも、限定された範囲ではありますが適用除外が存在します。例えば、航空、通信、鉄道、貨物輸送および海運などの産業がこれに当たりますが、いずれも、特別の規制官庁によって厳格に監督されています³⁶⁾。また、スポーツ連盟のように、自律的な規則をもっているものの、なお潜在的には議会や行政の監督下におかれているといえる例

---

33) 排他的取引とは、自社の製品を、競争関係にある第三者の製品を取り扱わないという条件の下でのみ、他社に供給することをいう。抱き合わせ取引とは、ある製品を、他の製品とセットでのみ販売またはリースすることなどをいう。

34) この第2の禁止類型は、1936年のロビンソン・パットマン法（Robinson-Patman Act）がクレイトン法を改正したことによって同法に導入された。

35) 連邦取引委員会法は、ほかにも、虚偽広告や誤認を生じさせる広告などの不公正な取引行為、商標権侵害、関連するその他の取引方法を、食品・薬品・化粧品の分野で規制している。

36) このこと自体は現在でもあてはまるが、ここ数十年は、「規制緩和」に向けた政治的な圧力と「競争に基づく市場の力」への依存が高まりつつある。その初期の例として、商業的航空路線に対する規制を減少させた1978年の航空規制緩和法（Airline Deregulation Act）がある。

Ⅱ　法の構成と内容

もいくつかあります。さらに、労働組合や農業協同組合（agricultural cooperatives）も、特定の問題に対処するための組織なので、それらの活動のほとんどは反トラスト法の例外として扱われています。

・特徴

　反トラスト法の分野の主要な特徴は、制定法の規定の多くが、合衆国の一般的な制定法に比べてより広範で抽象的な用語によって表されているということです。これは特にシャーマン法に顕著にみられます。このように、意図的に曖昧さが残されていることは、裁判所にとっては決定的な意味をもちます。裁判所は法律の解釈に責任を負っているわけですから、法律ができた頃と比べて製品や流通のあり方が変化しているときには、それに合わせた法適用をしなければならないためです。裁判所もシャーマン法の適用にあたって、厳密で硬直的なルールをうち出すのではなく、一般的な「合理の原則」（rule of reason）あるいは合理性の基準を採用してきました。同法の適用のあり方は、時代によっても変わりますし、業種によっても違います。裁判所は、経済的データや他の諸事情を考慮して、この領域を規制する主要な法律の決して明確とはいえない目的を実現するために、奮闘してきました。そのため、事業を行う企業の規模には絶対的な制限が設けられていません。規模自体が非難されるべきものだとはいえませんし、また、支配的地位もそれ自体として責められるべきことではありません。もっともそれらは、考慮されるべき事情の一つにはなります。これに対し、価格調整や市場分割のためになされる競争者間の「水平的」合意のようないくつかの行為は、競争を害する効果が大きいので、それ自体として（per se）不合理であると評価する点で、各裁判所の判例は一致しています。クレイトン法にいう排他的取引と抱き合わせ取引、そして、価格差別の大部分の形態については、「合理の原則」よりも、「それ自体」に近い基準が多く用いられています。ここからも推察できるとおり、反トラスト規制全体の中で、「趣旨に照らした規制」と、「性質上の不合理性」とがそれぞれどの範囲をカバーするかについては、かなり争いがあります。

　反トラスト諸法のもう一つの顕著な特徴は、その実施（エンフォースメント）のためにさまざまな救済手段を用意していることです。政府は、違反があった

と疑われる場合に、3種類の手続をとることができます。一つは、司法省がエクイティ（衡平法）上の民事訴訟を提起してシャーマン法またはクレイトン法に違反する行為の差止めを行うことです。二つめには、性質上の違反行為のうちの一部が対象となるものですが、同じく司法省により、刑事訴追を行うことがあります。これは大部分がシャーマン法違反の場合です。三つめに、連邦取引委員会がクレイトン法および連邦取引委員会法に基づいて行う行政手続があります。これは、連邦取引委員会による違反行為の停止命令（cease-and-desist order）に結びつく手続で、命令に不服のある場合、連邦上訴裁判所への提訴ができます。違反に対しては、過料の賦課が可能です。民事手続の場合には、事実審の前に、大部分のケースで被告と政府との間の交渉が行われます。そして、交渉が合意に至ると、被告の義務を宣言する合意判決（consent decree）が裁判所によって出されることになります[37]。

1974年に、クレイトン法が改正されて、合意判決の提案はすべて連邦官報（Federal Register）で公表されることになり、合意判決の提案内容を決定すべき要因になると連邦政府が判断した資料もすべて一般に入手可能とすることになりました。合意判決にせよ合意によらない決定にせよ、その文言は、当該違反を終わらせると同時に将来の再発をも防止することを意図して広範なものになることがあり、また、場合によっては、違反を行った企業の解散を命じたり、その資産を剥奪したりすることも可能です。さらに、私人に対する救済も認められます。中でも最も重要なのは、シャーマン法とクレイトン法によって認められている3倍賠償の制度です。これを使うと、違反行為によって損害を受けた側の当事者は、立証した損害額の3倍の賠償をもらえる余地があります。そのうえ、私人の権利は、司法長官（states' attorney general）によって執行してもらえることになっています[38]。商標、著作権、特許権は、私人による民事

---

37) クレイトン法の一般的ルールによれば、政府の提起した訴訟において判決や決定によって違反行為が認定された場合には、後の私人による民事訴訟でそれを明白な証拠としてよいとされているが、合意判決はこの例外とされる。そのため、被告側にとってはこれが合意判決への誘因の一つとなっている。
38) 1976年の反トラスト対策法（Antitrust Improvements Act）は、クレイトン法を改正し、連邦司法長官が「国親」（*parens patriae*）（文字どおりには人民の親）として、国家の名の下に民事訴訟を提起する権利をもつこととした。シャーマン法に対する違反があった場合に、合衆国内に居住する

訴訟によってのみ実現することができます[39]。不公正な取引を防止するために、反トラスト諸法の下で政府が訴訟を提起する場合や、連邦取引委員会が訴訟を提起する場合の多くにおいても、私人からの申立ては不可欠の役割を担っています。

米国の競争法に対する批判の一つとして、司法省と連邦取引委員会との機能が重複していることが挙げられてきました。特に、クレイトン法にはその傾向がみられます[40]。一般的には、両者が同時に手続を進めることはなく、競合は回避されているのですが、反トラスト行為に対する両者のアプローチ自体、必ずしも同じではありません。司法省は、行政権の一部ですから、独立した機関である連邦取引委員会に比べると、行政寄りの見方をする場合が多いのです。この領域の法は流動的であるため、両者ともにかなり大きな裁量権を持っていますし、両者ともに法の発展に実質的に影響を与えてきました。アメリカ経済においては大企業の役割が大きいとはいえ、全体としてみれば、両機関による法の執行は、競争を守るために効果的であったといえます。

参考文献

数巻から成る専門書として、P. Areeda & D. Turner, *Antitrust Law: An Analysis of Antitrust Principles and Their Application* (1978-) および、L. Altman, *Callman on Unfair Competition, Trademarks and Monopolies* (4th ed. loose leaf)。1巻完結の教科書として、H. Hovenkamp, *Federal Antitrust Policy* (3rd ed. 2005〔第4版 2011年〕)、L. Sullivan & W. Grimes, *The Law of Antitrust: An Integrated Handbook* (2006)。R. Posner, *Antitrust Law* (2nd ed. 2001) は、影響力をもち多くの議論もよんだ著作である。1巻のリステイトメントとしては、*Restatement (Third) of Unfair Competition* (1995) がある。反トラスト理論に含まれている経済学の諸モデルの説明として、*Handbook of Antitrust Economics* (P. Buccirossi ed., 2008) がある。

人々のために、金銭的補償を請求できるようにしたのである。
39) 本書[11]で述べた知的財産権法の項を参照。
40) シャーマン法に対する違反は、司法省の管轄となるが、これについても、違反が重なると連邦取引委員会法に基づいて連邦取引委員会の権限範囲となることがある。

雇用法と労働法

・範囲と法源

　広い意味での労働法は、働く人々に雇用関係を通じて影響を及ぼす法分野をいいます。合衆国法では、主に私人間の雇用関係が対象となります。広義の労働法は、雇用法（employment law）と〔狭義の〕労働法という、二つの部門に大きく分けられます。

　雇用法は、個人としての労働者の福祉に関わる法です。これには、労働者の報酬（compensation）を設定し、賃金と労働時間の基準を規定し、有害な児童労働を防止し、人種、宗教、国籍による雇用差別を禁止するために一般に州で定められている法律が含まれます。連邦レベルにも、賃金と労働時間に関する法としての1938年の公正労働基準法（Fair Labor Standards Act）がおかれており、この法律とその後の他の法律や改正法によって、最低賃金や超過勤務手当を支払うべき基準となる労働時間の上限、産前産後休業の保障、ヘルスケアや他の給付のための規制、児童労働の禁止について、連邦の標準を定めています。連邦には拠出型の社会保障制度があり、定年退職者年金、遺族年金、その他の給付が支払われています。失業保険はすべての州で提供されており、連邦と州との協同の計画に基づいています。ここ数十年は、安全で健康な労働環境の保障[41]や、被用者年金制度の促進・改善[42]、人種、宗教、性別、国籍、年齢に基づく差別の禁止[43]のための連邦の立法が目立ってきました。

　狭義の労働法は、組織された労働活動の中で生じる紛争を扱うものです。その近代的な発展は、1930年代にはじまります。それ以前には、労働関係に関する法は大部分が判例法で、先例や伝統的な原則に基づいており、たいてい使用者側に有利な内容でした。使用者は労働組合のいろいろな形態の活動を禁止するため、裁判所の差止命令をもらうことができました。このように、裁判所の権限が濫用されていたので、制定法では裁判所の役割が厳格に制限されることになります。

---

[41] 1970年の労働安全衛生法（Occupational Safety and Health Act）参照。
[42] 1974年の従業員退職所得保障法（Employee Retirement Income Security Act）および1980年の複数事業者年金制度修正法（Multiemployer Pension Plan Amendments Act）参照。
[43] 1964年の公民権法（Civil Rights Act）の第7編、および1967年の年齢差別雇用禁止法（Age Discrimination in Employment Act）参照。

Ⅱ　法の構成と内容

　1932 年に制定されたノリス・ラガーディア法（Norris-LaGuardia Act）は、労働争議において連邦裁判所が差止命令を出す権限を著しく制限したので、いまや平和的な労働運動に対して使用者が差止命令を得ることはほぼ不可能になりました[44]。労働関係に関する最初の包括的な立法は、そのすぐ後の 1935 年に、全国労働関係法（National Labor Relations Act）、別名ワグナー法（Wagner Act）として制定され、これが使用者と労働組合との間の団体交渉を促進することになります[45]。同法は、労働者に団結権と団体交渉権を認め、使用者側の一連の不当労働行為を禁止しました。不当労働行為に当たるのは、労働組合での活動を理由とする労働者の差別、権限のある団体交渉代表との間の交渉を拒むことなどです。この法律は、全国労働関係局（National Labor Relations Board）を設置し、これに二つの任務を課しました。一つは、従業員が希望する場合には、団体交渉のため自分達の代表を選ぶことができるようにする選挙を実施する任務です。もう一つは、不当労働行為があったという申立てを受けて聴聞を実施し、その処分を決定する任務です。この決定に対しては連邦控訴裁判所への上訴が可能です。全国労働関係局は、不当労働行為に対する差止命令を裁判所に求めることもできます。1947 年に、世論が労働者側に対して厳しい風潮を示したとき、労使関係法（Labor Management Relations Act）、いわゆるタフト・ハートレー法（Taft-Hartley Act）が制定されました。これは、大統領が拒否権を発動したにもかかわらず成立した法律です。その中でも最も重要な規定は、労働組合側の不当労働行為を初めて定めたものです。これには、強制、および労働争議の直接の当事者以外の者に圧力をかけるかたちの一定のスト破りが含められました。また、同法は、従業員が労働組合に加入すること

---

44) その後数年のうちに、州の多くも、類似する差止制限の立法を行った。
45) 1933 年の全国産業復興法（National Industrial Recovery Act）は、労働者の団体交渉権を認めたが、この法律は、Schechter Poultry Corp. v. United States, 295 U.S. 495（1935）判決で裁判官全員一致の判断により憲法違反だとされた。シェクター事件は、議会が立法権限の行使を行政機関に委任しようとしたのに対して、連邦最高裁がこれを違憲無効だとした稀なケースとして注目すべきものである。その後、National Labor Relations Board v. Jones & Laughlin Steel Corp., 301 U.S. 1（1937）では、連邦最高裁が 5 対 4 の多数決で、ワグナー法の立法が連邦の通商規制権限の行使として有効であるとして、その合憲性を認めた。少数の州では、州の労働関係法も立法している。それらは一般に、複数州にまたがる通商に対して実質的な影響がなく、したがって連邦の立法に関係のない小規模の事業にのみ適用される。

を求めるあるいは促進する協定を使用者と労働組合との間で結ぶことをも制限するものでした[46]。合衆国最高裁判所は、この法律が、団体交渉による労働協約[47]を実行するための連邦法を形成する権限を連邦の裁判所に与えたものだと解釈するとともに、労働協約に違反するストライキを禁止する権限をも連邦裁判所に付与しているとしました[48]。

重要な立法の中で最も新しいのは、1959年に制定された労使報告開示法（Labor-Management Reporting and Disclosure Act）、いわゆるランドラム・グリフィン法（Landrum Griffin Act）です。これは、前の二つの立法をさまざまな点で修正し、労働組合の内部的な関係を規制して個々の組合員に対する誠実さと公正さを保障しようとするものです。

・特徴

近代的な労働立法が初めて実現してからの数十年間で、労働組合への加入は増大し、加入率は、農業以外に従事する労働人口のうち3分の1を超えるようになりました。現在の加入率は大体その半分程度にまで落ち込んでいますが、労働組合の代表のない企業の多くを別とすれば、アメリカの労働法の多くの性質が、組織労働者の際立った特徴に由来するといえるでしょう[49]。そのうち最も重要な点は、特定の政治的な方向性がないということです。組織労働者の主たる目的は、賃金や労働条件の改善であって、一般的な社会改革ではありま

---

46) 従業員が採用されるための条件として労働組合に加入することとする制度を「クローズド・ショップ」といい、これが禁止された。従業員が採用されてから組合に加入する義務を負う制度は「ユニオン・ショップ」とよばれ、こちらは連邦法の下では一般に許容される。しかし、この問題について州の立法が連邦法よりも厳しい基準を定める場合に州法の優先を認める連邦法の明文の規定があることから、少数の州においては、「勤労権」（right to work）を保障する法を根拠として、ユニオン・ショップも禁止されている場合がある。

47) Textile Workers Union v. Lincoln Mills, 353 U.S. 448 (1957).

48) Boys Markets v. retail Clerks Local 770, 398 U.S. 235 (1970).

49) 組織化された労働力は、アメリカの制度にしばしば特徴的である、多元主義を示している。労働組合加入者のほとんどは、アメリカ労働総同盟（American Federation of Labor-Congress of Industrial Organizations（AFL-CLO））に加盟している労働組合の構成員だが、同業者団体や産業別の国際的な労働組合にも権限が留保されている。こうした国際的な団体では、特定の地域ごとに、あるいは場合によっては一つの工場のみで、労働者による支部が形成され、個々の労働者はこの国際団体に所属していることになる。これに対して、AFL-CLOでは、各労働組合がメンバーであって、個々人は構成員ではない。

Ⅱ　法の構成と内容

せん。また、組織労働者は、特別の立法や特定の候補者を躊躇なく支持してきており、独自の政党をもったこともなければ、2大政党のどちらかと恒常的に連携したこともありませんでした。組織労働者の目的は、包括的な立法を通じてというよりは、第一次的には使用者との間の団体交渉に基づく労働協約によって実現されてきたのです。こうした労働協約は、賃金、労働時間、年金に関する労働者利益の法律上の最低水準を補完するものとなり、さらに、判例法にも制定法にもルール化されていない追加的な利益として、有給休暇や病気休暇、年功権、解雇手当、不服申立ての案件の解決における労働者の参加制度などを認めてきました。労働協約がもつ特別の重要性は、合衆国の労働問題の解決において自発的な私人間の手続が全体的に重要であることをよく示しているといえます。

　労使関係の法律自体は、雇用条件に関する争いの解決のための特定の行政機関を設置していません。法令上は、使用者側と適切な交渉単位ごとに労働者側から選出された組合の代表との間で、労使交渉が誠実に進められなければならないとされているだけです。多数決の原則により、労働者の過半数によって選ばれた代表者が、当該単位の中で排他的に交渉権を行使する代表となります。労働組合が団体交渉によって満足のいく協約の締結に至らない場合には、労働者は、それ以前に締結された協約をとりやめるとしてストライキを行うことができます。これが対抗手段として認められているので、団体交渉の過程は意義のあるものになっています[50]。ストライキの回避や短縮を目的として、連邦政府も各州の政府も、和解や調停の制度を設けていますが、これらの制度では、特定の内容を当事者に強制することはできません[51]。ストライキが実施され

---

50) それでも、ストライキによって毎年失われる労働時間の割合は非常に小さく、通常 0.25％ 未満である。タフト・ハートレー法は、ストライキが国民の健康や安全をおびやかすおそれのある場合については争議権を制限し、政府が裁判所に 80 日間までのストライキの差止判決を求めることを認めているが、この期間を徒過すれば、ストライキはできることになっている。ここでも、頼みの綱はインフォーマルな手続となるであろう。鉄道や航空の事業の労働者についても争議権の制限があることは、鉄道労働法（Railway Labor Act）に定められている。連邦公務員によるストライキは連邦の法律によって禁止されている。州および市町村の公務員にも通常争議権はないとされてきた。多くの州では、法律でこのことを規定している。
51) 労使契約の文言を確定するためには仲裁の手続はあまり用いられない。連邦法にも、民間産業における労働争議に関して、仲裁を強制する条項はない。

るかどうかにかかわらず、団体交渉の最終的な結果は、使用者と労働組合との間に結ばれる長大で詳細な労働協約です。これには一定の有効期間が定められており、通常は2年間です。その間には組合がストライキを行わないことが通常合意されます。労使協定の中で重要な意義をもちうる条項の一つは、不服申立てが出た場合の私的な問題解決のための手続の詳細を定めるものです。これを定めておくことが特に望ましいのは、特別の労働裁判所というものがないことによります。一方当事者が仲裁合意に従うことを拒否した場合、裁判所はこれに従うように命じることができますが、このような極端な制裁までが必要となるケースは稀でしょう。労働協約は法的に強制執行可能な契約に当たるとされてはいるものの、大部分の事案では協約の実行は民間の機関に委ねられており、裁判所を頼りにするのはきわめて限られた場合となっています。

参考文献

教科書として、R. Gorman, *Basic Text on Labor Law* (2004)、C. Morris et al., *The Developing Labor Law* (2nd ed. 1983) など。雇用法に関しては、H. Lewis & E. Norman, *Player, Employment Discrimination Law and Practice* (2004) 参照。導入に役立つものとして、*American Bar Association Guide to Workplace Law: Everything Every Employer and Employee Needs to Know About Law & Hiring, Firing, Discrimination, Disability, Maternity Leave, & Other Workplace Issues* (2nd ed. 2006)。

税法

・範囲と法源

連邦政府も州政府も、それぞれの管轄区域内の個人や法人に対し、一定の憲法的な制約の下で、相互に比較的独立して課税を行っています。連邦の歳入の主たる財源は個人の所得税で、全体の約半分をまかなっています。社会保障制度を支えるために用いられる賃金税（payroll tax）は近年かなり増大して、連邦の歳入の第2番目の財源となり、全体の3分の1以上にのぼっています。法人税（corporate income tax）は全体の約10分の1にのぼります。連邦のその他の税としては、消費税、贈与税、固定資産税などがありますが、これらが歳入の中に占める割合は比較的小さいのです。州および地方自治体は主に売上税、所得税、資産税、資源分離税（tax on severance of natural resources）から歳入

Ⅱ　法の構成と内容

を得ています。近年では州や地方自治体の歳入額がかなり大きくなっていますが、それでも連邦に比べればずっと小さな額です[52]。

　連邦では、個人の所得税も法人税も、それぞれ個人や法人の営業活動に影響することから、特別の重要性をもっています。いずれもかなり複雑な制度によっていますので、これを利用して税を免れようとする者が現れますし、税制上の考慮が取引形態に影響することも少なくありません。しかし実は、連邦の所得税・法人税は、20世紀になってから導入された制度なのです。1895年に、合衆国最高裁判所は、連邦が所得を基礎に課税することは憲法違反だと判示していたのです[53]。合衆国憲法の修正第16条が発効した1913年になってようやく、連邦議会は「所得に基づく税を賦課し徴収する」権限を与えられました。1930年代のニューディール政策の時期に、富裕層と貧困層との格差を縮小するため、個人に対する累進課税制度が用いられ、これは1939年まで続いていましたが、当時はアメリカの生産年齢人口の25人あたり1人しか連邦の納税者にはなっていませんでした。第二次世界大戦を機に、この状態は一変しました。連邦の歳入を増加させるため、所得に対して賦課される税が主力となり、今日では、毎年約1億4,000万人の個人が納税申告を行っています。

　現在、連邦の所得税・法人税の第一次的な法源は1986年の内国歳入法典（Internal Revenue Code）で[54]、制定後の改正により、関税に関する規定を除いて連邦の歳入に関する現行の法規定をすべて含むようになりました。したがって、税法の内容は基本的に制定法によって決められていることになります。もっとも、いくつかの分野では、判例によって発展してきた諸原則が重要な影響を及ぼしています。財務長官（Secretary of Treasury）の権限によって財務省規則（Treasury Regulations）が定められていますが、この規則は、内国歳入法典を解釈、実行、補充するための追加的な細則を設ける趣旨のものです。こ

---

52) 例えば、2009年には、連邦の歳入は約1.1兆ドルであったが、州の歳入は約3,450億ドルで、地方自治体の歳入は350億ドルであった。
53) 最高裁の判断は、連邦政府が「直接」税を徴収することは、人口に応じて州に割り当てる場合以外禁止されるとの憲法の条項に依拠したものであった。Pollock v. Farmers' Loan & Trust Co., 157 U.S. 429 (1895). 差戻後上告審でも同じ結論が維持された。158 U.S. 601 (1895).
54) この法律の、内国歳入庁（Internal Revenue Service）が依拠しているバージョンは、コーネル大学法情報研究所のウェブサイトで見ることができる。http://www.law.cornell.edu/uscode/text/26.

れは同法の内容と矛盾しない限りにおいて効力をもちます。その他の行政的な公表情報の中で最も重要なのは、内国歳入庁の発行する裁定事例集です。これは同庁の認定した事件を載せたもので、多くの納税者に関係のある問題も収録しています[55]。

・特徴

　税法の運用について第一次的に責任を負っているのは、合衆国内国歳入庁です。同庁は内国歳入長官をその長とし、財務長官の監督下に置かれています。法律で定められた額[56]以上の総所得がある人、およびすべての法人は、所得税の申告を行わなくてはなりません。現在、年間の所得に対する税金の徴収は、個人の場合には賃金・給与に基づいて課される源泉徴収税によって行われており、他の形態の収入を得ている個人の一部および法人納税者の場合には、所得額に基づいて査定された税額の定期的な納入によっています。納税が不十分であるとの申立てや、過払い分の返還を求める申立てによる争訟の多くは、裁判によらずに行政レベルで解決されます。内国歳入長官からの支払請求に対して不服がある場合、納税者は合衆国の租税裁判所に訴えることができます。そのほかに、納税者は、請求額を支払ったうえで、連邦地方裁判所、または還付について管轄を持っている合衆国請求裁判所に訴訟を提起することもできます[57]。所得税不納付に対しては、不払額が徴収されるだけでなく、民事罰が科されることもあります。さらに、別の手続によって刑事罰の対象となる場合もあります。

　連邦の所得税・法人税は、基本的に、段階づけされているものではありません。つまり、税率は、どのような形態の所得についても一律なのです。しかしながら、非課税や一部免税となっているタイプの所得も少数あります。不動産や株式などの資本的資産の売却による所得については、かつて優遇措置がありましたが、1986年の改正法により廃止されました。個人に対する所得税の税

---

55) 財務省規則も内国歳入庁による現在の取扱い例も、関連業務に従事する公務員に対して拘束的な効力をもち、前者だけでなく後者も裁判の場面で論拠となることが多くある。
56) 夫婦として登録されているカップルの場合、単身者よりもこの額が高く設定されている。
57) 租税裁判所や連邦地方裁判所の判決に対する上訴は連邦控訴裁判所に係属し、裁量上告(certiorari)が認められれば、その後さらに最高裁判所で判断されることもある。

Ⅱ　法の構成と内容

率では累進制がとられていますが、税率の上限は 1986 年法で大幅に引き下げられました。法人税率はいくつかに分けて定められていますが、家族経営の小規模企業の場合を除けば、すべての企業で実質的に同じ税率が適用されています。個人の所得税の特徴は、多くの種類の控除が認められていることにあります。例えば、寄付金控除、事業費用の控除、住宅借入金控除、州および地方税に基づく控除などがあります。これらの控除制度と非課税制度があることにより、税率の適用対象となる所得の全体からみるとかなりの割合が課税対象から除かれることになります。税制の内容は複雑ですし、控除の範囲や額、また税務会計方法も頻繁に変更されます。所得税・法人税率が高いと感じられていることや、多くの納税者にとって節税手段や課税控除の規制が厳しくなりつつあることともあいまって、各弁護士会には、税務相談を専門に扱う特別の部門が設置されるようになっています。連邦の所得税・法人税の法制は、現在、ロースクールで独立の課程として教えられ、圧倒的多数の学生が履修する科目になっています。

参考文献

　優れた入門的な概説書として、M. Chirelstein, *Federal Income Taxation* (11th ed. 2009)〔第 12 版 2011 年〕。1 巻で完結する教科書として、Joshua D. Rosenberg & Dominic Daher, *The Law of Federal Income Taxation* (2008)、D. Kahn et al., *Corporate Income Taxation* (6th ed. 2009) などがある。B. Bittker et al., *Federal Taxation of Income, Estates and Gifts* (1981〔第 3 版 1999 年〕) は複数巻から成る詳しい専門書である。J. Mertens, *Law of Federal Income Taxation* (loose leaf) は、多数巻の編集による百科全書的な包括的内容のものになっている。Commerce Clearing House と Prentice-Hall のいずれからも、連邦で広く行われている租税実務に関する出版がある。連邦の税制度の中の特定の部門についての専門書としては次のようなものがある。B. Bittker & J. Eustice, *Federal Income Taxation of Corporations and Shareholders* (5th ed. 1987〔第 7 版 2000 年〕)、Z. Cavitch, *Tax Planning for Corporations and Shareholders* (2nd ed. loose leaf)、C. Lowndes, R. Kramer & J. McCord, *Federal Estate and Gift Taxes* (3rd ed. 1974)、R. Stephens, *Federal Estate and Gift Taxation* (6th ed. 1991〔第 8 版 2002 年〕)。租税政策に関する有益で反対説もある入門書として、C. Steuerle, *Contemporary U.S. Tax Policy* (2nd ed. 2008) がある。

12 公法

刑法

・範囲と法源

　アメリカの刑法は、刑法が大部分判例法であった時代のイングランド法に由来するものですが、現在では、制定法に基づくものになっています。各州にはそれぞれ州刑法があり、重大な犯罪類型（重罪）と、それよりは重大でない犯罪類型（軽罪）、および無数の違警罪（petty offenses）を規定しています。殺人罪や強姦罪、窃盗罪といった犯罪類型はもちろん、それぞれの州で類似する形で定義されています。これは、いずれもイギリス判例法という共通の母法をもっていることと、アメリカの州の立法府が進んだ州の刑法改正にならった立法を行う傾向にあることとを反映しています。しかし、最も重大な犯罪類型の範囲に関しても、州によって重要な差異のある場合があります。例えば、夫婦間強姦は、約半数の州で強姦罪の定義に含められていますが、これはコモンローのルールを変更するものです。州による相違が最も顕著なのは、各犯罪類型について定められている法定刑の程度と量刑の方針です。多くの州では、自由刑に執行猶予を付したり、これを罰金に代替したり、仮釈放を認めたりすることによって、自由刑の自由主義的な運用が行われています。しかし、州によっては、万引や違法薬物の単純所持といった比較的軽微な犯罪に対しても、実刑が通常の刑罰というところもあります。最も際立った例は、過半数の州および連邦で、謀殺罪その他の重大犯罪に対して死刑が認められていることです。連邦最高裁は、死刑が、適正な手続によって統制される場合には憲法上認められると判断しています。2009年段階で、死刑廃止州は15州〔2011年にイリノイ州、2012年にコネチカット州、2013年にメリーランド州が死刑を廃止したため、現在の廃止州は18州〕です。

　刑法は第一次的には州が管轄する事項であり、有罪判決の大部分は州の裁判所によるものですが、連邦政府も刑事に関する多くの問題に関与しています。合衆国憲法は、連邦議会に対して刑法についての一般的な立法権限を与えていませんが、その黎明期から、刑事罰は、連邦法の遵守を確保するための適切な手段として認められてきました。連邦刑法の主眼は、複数の州にまたがる性質の犯罪に対して、国による捜査と訴追ができるようにするところにあります[58]。州境を越える盗難車の輸送や、郵便を使った犯罪、主な薬物犯罪、組

Ⅱ　法の構成と内容

織的詐欺などが連邦刑法の主なターゲットです。もちろん、それに加えて、連邦法は、国の安全に対する罪を処罰する規定をおき、連邦の公務員や制度を保護しています。最後に、南北戦争直後から存在している連邦刑法の重要で複雑な部門として、他人の市民権を侵害する罪の処罰を挙げることができます。

・特徴

　近年まで、多くの州で、刑法典はきわめて混乱したかたちになっていました。これは、もはや適用されない伝統的なコモンローの法理をそのまま採用したものが多かったためです。16の州では、1865年にフィールドが提案した刑法草案が採用されていましたが、この草案自体が、大部分、当時存在した法内容の寄せ集めにすぎないものでした[59]。この状況を改善するために、アメリカ法律協会は、10年の作業を経て1962年に模範刑法典（Model Penal Code）を採択しました。その内容は、規制対象の根本的な再検討を踏まえたものになっており、もともとは合衆国内の刑法の統一までを図ろうとしたものではなかったにもかかわらず、実際には3分の2の州で刑法を見直す動きを促進し、これらに影響を与える結果となりました。

　模範刑法典をモデルとした近代的な刑法典は、総則と各則とから編成されています。総則は、刑事責任の基礎づけと免責（例えば、過失責任主義、因果関係、法の不知の効果など）、違法性阻却事由（例えば、自己の生命、身体、財産などの正当防衛）、有責性（例えば、精神疾患や知的障害の効果）に関する原則を定めています。各則には、それぞれの犯罪類型の定義と、加重・減軽類型の区分がおかれています。犯罪類型は、保護法益と防止されるべき害悪の違いによって機能的に体系化されています（例えば、人身に対する危険を生じさせる罪、財産に対する罪、公序良俗に対する罪など）。

　模範刑法典がもたらした最も重要な進展は、責任要件の扱いです。意図、認識、無謀、過失、という4種類の責任段階が定義されました。これらの定義が、各則の犯罪類型の定式化にあたっても一貫して用いられています。例えば、無

---

58) 連邦捜査局（FBI: Federal Bureau of Investigation）が捜査を担当し、連邦の検察官（offices of the United States attorneys）が訴追を担当する。
59) フィールドの法典案については、本書 **6** を参照。

謀（reckless）さによる殺害は故殺に当たるとされています。さらに、模範刑法典では、「犯罪の客観的要件に関して、法律が条件とする意図、認識、無謀さ、または過失をもって行為したのでない限り」、原則として犯罪が成立しないこととされています[60]。このように、模範刑法典は、犯罪が成立するためには何らかの有責性の要件が満たされるべきだとしつつも、その要件の内容は犯罪類型によって違ってよいし、同じグループの犯罪類型の内部でも差異を設けてよいとしているのです[61]。メンズ・レア（mens rea、有責的な心理状態）の要件について、判例によって発展してきた旧来の定式化に代えて、これらの新たな定式化を採用する州が約半数にのぼりました[62]。

模範刑法典の各則の例として、殺人罪の扱いがどのようになっているかをみてみましょう。殺人罪は三つの類型に分けられています。謀殺罪、故殺罪と過失致死罪です。これ以前にアメリカでは、謀殺罪に２種類の類型を設け、準備された計画的な殺害の要件を満たすものが第１級謀殺罪だとしていましたが、模範刑法典はこの区分を廃止し、故意または極度の重過失による殺人をすべて謀殺罪として一つにまとめました。模範刑法典が導入した新たな基準では、これまで謀殺罪とされていたものの一部が故殺罪に格下げされました。それは、殺害が「極度の精神的あるいは感情的な障害の影響により行われ、……行為者の立場におかれた人が自己の認識した外部的事情を基に判断したときに、合理的な説明または宥恕の余地がある」場合です。この基準により、コモンローで用いられていた、相当の挑発に由来する情動の程度という基準は廃止されてい

---

60) 模範刑法典は、立法府が厳格責任（絶対責任）を規定する可能性を排除していないことになる。例えば、性犯罪の被害者の年齢が犯罪成立要件となっているとき、行為者が被害者の年齢を誤信していたとしても、犯罪が成立するとする場合などである。
61) 模範刑法典は、精神疾患や知的障害の結果として犯罪が行われた場合には刑事責任を問わないこととしている。その基準は、被告人が「精神疾患や知的障害の結果、自己の行為の犯罪的な性質を理解する能力か、自己の行動を法の要請に適合させる能力のいずれかを実質的に欠いていた場合」に当たるかどうかだとされる。これは、19世紀のイギリス法に由来する伝統的な基準であった、自己が何をするのかを理解しそれが悪いことであると理解する能力という基準に代わるものとして定式化された。
62) 犯罪の定義としてしばしば、アクトゥス・レウス（actus reus）〔客観的要素〕とメンズ・レア（mens rea）〔主観的要素〕の複合体、あるいは、有責的な行為と有責的な心理状態の結びつきであるといわれる。より散文的な言い回しとして、処罰根拠となっている法律の定義に従って、特定の心理的状態の下で違法行為のかたちをとって現れたもの、といわれることもある。

ます。

一方で、模範刑法典における殺人その他の犯罪類型の定義は、各州の刑法改正に影響を及ぼしましたが、他方で、法定刑の面では、模範刑法典による大きな影響はありませんでした[63]。模範刑法典は、当時広く用いられていた不定期刑の制度を合理化しようとしました。当時の不定期刑制度の下では、裁判官が量刑において幅広い裁量権をもち、かなり長期の刑の上限を言い渡すことができたと同時に、行政府によって指名される仮釈放審査委員会（parole board）が認めれば、仮釈放の適用を受けるという場合が多くありました。しかし、この制度は激しく批判され、現在では、裁判官の量刑の裁量が縮小されて仮釈放審査委員会による仮釈放の余地もない絶対的法定刑が広く用いられるようになってきています。連邦の裁判所と多くの州の裁判所では、量刑ガイドラインが用いられています。

参考文献

基本書として W. LaFave, *Criminal Law* (4th ed. 1986)〔第 5 版 2010 年〕。模範刑法典に関する説明として *Model Penal Code and Commentaries* (1980, 1985) がある。歴史的背景につき、L. Friedman, *Crime and Punishment in American History* (1993)。比較法の観点からの興味深い著作として、G. Fletcher, *Rethinking Criminal Law* (2nd ed. 2000)、G. Fletcher, *The Grammar of Criminal Law* (2007) がある。刑事立法において科学の利用が増大していることを実例の検討を通じて批判する著作として、N. Farahany, *The Impact of Behavioral Sciences on Criminal Law* (2009)。

環境法

・範囲と法源

合衆国の環境法は、その一部がイギリスの財産法に関するコモンローに由来し、これは今日でも州における生活妨害（nuisance）やトレスパスに基づく訴訟、およびネグリジェンスや水源の誤った管理などのその他の事由による訴訟の基礎とされています。それでも、この分野の大部分は、環境、生物、人の健康に対する脅威を規制する一連の積極的な制定法から形成されているものです。

---

63) 模範刑法典は、死刑の存廃に対して特定の立場を打ち出していない。

これらの法律は、1970年代に連邦議会によって制定され始め、これに合わせて州の立法が進められました。いずれの法律も、連邦および州の行政機関が定める規則によってさらに具体化されています。多くの場合に、これらの法律は合衆国が国際条約に参加することに対応したものになっています。

環境法には、多数の規制方式と訴訟原因が含まれ、最も広い意味では、公共用水域や公共用地の利用の規制、国有公園の指定、事業所の化学物質や騒音による危険の規制、食品の生産および管理の規制なども入ります。しかし、環境法の中心的な関心事項は、過去30年の間は、公害と公害の元になる物質や活動に対する規制、そして、野生生物とその生態環境の保護でした。近年では、環境に対する地球規模の危険への関心が高まっており、特に、海洋の生命維持力と人間の活動による大気と気温への影響が注目されています。

・特徴

汚染の発生や化学物質の不注意な使用に基づくコモンロー上の訴訟原因は、訴訟を提起する個人に対する特定の害の証明を必要としています。例えば、自己の土地への影響が生じたとか、家畜が害された、あるいは、化学物質に接触したことで個人に健康被害が出たなどの証明です。妨害やトレスパス、ネグリジェンスによるこういった訴訟は、一般に州法によって規律されており、環境法分野の制定法化が進んでも内容的な修正はほとんどありません。

連邦の主な法律は、自然環境または人間環境を害するおそれのある活動を禁止し、有毒な化学物質の使用や有毒な廃棄物の生成、農薬の使用、危険な廃棄物の生成、輸送、貯蔵および処分、水路への温水の排出、また、乗用車やトラックの排気ガスを含む大気へのガスや粒子の放出の規制の目的で制定されています。このほかに、絶滅の危惧される生物の取得やそれらの生態環境の侵害を規制する法律もあります。環境に対して重大な影響を与える可能性のある連邦の計画に対する規制もあります。これらの内容を実施するため、法律は、環境保護局（Environmental Protection Agency）、陸軍工兵隊（Army Corps of Engineers）、合衆国沿岸警備隊（U.S. Coast Guard）といった連邦の諸機関に権限を与えています。もっとも、連邦行政手続法をはじめとするほとんどの法律では、行政機関が手続を開始しない場合には私人が訴えを提起して法律の内容の実施

Ⅱ　法の構成と内容

を求めることを一般的に認めています。いくつかの州では、追加的に州の環境法も制定しています。それらのほとんどは、連邦法に調和する内容のものですが、地域の環境保護のために連邦法よりも厳しい基準を定めているものも少数ながらあります。

参考文献

　アメリカの環境法に関する主要な2つの著作として、1巻完結の体系書 W. Rodgers, *Environmental Law* (2nd ed. 1994) と、複数巻から成る F. Grad, *Treatise on Environmental Law* (loose leaf) がある。国際環境法については、P. Sands, *Principles of International Environmental Law* (2nd ed. 2003) 〔Philippe Sands と Jacqueline Peel の共著による第3版、2012年〕を参照。歴史的発展についての優れた著作として、R. Lazarus, *The Making of Environmental Law* (2006)。環境法における規制根拠について、R. Revesz & M. Livermore, *Retaking Rationality: How Cost Benefit Analysis Can Better Protect the Environment and Our Health* (2008) を参照。

訳者あとがき

本書は、E. Allan Farnsworth, An Introduction to the Legal System of the United States（4th ed. 2010, ed. by Steve Sheppard, Oxford University Press）の日本語版です。

　アメリカ法の入門書は数多くありますが、本書の原著はその中でもすでに別格の評価を得ているといってよいでしょう。アメリカ国内で法を学ぼうとする者がまず読むべきものとして、決まってあげられるもので、本格的な法の知識をもたないロースクールの新入生に向けて、入学前の推薦図書とされることもあります。また、アメリカ国外で外国法としてアメリカ法を学ぼうとする者にとっても、それが自国の法とは歴史的にもアプローチの仕方においても異なる性格をもつものであることを知り、その成り立ちと今日の姿を理解する上で、極めて頼りになる入門書で、すでに20を超える言語に翻訳されています。事実上、アメリカ法入門の世界的な標準教科書として扱われているのです。

　本書の原著がアメリカ法の入門書としてそのような評価を得て広く普及しているのは、何よりもその信頼のおける、正確で明快な記述によるものでしょう。その内容は、アメリカ法についてあまり知識のない読者のための基本的な解説から始まりつつも、今日のアメリカ法の先端に触れる問題にも及び、さらに重要文献の紹介とともに、深くアメリカ法の現状を知ろうとする読者の知的関心にも応えるものとなっています。語り口はあくまで親切で、無理なく読者の心に入り込みますが、その議論は、アメリカ法の核心にまで読む者を案内するのです。

　著者のファーンズワース教授については、本書の「編者まえがき」に詳しく、繰り返す必要はありませんが、偉大な契約法学者であり、日本においても没後もなお強い影響力を保っています。

　訳者は、原著の第3版を手にしたとき、その日本語版を日本の読者に届けることがぜひとも必要であると確信し、その機会を探っていましたが、先ごろシェパード教授によってアップデートされた第4版が現れたのを機会に刊行準備にとりかかることにしたものです。訳者は、それぞれが担当箇所（笠井：第3

訳者あとがき

版へのはしがき、[1]～[10]〔民事手続まで〕、[11]、髙山：編者はしがき、[10]、[12]）を翻訳した上で、両名で原稿全体の表現・精度について検討を加えて、最終稿を練り上げました。また、訳注を付すことが望ましいと思われる箇所には、適宜それを加筆し読者の便宜に応えることにしました。

本書の原著は、翻訳版も含めてすでに世界的に親しまれていますが、この日本語版もまた多くの読者に受け入れられ、日本におけるアメリカ法の正確な理解に貢献することを期待するものです。

勁草書房編集部の竹田康夫氏には、終始行き届いたお世話をいただきました。厚く御礼申し上げます。

2014年2月6日

笠井　修

髙山　佳奈子

事項索引

【数字・アルファベット】

2大政党 …………………………… 76, 192
3倍賠償 ……………………………… 187
American Digest System ………… 57, 86
American Law Reports ……………… 56
Brown v. Board of Education ……… 177
Current Law Index ………………… 99
Erie Railroad Co. v. Tompkins … 51, 95, 96, 110
Federalist Papers ………………… 173
Index of Legal Periodicals ………… 99
Lawyers' Edition …………………… 56
Lexis ……………………… 56, 57, 84〜86
Loislaw …………………………… 56, 57
Marbury v. Madison ………………… 8
Miranda v. Arizona ………………… 130
National Reporter System ……… 55〜58
Roe v. Wade ……………………… 177
Shepard's Citations ………………… 58
Supreme Court Reports …………… 56
Supreme Court Reporter …………… 56
Swift v. Tyson ………………… 50, 51, 96
United States Reports ……………… 56
U.S. Law Week ……………………… 56
Westlaw ………………… 56, 57, 84〜86

【あ行】

アクトゥス・レウス ……………… 199
アメリカ司法協会 …………………… 37
アメリカ自由人権協会 ……………… 39
アメリカ法曹協会 … 18, 21, 34〜38, 40, 80, 167
アメリカ法律協会 … 38, 40, 100, 149, 162, 198
アメリカ・ロースクール協会 …… 18, 21
イギリス法 ………… ix, 10, 12〜14, 16, 59
違警罪 …………………………… 197
意見 ………… 23, 53, 54, 58, 61, 64, 95, 127
一般管轄裁判所 ……………… 35, 43, 44
一般訴訟裁判所 ……………………… 43
違法収集証拠 ………………… 129, 136
エクイティ …… 105〜107, 116, 145, 147, 164, 187
エクイティ裁判所 ……………… 108, 109

【か行】

会期別法令集 …………………… 85, 86
外国判決の効力 …………………… 139
海事法（海法） …………… 47, 162, 165
会社 …………………… 166, 168, 170
会社法 ………………… 141, 166, 169
下院 ……………………… 74, 75, 77
下級裁判所 ……………………… 54, 56
下級審裁判所 …………………… 62, 90
格言 ……………………………… 89, 90
過失責任 …………………………… 148
家族法 ………………… 10, 112, 141, 158
合衆国議会 ‥ 7, 33, 44〜48, 71〜74, 84, 115, 162, 167, 175, 182, 184, 185
合衆国憲法 ‥‥ 4, 6, 7, 9, 71, 72, 76, 117, 162, 173, 177, 181, 197
　修正第5条 ……………… 117, 132, 138, 155
　修正第7条 ……………………… 108
　修正第10条 ……………………… 73
　修正第14条 ………… 117, 138, 155, 175, 176
　修正第16条 ……………………… 194
　修正第17条 ……………………… 75
合衆国国際通商裁判所 ……………… 44
合衆国国務長官 …………………… 72
合衆国最高裁判所 …… 7〜9, 35, 38, 39, 43〜46, 48〜51, 54, 55, 59, 61, 66, 68, 71, 72, 87, 93, 95,

205

事項索引

96, 111, 115, 118, 129, 138, 139, 159, 173～177, 182, 191, 194
合衆国司法会議 ………………………… 115
合衆国請求裁判所 ……………………… 195
合衆国制定法全集 ……………………… 85
合衆国租税裁判所 ……………………… 44
合衆国大統領 … 6, 33, 35, 72, 75, 77, 89, 180, 183
合衆国大統領令 ………………………… 73, 86
合衆国内国歳入庁 ……………………… 195
合衆国法令集 …………………………… 85
合衆国連邦請求裁判所 ………………… 44
家庭裁判所 ……………………………… 43
カードーゾ，ベンジャミン・ネイザン … 61 63, 65, 82
過半数代表者 …………………………… 192
株主 ……………………………… 167～171
仮釈放 ……………………………… 197, 200
過料 ……………………………………… 187
為替手形法 ……………………………… 162
管轄 ………… 50, 111, 122, 137～139, 162, 174
管轄区 …………………………………… 44
勧告的意見 ……………………………… 49
完全な信頼と信用 ……………… 138～140, 159, 173
寛大な刑罰の準則 ……………………… 90
鑑定人 …………………………………… 135
議院内閣制 ……………………………… 180
企業合併・企業買収 …………………… 170
企業組織法 ………………………… 112, 166
企業内弁護士 …………………………… 32
規制権限 ………………… 155, 175, 176, 182
起訴 ………………………………… 129, 131
吸収合併 ………………………………… 169
糾問主義 …………………………… 129, 130
行政契約 ………………………………… 179
行政規則 ………………………………… 73, 74
行政規程 …………………………… 73, 74, 86
行政権 …………………………… 7, 173, 180
行政審判 ………………………………… 182

行政手続法 ……………………………… 180
クック卿，エドワード …………… 12, 20, 89
区別してもよいが平等に ……………… 177
組合 ……………………………… 166, 168
クラス・アクション …………………… 40
クレイトン法 ……………………… 185～188
クローズド・ショップ ………………… 191
軽罪 …………………………………… 197
警察裁判所 ……………………………… 43
刑事手続 ………………………………… 128
刑事賠償 ………………………………… 146
契約 ………………… 93, 94, 112, 142～144, 164
契約法 ………………………………… 141
ケース・メソッド ……………… 18, 22～25, 96
厳格責任 ……………………… 148, 149, 199
権原登記 ……………………………… 154
権原保険 ……………………………… 154
検察官 ……………………………… 129～131, 134
検察官起訴 …………………………… 130
原状回復 ……………………………… 141, 146
ケント，ジェームズ ……………… 14, 20, 80
憲法制定会議 ……………………… 6, 173
憲法の修正 …………………………… 72
憲法問題 …………………… 49, 66, 72, 175
権利章典 ……………………………… 4, 7, 176
権力分立 ……………………………… 180
合意判決 ……………………………… 187
公益法 ………………………………… 39
公開の法廷 …………………………… 132
公共の福祉 ……………………… 155, 176
公正な裁判 …………………………… 132
公正労働基準法 ……………………… 189
公選弁護人 ……………………… 39, 132
拘束力ある権威 ……………… 61～63, 66, 67
交通裁判所 …………………………… 43
公判 …………………………… 131～133, 135, 136
公法 ……………………… 105, 111, 156, 173
公民権法 ……………………………… 189

事項索引

合理的な疑い ································ 132, 134
国際条約 ····································· 138, 201
国際通商裁判所 ····································· 44
国際問題 ·· 138
国産動産売買契約に関する国際連合条約 ··· 143, 162
告知訴答 ·· 118
コモンロー ···· ix, 12, 13, 16, 20, 50, 51, 58, 59, 63, 65, 71, 78, 84, 90, 92, 93, 95, 96, 101, 105〜107, 110, 115, 121, 135, 149, 153, 154, 164, 178, 197〜201
コモンロー裁判所 ························· 106, 107
コモンロー訴答 ···························· 118, 119
婚姻 ··· 143, 158

【さ行】

財産法 ································· 112, 141, 151
罪状認否 ······································ 131, 133
裁判官 ·· 34〜36, 44, 45, 53, 54, 63, 67, 114, 119〜121, 123〜127, 131〜134, 136
裁判官行動準則規程 ······························· 35
裁判所法 ·································· 7, 46, 95
裁量上訴 ··· 49
裁量上訴受理令状 ···························· 49, 50
詐欺防止法 ·· 142
指図評決 ······································ 123, 127
差止命令 ································ 107, 147, 190
死刑 ································· 133, 197, 200
自己負罪拒否特権 ································ 132
事実審裁判所 ·················· 43, 53, 58, 62, 115
事実審理 ············ 116〜118, 120〜123, 127, 148
事実審理前手続 ···························· 116, 120
事実訴答 ······································ 118, 119
市設立特許状 ································ 74, 85
実質的な証拠 ····································· 182
司法管轄区 ···································· 44, 45
司法権 ······························· 7, 46, 173, 180
司法試験 ··· 27

司法省 ····································· 33, 187, 188
司法審査 ··· 7〜9, 11, 16, 48, 78, 174, 175, 180, 〜182
市民権 ··· 39, 198
シャーマン法 ·························· 15, 184〜187
社会保障 ·· 193
ジャクスン，アンドリュー ············ 21, 88, 111
ジャクスニアン・デモクラシー ·········· 21, 34
州議会 ···························· 34, 45, 72, 77, 84
州際通商委員会 ······························ 15, 179
州際問題 ·· 138
自由刑 ······································· 133, 197
州憲法 ································· 6, 34, 73, 74, 181
重罪 ·· 197
州裁判所 ······· 8, 34, 39, 42, 43, 46〜52, 55, 61, 110, 116, 125, 139
州籍の相違 ························ 46〜48, 51, 110
十分な争訟性 ······························ 174, 182
州法 ······ 12, 49, 50, 52, 73, 89, 91, 110, 141, 146, 156, 158, 162, 175, 184, 201
巡回裁判所 ··· 43
準拠法 ·· 105
上院 ······················· 35, 74, 75, 77, 183
少額請求裁判所 ···································· 43
商慣習法 ···································· 163, 164
上級裁判所 ····························· 37, 43, 62, 67
証券取引委員会 ························ 167, 171, 179
証券取引法 ··· 167
証拠開示 ·· 131
証拠の優越 ·································· 124, 134
証拠排除 ······· 122, 123, 127, 130, 134, 136, 137
商事仲裁 ·· 164
商事法 ···························· 81, 112, 141, 151, 166
上訴 ·· 126, 127, 133, 135
譲渡証書 ·· 154
商人 ··· 141, 164
証人 ······························· 122, 123, 132, 135, 136
条約 ·· 72, 156

207

事項索引

条例 ················· 74, 85, 86
植民地時代 ········ 3, 6, 10, 12, 77, 124, 158, 159
職務執行令状 ··············· 116, 182
職権主義 ······················ 114
所得税 ····················· 193～195
所有権 ····················· 151～153
素人裁判官の時代 ················ 13
人種隔離 ······················ 177
人身保護令状 ··············· 116, 182
信託 ·························· 107
ストーリ，ジョセフ ········ 14, 20, 80, 108, 137
ストーン・ハーラン・フィスク ···· 28, 33, 92
ストライキ ················· 191, 192
生活妨害 ······················ 200
青少年裁判所 ··················· 43
製造物責任 ···················· 149
制定法 ···· 10, 23, 42, 50, 51, 71, 73, 79, 82, 84, 86, 87, 90, 93, 95, 106, 141, 146, 164, 167, 179, 184, 189, 197
政府内弁護士 ··················· 32
成文法 ··················· 11, 128, 173
世界貿易機関 ··············· 156, 184
責任能力 ····················· 199
絶対の法定刑 ·················· 200
全国労働関係局 ········· 179, 183, 190
専占 ·························· 73
占有 ························ 152
先例 ············ 16, 53, 56, 59～67, 69, 90, 100
先例拘束性 ········ 53, 60, 64～67, 90, 91
　——の原則 ··················· 59
訴因 ························ 134
争議権 ······················ 192
争点形成訴答手続 ·············· 118
訴権存続法 ··················· 147
訴答 ················· 117, 127, 181
訴状 ················· 117, 119, 120
訴訟原因 ············· 47, 119, 201
租税裁判所 ··················· 195

損害賠償（額）········· 107, 116, 133, 146～150

【た行】

第 2 次契約法リステイトメント ········· 142
対審構造 ····················· 110
対審手続 ··················· 62, 63
対人訴訟 ····················· 116
大陪審起訴 ··················· 130
大陸会議 ··················· 4, 5, 6
大陸法 ····· ix, 10, 79, 84, 105, 112, 137, 140, 151, 163, 164
抱き合わせ取引 ··········· 184, 186
タッカー法 ··················· 142
タフト・ハートレー法 ········· 190, 192
弾劾主義 ····················· 129
団体交渉 ··············· 190, 192, 193
治安判事 ················· 45, 130
地区検察官 ···················· 33
知事 ············· 34, 35, 78, 80, 81
知的財産権 ··················· 156
中間上訴裁判所 ········· 44, 61, 62
注釈付合衆国法令集 ············· 85
聴聞 ····················· 180, 181
著作権 ··················· 156, 187
著作権局 ····················· 156
通商条項 ····················· 175
ディード ··············· 108, 154
定款 ····················· 167, 169
停止命令 ····················· 187
適正手続 ········· 117, 139, 140, 173, 176, 181
手続法 ········ 66, 80, 105, 106, 109, 110, 114
伝聞法則 ····················· 136
統一州法委員全国会議 ········ 79～81, 162
統一証拠規則 ················· 134
統一商法典 ······ 81, 82, 142～145, 161～165, 170
統一売買法 ··················· 162
統一船荷証券法 ··············· 162
統一法 ············· 91, 152, 158, 162, 164

事項索引

当事者主義 122, 129, 134, 135, 137
統治行為 173
トーレンス・システム 154
毒樹の果実 129
独占禁止法 184
特定履行 107, 115
独立革命 4, 12, 13, 19, 79, 137, 152, 154, 159
独立宣言 3, 5, 12
特許権 187
トラスト 184
取締役会 .... 167〜170
取引規制 112, 173, 175, 184
奴隷制 176
トレスパス 147, 200, 201

【な行】

内国歳入庁 194, 195
南北戦争 15, 16, 21, 166, 175, 176, 184, 198
ニクソン，リチャード 177
ニューサンス 147
ニューディール政策 175, 179, 194
ニューヨーク州法改正委員会 79, 82
任意不動産権 153
妊娠中絶 177
ネグリジェンス .... 93, 94, 118, 147〜149, 200, 201
年齢差別雇用禁止法 189
ノリス・ラガーディア法 190

【は行】

陪審 .... 43, 45, 107〜109, 111, 114, 117, 120〜127, 129, 131〜137, 148, 149, 182
陪審裁判を受ける権利 131
排他的取引 184, 186
破産法 162, 165
罰金 133, 197
判決理由 54
反対意見 54, 55, 67

反対尋問 122, 123, 135, 136
反トラスト法 186
判例法 42, 51, 53, 61, 71, 82, 86, 87, 90, 93, 100, 101, 137, 140, 141, 146, 162, 164, 167, 184, 189, 197
被疑者 130
被告人 129, 132
ヒューズ，チャールズ・エバンス 72
評決 .... 123〜126, 132
平等保護 176, 177
フィールド，デビッド・ダドレー 79, 198
フィールド刑事訴訟法典 129
フィールド法典 79, 80, 114, 115, 118
フィールド民事訴訟法典 108
夫婦共有財産制 10, 151
不公正な取引方法 185
不抗争の答弁 131
不正競争防止法 184
二重の危険 133
不動産共同保有 153
不動産権 152
不当労働行為 190
不法行為 .... 112, 146〜149
扶養義務 160, 161
プライバシー 95, 177
ブラックストン，ウィリアム 12, 13, 20
フランクファーター，フェリックス 71
ブランダイス，ルイス・デムビッツ .. 51, 66, 95
弁護士 ..... 27〜33, 38〜40, 43, 54, 60, 68, 73, 85, 100, 105, 114, 117, 120, 122, 124, 134, 144, 155
弁護士会 12, 19, 25, 27, 29, 30, 32, 34, 37, 38, 41, 81, 82, 99, 115, 196
弁護士行動準則模範規程 38
弁護士費用 126, 148
弁護士責任模範法典 38
弁護人選任権 130
編纂法令集 85
ベンタム，ジェレミー 79

事項索引

法案 ･･････････････････････････ 76, 77, 88
法域 ･･････････････････････････ 28, 61, 62
法学教育 ･･････････････････････ 37, 40, 41
法学教師 ･････････････････････････ 36, 81
法源 ･････････････････････････ 24, 42, 71
封建的土地法 ･･･････････････････････ 151
法人税 ････････････････････････ 193〜195
法創造 ･･････････････････････ 58, 59, 110
法廷（の）侮辱 ･･･････････････････ 37, 107
法廷地 ･･････････････････････ 48, 51, 52, 139
法典化 ･･････････････････････････ 85, 165
報道の自由 ･･････････････････････････ 132
法と経済学 ･･････････････････････････ 145
法の抵触 ････････････････････ 111, 137, 138
法の適正手続 ････････････････ 129, 138, 176, 179
法発見 ･･･････････････････････ 58, 59, 69
法務博士 ･････････････････････････････ 25
法律実務協会 ････････････････････････ 40
法律事務所 ･･･････････････ 30, 31, 39, 41, 56
法律扶助協会 ･･･････････････････････ 39
法律扶助提供機構 ･･････････････････････ 40
法律弁護・教育基金 ････････････････････ 39
法令速報 ･･･････････････････････････ 84
傍論 ･･････････････････････ 62, 63, 65, 68
ホームズ，オリバー・ウェンデル ･･････ 8, 61
本案 ･･･････････････････････････ 120, 126

【ま行】

マーシャル，ジョン ･･････････････ 8, 63, 174
マイノリティ ･･････････････････････ 177
民事訴訟法（典） ･････････････ 79, 80, 115
民事罰 ･････････････････････････････ 195
民法典 ･･････････････････････････ 79, 80
無過失自動車事故補償法 ････････････ 150
無限責任 ･･････････････････････ 166, 168
無限責任組合 ･･･････････････････････ 169
明白な意味の準則 ･････････････････････ 87
メモランダム判決 ･･･････････････････ 55, 67

メンズ・レア ････････････････････････ 199
黙秘権 ･････････････････････････････ 130
模範刑法典 ････････････････････ 198〜200

【や行】

約因 ･････････････････････････ 142〜144
約束的禁反言 ･･････････････････････ 143
遺言検認裁判所 ･･･････････････････････ 43
有限責任組合 ･･･････････････････････ 168
有罪の答弁 ･･････････････････････ 131, 133
ユニオン ･･････････････････････ 3, 5, 6, 9, 80
ユニオン・ショップ ･･････････････････ 191
予備審問 ･･････････････････････････ 130
予備尋問 ･･････････････････････････ 121

【ら行】

ラングデル，クリストファー・コロンブス ･･ 23
ランドラム・グリフィン法 ･････････････ 191
リーガル・クリニック ････････････････ 25
リーガルサービス ･･･････････････ 25, 37〜40
離婚 ･････････････････････････ 158, 159
離婚扶養料 ････････････････････････ 161
リステイトメント ････････ 38, 95, 101, 106
立法権 ･････････････････ 7, 11, 173, 180, 183
立法者意思 ･･････････････････････ 87, 88, 90
略式起訴 ･･････････････････････････ 130
略式手続 ･･････････････････････････ 116
流通証券（法） ･･･････････････････ 162〜164
両院協議会 ･･･････････････････････････ 77
量刑 ･･････････････････････ 131, 133, 197, 200
リンカーン，エイブラハム ････････････ 20
ルーズベルト，フランクリン・デラノ ･･･ 45, 175, 179
ルーズリーフサービス ･･･････････････ 99
連合規約 ･･････････････････････････ 5, 6
連邦議会議事録 ･･････････････････････ 76
連邦議会制定法 ･････････････････････ 47, 75
連邦行政仲裁機関 ･･･････････････････ 44

連邦行政手続法 ……………… 179, 182, 201
連邦行政命令規定集 …………………… 86
連邦行政命令集 ………………………… 86
連邦刑事訴訟規則 ……………………… 129
連邦刑法 …………………………… 197, 198
連邦控訴裁判所 …………… 49, 61, 182, 190, 195
連邦裁判所 …… 34, 39, 42, 44～53, 58, 61, 62, 108, 116, 126, 139, 142, 147, 162, 190, 191
連邦主義 ……………………………… 42, 96
連邦準備制度理事会 …………………… 164
連邦証拠規則 …………………………… 134
連邦制 ………………… 46, 50, 74, 84, 110, 175
連邦政府 ………………………………… 6～8, 74
連邦捜査局 …………………………… 198
連邦地方裁判所 …… 44, 45～48, 55, 106, 115, 182, 195
連邦取引委員会 ……………… 179, 185, 187, 188
連邦不法行為請求法 …………………… 147
連邦法 …… 49, 50, 52, 71, 72, 74, 88, 110, 142, 146, 152, 156, 162, 167, 175, 181, 184, 191
連邦民事訴訟規則 ……………… 115, 118, 129
連邦問題 ……………………………… 46～48
労働安全衛生法 ………………………… 189
労働協約 …………………………… 192, 193
労働組合 ……………… 186, 189～191, 193
労働者災害補償法 ……………………… 149
労働者補償法 …………………………… 16
労働法 ………………… 112, 173, 175, 189
ロークラーク …………………………… 34, 54
ロースクール …… 16, 18, 20, 22, 24, 25, 31, 32, 34, 36, 41, 54, 99, 106, 163, 178, 196
ロー・レビュー ……………… 25, 96, 98, 99
ロビンソン, ジェームズ・E …………… 59

【わ行】

ワグナー法 ……………………………… 190
ワシントン, ジョージ …………………… 6

著者紹介

E・アラン・ファーンズワース（E. Allan Farnsworth）
　元コロンビア大学教授（Late Distinguished Alfred McCormack Professor of Law at Columbia University）

編者紹介

スティーブ・シェパード（Steve Sheppard）
　アーカンソー大学教授（William H. Enfield Distinguished Professor of Law at University of Arkansas）

訳者紹介

笠井　修（かさい　おさむ）
　1957年　長野県に生まれる
　1979年　中央大学法学部卒業
　現　在　中央大学法科大学院教授
　　　　　博士（法学）一橋大学

髙山　佳奈子（たかやま　かなこ）
　1968年　東京都に生まれる
　1991年　東京大学法学部卒業
　現　在　京都大学大学院法学研究科教授
　　　　　修士（法学）東京大学

アメリカ法への招待

2014年2月20日　第1版第1刷発行

著　者　E・アラン・ファーンズワース
編　者　スティーブ・シェパード
訳　者　笠井　修
　　　　髙山　佳奈子
発行者　井村　寿人

発行所　株式会社　勁草書房
112-0005　東京都文京区水道2-1-1　振替 00150-2-175253
（編集）電話 03-3815-5277／FAX 03-3814-6968
（営業）電話 03-3814-6861／FAX 03-3814-6854
本文組版　プログレス・理想社・中永製本所

©KASAI Osamu, TAKAYAMA Kanako　2014

ISBN978-4-326-40288-5　Printed in Japan

JCOPY　<㈳出版者著作権管理機構　委託出版物>
本書の無断複写は著作権法上での例外を除き禁じられています。
複写される場合は、そのつど事前に、㈳出版者著作権管理機構
（電話 03-3513-6969, FAX 03-3513-6979, e-mail: info@jcopy.or.jp）
の許諾を得てください。

＊落丁本・乱丁本はお取替いたします。

http://www.keisoshobo.co.jp

楪博行
アメリカ民事法入門
四六判・276頁／2,700円

五十嵐清
比較法ハンドブック
四六判・400頁／3,200円

岡孝・沖野眞已・山下純司編
学習院大学東洋文化研究叢書
東アジア私法の諸相
　東アジア比較私法学の構築のために
A5判・321頁／4,200円

加藤紘捷
概説　イギリス憲法
　由来・展開そして改革へ
A5判・308頁／3,500円

永澤亜紀子
フランス暮らしと仕事の法律ガイド
A5判・420頁／4,300円

松尾弘
開発法学の基礎理論
　良い統治のための法律学
A5判・336頁／3,600円

勁草書房刊

＊表示価格は2014年2月現在．消費税は含まれておりません．